페미니스트가
매우 불편해할
진화심리학

페미니스트가
매우 불편해할
진화심리학

펴낸이 유재영
펴낸곳 동학사
지은이 이덕하
기획 인벤션
편집 유정융

1판 1쇄 2017년 11월 15일

출판등록 1987년 11월 27일 제10 - 149
주소 04083 서울 마포구 토정로 53(합정동)
전화 324 - 6130, 324 - 6131
팩스 324 - 6135

E - 메일 dhsbook@hanmail.net
홈페이지 www.donghaksa.co.kr
　　　　 www.green - home.co.kr
페이스북 facebook.com/inventionbook

ISBN 978 - 89 - 7190 - 610 - 1 03180

※ 잘못된 책은 바꾸어 드립니다.
※ 인벤션은 출판그룹 (주)동학사의 디비전입니다.

인벤션은 인간과 세계 사이의 관계, 그 안에 살아 숨쉬는 실용 인문학을 지향합니다.

페미니스트가
매우 불편해할
진화심리학

이덕하

ANTI
FEMINISM

Ⓨ
INVENTION

"오늘만 살자."

프롤로그

어버이연합을 비꼰 동영상을 만들어 올렸다가 명예훼손 혐의로 고소당한 적 있는 방송인 유병재의 좌우명이다. 내일 무슨 불이익을 당할지라도 오늘 하고 싶은 풍자 코미디를 하고야 말겠다는 의지가 담겨 있다. 최순실을 볼 때도 이 말이 떠오른다. 내일 "공항장애" 때문에 심신이 "회폐"해 질 일을 당할지라도 오늘 해 처먹고 싶은 만큼 다 해 처먹겠다는 똘끼가 느껴진다. 나도 유병재와 최순실의 그런 무대뽀 정신으로 이 책을 썼다.

유병재의 주적이 어버이연합이고 최순실의 주적이 촛불 집회라면 이 책의 주적은 페미니스트feminist, 여성주의자다. 하지만 페미니스트가 아니라도 실망할 필요는 없다. 기독교인, 마르크스주의자, 문화심리학자, 문화인류학자, 자칭 진보주의자, 전통적 사회심리학자, 전통적 사회학자, 전통적 인지심리학자, 정신분석가가 싫어할 만한 내용도 많이 있으니까. 온갖 학파들이 서로 으르렁거리다가도 진화심리학이라는 유령을 퇴치하기 위해 신성 동맹을 맺은 형국이다.

6천 년 전쯤에 신이 인간을 창조했다고 믿는 기독교 근본주의자의 눈에는 진화론 자체가 신성모독이다. 교황 요한 바오로 2세는 그보다는 약간 물러선 듯한 말을 했다. 인간의 육체는 진화의 산물일지도 모른다는 것이다. 하지만 교황도 인간의 정신만큼은 진화론에 절대로 양보할 수 없었다.

21세기 학계에서 활동하는 학자들 중 절대다수는 진화론을 온몸으로 받아들인다고 말한다. 하지만 진화론의 칼날이 인간의 마음과 행동을 향하는 순간 화부터 내는 학자들이 많다. 이런 면에서 그들은 교황과 별로 달라 보이지 않는다. 그렇다면 "진화심리학이라는 유령을 퇴치하기 위해 신성 동맹을 맺은 형국이다"에서 "신성 동맹"을 글자그대로 해석해도 큰 문제가 없을 것 같다. 남녀 평등에 대한 페미니스트의 소망도, 인종간 평등에 대한 반인종주의antiracism 활동가의 소망도, 능력에 따라 일하고 필요에 따라 분배되는 공산주의 사회에 대한 마르크스주의자의 소망도 개무시하는 이기적 유전자selfish gene 따위가 감히 인간의 마음을 만들어냈다는 진화심리학의 메시지를 온몸으로 거부하는 신성 동맹.

일베일간베스트의 숙적은 빨갱이와 꼴페미꼴통 페미니스트다. 이것이 짝사랑?은 아니어서 좌파와 페미니스트도 열혈 일베 회원을 일베충이라 부르며 조롱하고 비난한다. 대다수 좌파와 페미니스트가 일베만큼이나 싫어하는 것이 있으니 바로 진화심리학이다.

일베와 진화심리학은 묘하게 통한다. 일베에서 "상폐녀"를 조롱할 때 진화심리학자들은 왜 남자가 여자의 젊음에 집착하는지 진화론적으로 해명하려 한다. "걸레"를 경멸하는 글이 일베에 올라올 때 진화심리학자들은 성적으로 자유분방한 여자가 결혼 시장에서 인기 없는 이유에 대한 진화 가설을 제시한다.

이러니 페미니스트가 진화심리학을 좋아하겠는가? 진화심리학은 페미니스트뿐 아니라 수많은 사람들을 불편하게 만들고 열 받게 한다. 그런 면에서 아주 "못된 과학"이다. 페미니스트가 즐겨 쓰는 표현을 빌리자면 진화심리학은 "폭력"이다. 기독교식으로 말하자면 진화심리학은 "신성모독"이며 "짐승666의 과학"이다.

진화심리학자가 쓴 논문이 권위를 인정받는 학술지에 점점 더 많이 실리고 있다. 하지만 여전히 온갖 조류의 지식인들한테 욕을 바가지로 먹고 있다. 1970년대부터 본격적으로 시작된 조롱과 비난이 수십 년째 이어지고 있다. 그들의 눈에는 진화론을 들먹이며 가부장제, 불평등, 계급, 성차별, 자본주의, 인종주의, 폭력, 강간, 전쟁, 억압, 착취를 정당화하는 사이비과학으로 보인다.

나는 페미니스트의 뚜껑이 열리게 할 만한 진화심리학 가설들을 신경 써서 모았다. 진화심리학이 얼마나 못된 과학인지 동네방네 광고하고 싶었다. 하지만 진화심리학을 왕초보에게 최대한 쉽게 소개한다는 목적도 있었기 때문에 페미니스트가 별로 열 받지 않을 이야기가 있을지도 모르겠다.

꽤 오래 전부터 진화심리학 입문서를 쓰고 싶었다. 초고를 이리저리 쓰다가 두 권으로 나누어 내기로 결정했다. 『페미니스트가 매우 불편해할 진화심리학』은 얇고 만만한 책이다. 평범한 고등학생도 큰 부담 없이 읽을 수 있을 만큼 쉽게 쓰는 것이 목표였다. 얼마나 쉽게 쓸 수 있는지 내 능력의 한계를 시험해 보고 싶었다.

『진화심리학을 제대로 공부해 보자』는 꽤나 깊이 파고드는 본격 입문서가 될 것이다. 당연히 훨씬 두껍고 어렵고 딱딱할 것이며 대중성이 떨어질 것이라고 기대하고 있다. 하지만 그 책이 많이 팔린다고 해서 세상을 원망하지는 않겠다.

『페미니스트가 매우 불편해할 진화심리학』은 맛보기에 불과하다. 이렇게 만만한 책만 읽고 진화심리학을 제대로 이해할 수 있다고 기대한다면 너무 날로 먹으려는 심보다. 진화심리학은 그렇게 만만하지 않다. 핵심 개념과 이론을 제대로 익히려고 한 번 덤벼 보면 겁나게 어려운 학문임을 실감하게 될 것이다. 대다수 한국 사람들은 본격적으로 덤벼 보기도 전에 영어의 문턱에 걸려 고꾸라지겠지만.

이 책을 읽을 때 특히 조심할 것이 있다. 여기에 소개된 가설들이 몽땅 다 잘 입증되었다고 생각하면 안 된다. 그럴듯하게 입증되었다고 대다수 진화심리학자들이 생각하는 가설을 소개할 때도 있다. 하지만 그런 가설도 진화심리학을 엄청 싫어하는 학자의 눈에는 아예 검증이 불가능하거나 확실히 반증된 쓰레기에 불과해 보일 것이다. 진화심리학자들이 제대로 입증된 것과는 거리가 멀다고 생각하는 가설도 소개한다.

심지어 내가 만들어냈다고 믿는 가설도 등장한다.

기체 역학을 어설프게 배운 수준이더라도 모형 비행기를 만들어 시험해 보는 것까지는 크게 문제될 것 없다. 하지만 어설픈 지식으로 진짜 비행기를 만들어 사람을 태운다면 재앙으로 이어질 것이다. 진화심리학을 초보자 수준에서 배운 후에 어딘가에 함부로 적용해서는 안 된다. 선무당이 사람 잡는다는 속담을 마음 속 깊이 새겨두라고 귀에 못이 박히도록 이야기해 주고 싶다. "모형 비행기"를 만들어 보는 수준에서 즐겨야 한다. "진짜 비행기"를 만들겠다고 나서면 안 된다. 억울하면 영어 배워서 골 때리는 논문을 읽든가.

좀 더 깊이 공부하고 싶은 사람들을 위해 유명한 진화학자 두 명이 쓴 책 4권을 소개하겠다. 초보적 수준을 넘어서지 않는 이 4권도 너무 어려워서 못 읽겠다면 진화심리학을 입문 수준에서 공부하는 것도 포기하시라.

리처드 도킨스Clinton Richard Dawkins의 『눈먼 시계공』은 자연선택natural selection 이론에 초점을 맞춘다. 도킨스의 『이기적 유전자』는 유전자 수준의 자연선택, 집단선택group selection, 친족선택kin selection, 상호적 이타성reciprocal altruism, 호혜적 이타성 등을 소개한다. 데이비드 버스David M. Buss의 『욕망의 진화』는 섹스, 사랑, 질투를 다룬다. 왕초보가 제일 좋아할 만한 주제인 것 같다. 버스의 『진화심리학』은 대학생을 위한 교과서다.

4권 모두 번역이 신통치 않기 때문에 가능하면 원서로 읽어야 한다. 이상임이 번역에 참여한 이후로 『이기적 유전자』의 번역 품질이 많이 개선되긴 했다. 하지만 양호한 번역에 대한 내 기준까지 만족시키려면 아직 멀었다.

나는 버스의 책에 문제가 아주 많다고 생각한다. 버스의 책만 읽은 사람이 진화심리학계를 "바보들의 행진"으로 생각할지도 모른다는 걱정이 들 정도다. 그럼에도 그의 책 2권을 추천하는 이유는 한국 사람이 썼거나 한국어로 번역된 쉬운 책 중에서 대안을 찾지 못했기 때문이다. 어쨌든 『욕망의 진화』와 『진화심리학』을 나의 비판과 함께 읽는다면 큰 문제가 생기지는 않을 것 같다.

버스는 『진화심리학』의 〈감사의 말〉에서 "두 사람은 내 생각에서 일부 터무니없는 오류를 찾아내 바로잡아 주려고 노력했는데, 그런 노력은 지금까지도 계속되고 있다"는 말을 한다. 버스는 대단한 노력파이며 진화심리학계에서 엄청나게 많은 업적을 남겼다. 게다가 이렇게 솔직하기까지 하니 미워할 수 없는 캐릭터다. 『욕망의 진화』와 『진화심리학』을 비판하면서 나도 그 "두 사람"처럼 일부 터무니없는 오류를 찾아내 바로잡아 주려고 노력했다.

입문서 수준을 넘어서서 진화심리학을 공부하고 싶다면 버스가 편집한 『The handbook of evolutionary psychology 진화심리학 핸드북』 2판에서 시작하는 것도 괜찮을 것 같다. 길고 복잡한 영어 문장을 보고도 도망가지 않을 각오가 되어 있다면 진화심리학계의 대빵으로 통하는 리다 코스미디스 Leda Cosmides,

발음과 최대한 비슷하게 표기하면 "리더 카스미디스" & 존 투비 John Tooby의 논문에 도전해 보시라. 내가 가장 좋아하는 진화심리학자이며 아직까지도 버스의 오류를 바로 잡아 주고 있다는 바로 그 "두 사람"이다. 부부이자 동료인 그들은 논문 대부분을 공동 명의로 발표해왔다.

나는 코스미디스 & 투비의 논문을 읽으면서 진화심리학을 본격적으로 공부하기 시작했다. 그리고 남들도 그래야 한다고 믿고 있다. 아직까지는 그들을 확실히 뛰어넘은 대빵급 진화심리학자가 나타나지 않은 것으로 보인다. 특히 『The handbook of evolutionary psychology: 1. foundations』에 실린 「The theoretical foundations of evolutionary psychology 진화심리학의 이론적 기초」는 진화심리학을 다룬 글을 단 한 편만 읽겠다는 사람에게 추천하고 싶을 정도다.

책 좀 읽는다는 페미니스트가 『페미니스트가 매우 불편해할 진화심리학』을 읽은 다음에 또는 차례만 훑어본 다음에 무슨 말을 할지 뻔하다. 페미니스트 마리 루티 Mari Ruti가 『나는 과학이 말하는 성차별이 불편합니다』에서 완전히 박살 낸 진화심리학을 이덕하가 재탕한 것에 불과하다고 비아냥거릴 것이다. 이덕하의 재탕이 아무리 완벽하더라도 원본이 개판이기 때문에 어차피 헛소리에 불과하다고.

이럴 줄 알고~ 『나는 과학이 말하는 성차별이 불편합니다』를 짓뭉개는 글을 70여 편이나 써서 인터넷에 올렸지. 그런 쓰레기 같은 책을 상세히 비판하는 데 시간을 쓴 것이 아깝긴

하다. 하지만 그 시간이 완전히 낭비되었다고 생각하지는 않는다. 적어도 진화심리학 왕초보에게는 생각할 거리를 많이 던져줄 것이다.

루티의 책이 영어권에서는 별로 주목을 받지 못한 듯하다. 하지만 한국에서는 다르다. 비판할 기분도 들지 않을 정도로 엉망인 『페미니즘의 도전』으로 재미를 본 페미니스트 정희진은 "근래 나온 여성학 책 중에서, 가장 중요한 텍스트다"라고 띄워주었다. 출간되자마자 주요 언론에 호의적 서평이 여러 편 실렸다. 책도 꽤 많이 팔렸다.

나는 진화심리학을 적대적으로 비판한 이런 책들의 번역출간을 환영한다. 비슷한 책들이 더 많이 번역되어야 한다. 그래야 진화심리학을 둘러싼 대한민국의 논쟁 수준이 한층 업그레이드될 수 있다. 유치찬란한 수준에서 한심한 수준으로.

『페미니스트가 매우 불편해할 진화심리학』을 읽고 적개심에 휩싸여 까고 싶은 마음이 든 페미니스트라면 우선 『나는 과학이 말하는 성차별이 불편합니다』와 그에 대한 나의 비판을 읽어보아야 한다. 루티의 책보다 참신한 헛소리를 늘어놓지 못하면 나의 응답은 없을 것이다.

페미니스트들의 말과 글에 대한 비판을 인터넷에서 연재하고 있다. 페미나치를 자처하는 서민 단국대학교 기생충학과 교수가 〈여성신문〉에 연재한 "서민의 페미니즘 혁명", 페미니즘을 내세운 TV 프로그램 〈뜨거운 사이다〉, 영 페미니스트young feminist 이민경의 베스트셀러 『우리에겐 언어가 필요하다』를 상세히 비판했다. 앞으로도 페미니즘 비판 연재를 계속할 것이다. 안티페미니스트들이여 기대하시라.

참고문헌

『나는 과학이 말하는 성차별이 불편합니다: 진화심리학이 퍼뜨리는 젠더 불평등(The age of scientific sexism: how evolutionary psychology promotes gender profiling and fans the battle of the sexes)』, 마리 루티 지음, 김명주 옮김, 동녘사이언스, 2017

『눈먼 시계공: 진화론은 세계가 설계되지 않았음을 어떻게 밝혀내는가(The blind watchmaker: why the evidence of evolution reveals a universe without design)』, 리처드 도킨스 지음, 이용철 옮김, 사이언스북스, 2004

『욕망의 진화: 사랑, 연애, 섹스, 결혼. 남녀의 엇갈린 욕망에 담긴 진실(The evolution of desire: strategies of human mating)』, 데이비드 버스 지음, 전중환 옮김, 사이언스북스, 2007

『우리에겐 언어가 필요하다: 입이 트이는 페미니즘』, 이민경 지음, 봄알람, 2016(2판)

『이기적 유전자(The selfish gene)』, 리처드 도킨스 지음, 홍영남 & 이상임 옮김, 을유문화사, 2010(개정판)

『진화심리학: 마음과 행동을 탐구하는 새로운 과학(Evolutionary psychology: the new science of the mind)』, 데이비드 버스 지음, 이충호 옮김, 최재천 감수, 웅진지식하우스, 2012

『페미니즘의 도전: 한국 사회 일상의 성정치학』, 정희진 지음, 교양인, 2013(개정판)

『The handbook of evolutionary psychology: 1. foundations』, David M. Buss 편집, Wiley, 2016(2판)

『The handbook of evolutionary psychology: 2. integrations』, David M. Buss 편집, Wiley, 2016(2판)

「Message delivered to the Pontifical Academy of Sciences」, Pope John Paul II, 22 October 1996

「Publication List for Leda Cosmides and John Tooby」, http://www.cep.ucsb.edu/publist.htm

CONTENTS

1

섹스와 결혼의
진화

창녀가 존재하는 이유 : 부모 투자 이론

몸을 파는 사람이라고 하면 남창보다 창녀가 먼저 떠오른다. 창녀촌이라는 말은 익숙하지만 남창촌은 어색하다. 몸을 파는 여자를 뜻하는 말은 창녀, 매춘부, 갈보, 매음녀, 창부 등 다양하지만 몸을 파는 남자를 뜻하는 말은 별로 없다. 왜 그럴까? 여자가 돈을 받고 남자에게 몸을 파는 경우가 그 반대 방향보다 압도적으로 많기 때문일 것이다. 왜 그럴까? 왜 남창이 아니라 창녀인가?

미국에서는 남녀의 신체 접촉 정도를 야구에 비유하기도 한다. 1루는 키스, 2루는 허리 위쪽 만지기, 3루는 허리 아래쪽 만지기, 홈런은 삽입 섹스를 뜻한다. 이런 의미로 완전히 통일된 건 아니다. 2루와 3루에 대해서는 다른 해석도 있다. 허리가 아니라 옷을 기준으로 보면 2루는 옷 위로 만지기, 3루는 옷 속으로 만지기다.

이때 키스를 하고, 몸을 더듬고, 섹스를 하려는 욕망을 품는 쪽은 남자로 생각된다. 남자에게 "너 몇 루까지 갔어?"라고 질문하면 "너 몇 루까지 해냈어?"라는 뜻이고, 여자에게 "너 몇 루까지 갔어?"라고 질문하면 "너 몇 루까지 허락했어?"라는 뜻이다. 한국에서 남자들끼리 섹스를 "먹다"나 "따 먹다"로 표현하기도 한다. 이때 따먹는 행위의 주체는 남자이며 여자는 정복 대상이다. 왜 그럴까?

사귀는 남녀가 있다. 3루까지는 간 사이지만 아직 홈베이스를 밟아본 적은 없다. 어느 날 영화를 보고 술을 마시다 보니 여관을 같이 가기로 이야기가 되었다. 여관 앞에서 남자가 이렇게 말한다. "내가 영화표도 사고 술값도 냈으니까 여관비는 네가 냈으면 좋겠어." 그러자 여자가 이렇게 응수한다. "그럼 오늘은 여관 가지 말자." 남자는 그냥 자기 집에 갈까? 아니면 여관비도 낼까? 남자의 행동을 예측해 보라고 하면 여관비를 낸다고 답하는 사람들이 압도적으로 많을 것 같다.

"남자는 늑대다"라는 말이 있다. 실제 늑대의 행태와는 별로 상관이 없으며 남자가 섹스를 못해 환장할 때가 많다는 뜻이다. 남녀가 사귈 때 첫 키스나 첫 섹스에 더 적극적인 쪽은 압도적으로 남자다. 성추행이나 성희롱의 가해자는 압도적으로 남자고 피해자는 주로 여자다. 강간도 마찬가지다. 섹스를 노골적으로 보여주는 포르노도 남자가 훨씬 더 많이 본다. 스트립쇼에서도 주로 여자가 남자 고객 앞에서 춤을 추면서 옷을 벗는다. 매춘 시장에서도 주로 남자가 여자에게 돈을 내고 섹스를 산다. 음담패설도 남자가 더 많이 한다. 자위행위도 남자가 더 많이 한다. 목욕하는 장면을 훔쳐보는 쪽은 주로 남자고 당하는 쪽은 여자다. 외간 남자가 여자 앞에서 홀딱 벗고 있으면 여자가 식은땀을 흘리지만 외간 여자가 남자

앞에서 홀딱 벗고 있으면 남자가 군침을 흘린다. "라면 먹고 갈래?"라는 대사는 여자가 해야 제 맛이다. 왜 남자는 늑대인가?

수정란이 생기려면 정자 하나와 난자 하나가 있어야 한다. 난자는 정자에 비해 훨씬 크다. 난자 하나를 만드는 비용이 정자 하나에 들어가는 비용보다 훨씬 크다. 여자가 남자보다 훨씬 더 많이 투자하는 것이다.

두 명이 동업하여 회사를 차린다고 하자. H는 거금 100억 원을 투자하고, L은 고작 100만 원을 투자한다 H: heavy, L: light. 회사는 공동 소유이며 지분과 이윤을 반씩 분배한다. 이럴 때 누가 더 신중하게 투자할 것 같은가? 당연히 H다. L은 상대적으로 아주 작은 돈을 들인다. 회사가 완전히 망하더라도 투자금은 100만 원만 날린다. 반면 회사에서 이윤을 10% 올리면 무려 5억 원 정도 벌 수 있다. 투자한 금액과 비교하면 횡재다. 망설일 필요가 별로 없다. H는 회사가 망하면 투자금을 100억 원이나 날리게 된다. 회사에서 이윤을 10% 올린다 해도 H가 버는 5억 원 정도는 투자금 100억 원에 비하면 대박이 아니다.

100억 원과 100만 원은 터무니없이 차이가 크다. 하지만 난자 하나와 정자 하나의 차이도 터무니없이 크다. 수정란을 위해 투자한 난자 하나는 정자 하나에 비해 무지막지하게 비싼 자원이다. 어머니와 자식이 유전자를 공유하는 정도와 아버지와 자식이 공유하는 정도는 사실상 차이가 없다. 미토콘드리

아에 있는 유전자처럼 어머니한테서만 물려받는 것도 있지만 대세에는 지장이 없어 보인다. 회사의 지분을 H가 50% 소유하고 L이 50% 소유하듯이 아이에 대한 "유전자 지분"을 어머니가 50% 소유하고 아버지가 50% 소유한다고 봐도 무방하다.

회사의 예에서도 수정란의 예에서도 지분을 두 사람이 반씩 소유한다. 그런데 투자는 한 쪽이 훨씬 더 많이 한다. 이럴 때 투자를 훨씬 많이 하는 쪽은 신중하게 결정하려 하고, 적게 하는 쪽은 잽싸게 달려들 것이라고 예상된다. H는 회사를 설립하기 전에 L이 사기꾼은 아닌지, L이 얼마나 능력 있는 사람인지, 그렇게 만든 회사가 성공할 가능성이 얼마나 큰지 세세히 검토할 것이다. 돈을 되도록 많이 버는 것이 목적이라면 그렇게 꼼꼼하게 검토하는 것이 H의 입장에서는 합리적이다.

만약 번식 또는 유전자 복제가 목적이라면 여자가 난자 투자를 신중하게 결정하는 것이 합리적이다. 잘못 투자했다가는 남자보다 훨씬 큰 자원을 날리기 때문이다. 남자의 입장에서는 별 망설임 없이 정자를 투자하는 것이 합리적이다. 하찮은 자원을 아끼기 위해 망설이다가 대박 기회를 놓칠 수 있기 때문이다.

잠깐만. 위에서 "번식 또는 유전자 복제가 목적이라면"이라는 전제가 등장했다. 현대사회에서 사람들은 돈을 탐내는 경향이 있다. 이건 누가 봐도 뻔하다. 따라서 돈벌이에 도움이 되는 방향으로 사람들이 행동하는 경향이 있으리라 예상할 수 있다. "돈을 되도록 많이 버는 것이 목적이라면"이라는 전제에서 출발하면 사람들의 행동을 꽤나 잘 예측할 수 있는 것이다. 그런데 인간을 포함한 동물들이 번식 또는 유전자 복제라는 목적을 향해 행동하도록 진화하리라는 보장이 어디 있나?

거짓말 탐지기를 들고 지나가는 사람을 잡고 물어 보시라. "돈을 많이 벌고 싶은가요?" 대다수가 그렇다고 답할 것이다. 황금 보기를 돌같이 하면서 살고 있다고 말하는 사람도 가끔 나오겠지만 그 중에서 거짓말 탐지기까지 통과하는 이는 별로 없을 것 같다. "유전자 복제가 인생의 목표입니까?"라는 질문도 해 보자. 아니라고 답하는 사람이 압도적 다수일 것이다. 거짓말 탐지기까지 다들 통과할 것 같다.

왜 번식 또는 유전자 복제가 생물의 목적이어야 하는가? 이 질문을 꼭 던져야 한다. 이것은 목적론teleology 논란으로 이어진다. 인과론에서는 과거의 사건원인으로 미래의 사건결과을 설명한다. 시간은 과거에서 미래로 흐른다. 그런데 목적을 끌어들인 설명에서는 미래의 상태목적가 현재의 사건에 대한 원인으로 제시되는 것처럼 보인다. 시간이 거꾸로 흐른단 말인가? 이런 문제 때문에 목적론적 설명은 비과학적이라는 비판을 받아왔다.

이 문제를 정확히 이해하기 위해서는 진화생물학에서 쓰이는 기능function 개념을 파고들어야 한다. 기능 개념을 정확히 이해해야 자연선택 이론을 제대로 파악한 것이다. 하지만 이 책에서는 자세히 다루지 않는다. 〈피는 물보다 진하다: 친족선택 이론 첫걸음마〉에서 왜 유전자 복제가 목적인 것처럼 동물이 행동하는 경향이 있는지 조금 건드릴 뿐이다.

기능 개념에 대해 더 깊이 공부하고 싶다면 리처드 도킨스의 『눈먼 시계공』에서 시작해 보자. 그보다 더 깊이 파고들고 싶다면 조지 윌리엄스George Christopher Williams의 『적응과 자연선택』을 보면 된다. 상당히 어려운 책이다. 진화심리학계에서 성경처럼 받드는 책이니까 집에 한 권 모셔 두면 폼이 나기는 한다. 윌리엄스가 대중서도 썼다. 『진화의 미스터리』는 『눈먼 시계공』과 내용도 난이도도 비슷하다.

하던 이야기를 계속하겠다. 섹스를 해야 수정란이 생겨서 아기가 태어날 수 있다. 섹스를 하기로 결정하는 것은 아기를 만들어내는 사업에 공동 투자하기로 결정하는 것이나 마찬가지인 셈이다. 현대사회에서는 섹스 없이 인공수정을 통해 자식을 보기도 한다. 이런 환경에서는 정자 은행에 "예금"하는 것도 자식을 위한 투자라고 볼 수 있다. 하지만 우리 조상이 진화했던 원시사회에는 그런 기술이 없었다. 현대사회에서는 피임약이나 콘돔을 제대로 쓰면 섹스가 임신으로 이어질 확률을 사실상 0%로 낮출 수 있지만 옛날 옛적에는 그런 효과적인 피임 수단이 없었다.

원시시대에 여자가 섹스를 하는 것은 난자를 투자하는 것과 그리 다르지 않았다. 정자 투자보다 난자 투자를 신중하게 하는 것이 합리적이라면 여자가 남자보다 섹스를 더 신중하게 하는 것이 합리적이다. 따라서 여자가 상대적으로 섹스에 신중하도록 진화했으리라 기대할 만하다. 뒤집어 이야기하면 남자가 상대적으로 섹스에 환장하도록 진화했다는 말이다. 이런 식으로 남자가 왜 늑대인지 진화론적으로 설명할 수 있다.

그럴 듯한 진화 시나리오 아닌가? 나는 이런 진화 시나리오를 여러 곳에서 읽었다. 하지만 이 진화 가설에는 심각한 문제가 있다.

남자가 여자와 섹스하면서 정자를 달랑 하나만 사정하지는 않는다. 사정할 때마다 엄청나게 많은 정자들이 배출된다. 한 번 사정하는 정액을 만드는 데 드는 비용은 난자 하나에 들어가는 비용보다 훨씬 클 것 같다. 섹스 한 번으로 임신이 100% 되는 것도 아니다. 남녀가 한 달에 열 번 섹스를 해서 임신이 되었다고 하자. 여자는 대략 한 달에 한 번씩 배란을 한다. 한 달에 난자 하나를 투자하는 셈이다. 한 번 사정한 정액은 다음 섹스에서 재활용될 수 없다. 남자가 정자에 들이는 비용을 계산하려면 열 번 사정하면서 소모한 정액을 다 합쳐야 한다.

수정란이 만들어졌다고 곧바로 성인이 되는 것은 아니다. 일단 태아가 자궁 속에서 약 9개월 동안 자라야 하는데 임신은 여자가 한다. 분유가 없는 원시사회에서는 모유를 몇 년 동안 먹여야 하는데 포유류에서 젖을 먹이는 쪽은 암컷이다. 여자가 임신과 수유에 투자하는 비용에 비하면 난자 하나에 드는 비용은 무시해도 될 정도다.

자식을 만들 때 남녀가 들이는 생리적 비용을 비교하려면 어떻게 해야 할까? 난자 하나와 정자 하나에 드는 비용을 비교해서는 안 된다. 우선 남자가 여자를 한 번 임신시키기 위해서 평균적으로 몇 번의 섹스가 필요한지 따져야 한다. 그것이 20회라면 한 번 사정하는 정액에 드는 비용에 20을 곱해야 한다. 더 정확히 계산하려면 섹스라는 운동을 하면서 소모하는 에너지도 합해야 한다. 여자의 경우에는 난자에 드는 비용, 섹스라는 운동을 하면서 소모하는 에너지, 임신에 드는 비용, 출산에 드는 비용, 수유에 드는 비용 등을 모두 합해야 한다.

위에서 그냥 "비용"이 아니라 "생리적 비용"이라고 했다. 자식 만들기에 생리적 비용만 드는 것이 아니다. 따라서 더 정확한 논의를 위해서는 다른 비용들도 고려해야 한다. 하지만 여기에서는 무시하겠다. 무시해도 상관없기 때문이 아니라 처음부터 문제를 너무 복잡하게 만들지 않기 위해서다. 마음 한 구석에는 "생리적 비용 말고 어떤 비용이 드는가?", "그런 비용을 무시했을 때 무슨 문제가 발생하는가?"라는 의문을 남겨두어야 한다. 하지만 초보자가 처음부터 모든 것을 다 고려할 수는 없는 노릇이다.

이제 정자 하나와 난자 하나의 비용을 비교하는 것보다 훨씬 더 그럴 듯한 진화 시나리오를 소개하겠다. 한 달 동안 어떤 남자가 여자 30명과 잤다고 하자. 그러면 최대 여자 30명을 임신시킬 수 있다. 한 달 동안 어떤 여자가 남자 30명과 잤

다고 하자. 그래도 자기 혼자 임신할 수 있을 뿐이다. 여자가
자식을 낳기 위해서는 자궁 안에 약 9개월 동안 태아를 품고
있어야 한다. 그 동안에는 다른 남자의 아이를 또 임신할 수
없다. 두 남자의 정자로 쌍둥이가 태어나는 경우가 있다고 하
지만 아주 드물기 때문에 무시해도 될 것이다.

남자는 정액만 달랑 제공해도 자식을 볼 수 있는 경우가 있
다. 정자는 금방 다시 많이 만들어낼 수 있으며 새로 만든 정
자로 다른 여자를 임신시킬 수 있다. 따라서 많은 상대와 섹
스를 할 때 남자가 여자보다 훨씬 더 큰 번식 이득을 얻을 수
있다. 그 이유는 자궁더 정확히 말하자면, 여자가 약 9개월 동안 자궁 속
에 아이를 품고 있으면서 들이는 생리적 비용이 정자보다 훨씬 더 비싼
자원이기 때문이다. 수유의 부담까지 합치면 그 차이는 더 커
진다. 이런 이유 때문에 남자가 여자보다 섹스에 더 적극적이
도록 진화했으리라 기대할 만하다. 남자가 제공하는 정자 하
나와 여자가 제공하는 난자 하나를 비교하는 것보다 남자가
제공하는 정액과 여자가 제공하는 자궁을 비교하는 것이 훨
씬 더 현실성 있다.

찰스 다윈Charles Robert Darwin의 『인간의 유래』 출간 100주
년을 기념하기 위해 『Sexual selection and the descent of man
1871-1971 성 선택과 인간의 유래 1871-1971 』이 기획되었는데 로버
트 트리버스Robert Ludlow Trivers의 「Parental investment and
sexual selection부모 투자와 성 선택」도 실렸다. 트리버스가 1972
년에 박사 학위를 받았으니까 이 논문을 쓸 당시에는 아직 풋

내기 생물학자였다고 볼 수도 있다. 하지만 이 논문은 진화심리학계에서 지극히 중대한 역할을 한다. 트리버스는 암컷과 수컷이 자식에게 얼마나 투자하는지를 살펴보면 많은 것을 설명할 수 있다고 주장했다. 대체로 수컷이 암컷보다 자식에게 덜 투자하기 때문에 섹스에 더 적극적이도록 진화하는 경향이 있다는 이야기도 이 논문에 나온다.

　트리버스는 진화심리학계에서 매우 중시하는 진화생물학자다. 그의 주요 논문들을 모아 놓은 『Natural selection and social theory 자연선택과 사회 이론』도 집에 모셔 놓을 만한 책이다. 트리버스 자신이 각 논문의 배경에 대해 소개한 글도 읽을 만하다. 초보자에게는 꽤나 어렵지만 〈피는 물보다 진하다: 친족선택 이론 첫걸음마〉에 등장하는 윌리엄 해밀턴 William Donald Hamilton 의 수식이 난무하는 논문들에 비하면 쉬운 편이다. 따라서 모셔 두지만 말고 한 번 도전해 보더라도 큰 상처를 받지 않을지도 모른다.

　트리버스는 논문의 배경을 소개한 글에서 "parental investment 부모 투자"라는 용어를 쓴 이유를 밝혔다. "expenditure 지출"는 비용을 뜻하지만 "investment 투자"는 "복리 이자 compound interest"를 떠오르게 하며 미래의 이득을 함의하기 때문에 마음에 들었다고 한다. 사람들은 이자를 얻기 위해 은행에 예금하고, 자본가는 이윤을 얻기 위해 회사에 투자한다. 마찬가지로 부모가 자식을 위해 애쓰는 것도 무언가 이득을 얻기 위해서라는 것이다.

숭고한 모성애를 자본가의 욕심과 등치시키다니! 페미니스트의 눈에는 "투자"라는 단어가 눈에 거슬릴 것이다. 이것이 진화심리학계의 사고방식이다. 그래서 못된 과학이다. 경제학자가 자본가의 행동을 설명할 때 비용/이득cost/benefit, 비용/편익 분석을 하듯이 진화심리학자도 동물의 진화를 설명할 때 비용/이득 분석을 한다. 똑똑한 자본가가 이득이 되는 방향으로 투자하는 경향이 있듯이 동물도 이득이 되는 방향으로 투자하도록 진화하는 경향이 있다는 것이다. 경제학자의 척도가 돈 또는 효용utility이라면 진화심리학자의 척도는 번식 또는 유전자 복제다.

진화심리학자들은 이런 측면에서 인간이 다른 동물과 다를 바 없다고 생각한다. 동물과 인간의 차이를 상당히 무시하는 이런 사고방식이 누군가에게는 상처를 줄 것이다. 진화심리학자들은 "인간이 아닌 동물nonhuman animal"이라는 번거로운 표현을 많이 쓴다. 동물에는 당연히 인간도 포함되며 똑같은 진화 원리가 인간에게도 적용된다고 생각한다. 그래서 "인간이 아닌 동물"을 그냥 "동물"이라고 쓰면 뭔가 찜찜한 모양이다.

예로부터 인간은 특별하다고 생각해왔다. 물론 특별하다. 지구에 사는 다른 동물들은 위상수학이나 양자역학을 배울 수 없으며 달 왕복 우주선을 만들 수 없다. 하지만 진화론은 이전에 생각했던 만큼 인간이 특별하지는 않다는 메시지를 들려준다. 이전에는 동물에게는 영혼이 없지만 인간에게는 있다고들 믿었다. 동물은 순전히 본능에 따라 행동하지만 인간에게는 본능보다는 학습, 사회화, 문화가 더 중요하다고 믿는 이들이 여전히 많다. 인간만 개념적 사고를 할 수 있다고 생각하는 사람들도 많다. 인간사회에만 도덕성이 있다고 주장하는 이들도 있다. 진화심리학자들은 동물과 인간의 그런 이분법을 거부한다.

페미니스트가 "parental investment" 중 "investment"라는 단어에 분개할 때 나는 "parental"이라는 단어 때문에 번민에 빠진다. "parent"는 단수형이며 "어머니"를 뜻할 수도 있고 "아버지"를 뜻할 수도 있다. 반면 "부모"는 어머니와 아버지를 한 묶음으로 보는 단어다. "양친", "어버이"도 마찬가지다. 나는 "parent"에 정확히 대응하는 한국어를 찾지 못했다.

"parental investment"는 어머니가 자식에게 얼마나 투자하는지 또는 아버지가 자식에게 얼마나 투자하는지 따지는 개념이다. 부모가 함께 자식에게 얼마나 투자하는지 따지는 개념이 아니다. 여자가 어머니로서 자식에게 투자하는 것이 남자가 아버지로서 자식에게 투자하는 것보다 훨씬 크기 때문에 남자가 여자보다 섹스에 더 적극적이도록 진화했다는 것이 위에서 소개한 가설의 골자다. 따라서 "부모 투자"는 정확한 번역이 아니다. 하지만 대안을 찾지 못해서 나도 눈물을 머금고 그렇게 번역하고 있다.

부모 투자에 대한 트리버스의 논문에 인용된 문헌 중에서 앵거스 베이트먼Angus John Bateman 의 「Intra-sexual selection in

Drosophila 초파리의 성내 선택」이 가장 중요하다. 베이트먼은 이 논문에서 암컷과 수컷이 자식을 위해 투자하는 정도에 따라 암수의 성격이 다르게 진화한다는 이야기를 했다. 「Parental investment and sexual selection」의 핵심 아이디어를 20여 년 전에 제시한 것이다. 하지만 정자와 난자의 크기에 초점을 맞추었다는 점에서 베이트먼의 논문에는 한계가 있다.

트리버스는 암컷과 수컷이 자식을 위해 투자하는 비용을 정자와 난자뿐 아니라 더 폭넓게 보았다. 남녀의 성격 차이를 정자와 난자의 크기 차이를 끌어들여 설명하는 사람은 트리버스가 베이트먼의 아이디어를 어떻게 발전시켰는지 제대로 따라잡지 못한 셈이다. 암컷이 한 번에 알을 아주 많이 낳고 알을 낳은 후에 부모가 자식을 위해 하는 일이 거의 없는 종에서는 난자와 정자의 비용만 비교해도 큰 문제가 없을지도 모른다. 하지만 인간은 그런 종이 아니다.

창녀가 존재하기 위해서는 돈을 지불할 만큼 남자에게 강렬한 성욕이 있어야 한다. 지금까지 그와 관련한 진화 가설을 소개했다. 하지만 이것이 전부는 아니다. 만약 모든 여자들이 남자의 섹스 요구에 쉽게 응해 준다면 굳이 돈을 주면서 섹스를 살 필요가 없다. 그냥 섹스를 해 달라고 부탁하면 된다. 여자가 거부할 때가 많기 때문에 창녀라는 직업이 성립할 수 있는 것이다. 강간도 마찬가지다. 모든 여자들이 남자의 섹스 요구에 쉽게 응해준다면 굳이 강제로 할 필요가 없다. 돈을 달라고 부탁만 하면 많은 사람들이 전재산이라도 쉽게 내 준다면 군이 은행을 털 필요가 없는 것과 마찬가지다.

왜 창녀가 존재하는지 해명하기 위해서는 왜 여자가 섹스 요구를 거부할 때가 많은지 밝혀야 한다. 왜 그럴까? 여자도 번식을 위해서는 섹스를 해야 하는데 말이다.

세상에는 우월한 남자도 있고 열등한 남자도 있다. 그리고 자식은 부모를 닮는 경향이 있다. 우월한 남자의 자식은 우월할 가능성이 상대적으로 높고, 열등한 남자의 자식은 열등할 가능성이 높다. 만약 여자가 열등한 남자의 정자를 얻어서 임신하면 우월한 남자의 정자를 얻어서 임신할 기회를 날리는 꼴이다.

경제학을 배운 사람이라면 여기에서 "기회비용 opportunity cost"이라는 용어를 떠올릴 것이다. 진화심리학과 경제학 사이에 이런 공통된 아이디어가 등장하는 것은 우연이 아니다. 양쪽 모두 "무엇이 합리적인 행동인가"를 따진다. 진화심리학에서는 번식 또는 유전자 복제가 목적으로 상정되는 반면 경제학에서는 돈 또는 효용이 목적으로 상정되는 차이가 있지만 말이다.

어떤 여자 P는 아무 남자하고나 섹스를 하고 다른 여자 C는 되도록 우월한 남자하고만 섹스를 한다고 하자. P는 "promiscuous 문란한, 성적으로 자유분방한"를 뜻한다. C에 대해서는 조금 있다가 이야기하겠다. 평균적으로 어느 쪽이 번식에 더 성공할까? 우월한 남자의 유전자를 얻은 여자는 우월한 자식을 낳을 가능성이 상대적으로 높을 것이다. 우월한 자식은 열등한 자식보다 대체로 더 잘 번식한다. 우월한 자식을 낳은 여자가 열등한 자식을 낳은 여자보다 더 잘 번식하는 셈이다.

자연선택에서는 자식을 얼마나 많이 낳는지만 중요한 것이 아니다. 손자, 증손자, 고손자로 이어지는 자손이 얼마나 번성하는지도 중요하다. 여자가 아무리 자식을 많이 낳아도 금방 다 잡아먹어 버리면 자연선택의 기준으로 볼 때 헛짓을 한 것이다. 그 자식이 어른이 되어 자식을 보아야 진화 경쟁에서 성공할 수 있다.

남자의 입장에서 생각해 보자. 남자도 이왕이면 열등한 여자보다는 우월한 여자와 섹스를 하는 것이 유리하다. 그래야 우월한 자식을 낳을 가능성이 높다. 하지만 남자의 정자는 자궁에 비해 훨씬 값싼 자원이다. 오늘 열등한 여자와 섹스를 해서 임신시켜도 내일 우월한 여자와 섹스를 해서 임신시킬 수 있다. 열등한 여자와 섹스를 해서 태어난 자식이 열등하더라도 투자하는 것이 정자 말고 별로 없다면 남자의 입장에서는 어차피 대박이다. 천 원짜리 복권을 하나 사서 10억 원에 당첨되어도 대박이지만 1억 원에 당첨되어도 대박이다.

이런 요인 때문에 여자가 남자보다 섹스 상대의 우월성을 더 따지도록 진화했으리라 기대할 만하다. 그렇다면 여자가 열등한 남자의 섹스 요구를 거부할 가능성이 남자가 열등한 여자의 섹스 요구를 거부할 가능성보다 높을 것이다. 여자가 남자보다 상대의 섹스 요구를 더 많이 거부하도록 진화한 셈이다.

지금까지 인간은 포유류이며 포유류에서는 암컷이 임신과 수유를 한다는 점에서 출발해서 "왜 창녀인가"라는 질문에 대한 진화 시나리오를 제시했다. 수십만 년 전에도, 수백만 년 전에도, 수천만 년 전에도 우리 조상은 포유류였으며 암컷이 임신의 부담을 짊어진 것이 확실하다. 신이 6천 년 전쯤에 인간을 창조했다면서 이것을 부정하는 사람들이 지금도 많지만 과학계에서는 무시당하고 있다.

전제가 확실할수록 그 전제에서 출발한 가설도 더 믿을 만하다. 이제 덜 확실한 전제에서 출발해 보자. 우리 조상이 오래 전부터 결혼을 했다고 가정해 보자. 우리 조상이 언제부터 결혼을 했는지 정확히 알기는 힘들다. 결혼의 역사가 1백만 년도 넘는다고 생각하는 사람도 있을 것이고 기껏해야 1만년 밖에 안 되었다고 생각하는 사람도 있을 것이다. 우리 조상이 1천만 년이 훨씬 넘는 기간 동안 내내 결혼을 하면서 진화했다고 주장하는 학자도 잘 찾아보면 있을 것 같다.

만약 1만 년도 되지 않았다면 아래에서 이야기하는 진화 시나리오가 사실상 무너진다고 봐야 한다. 어떻게 보면 1만 년은 긴 세월이다. 하지만 자연선택에서는 절대적 시간보다는 세대 수가 중요하다. 인간의 한 세대를 25년으로 본다면 1만 년은 400세대에 불과하다. 이렇게 짧은 기간에는 대단한 진화가 일어나기 힘들다.

어떤 미혼 여성 P는 아무 남자들하고나 섹스를 해서 임신했고, 다른 미혼 여성 C는 자신을 몹시 사랑하는 남자하고만 섹스를 해서 임신했다고 하자. 누가 더 잘 번식할까? 여자를 사랑하는 남자는 결혼을 해서 아내와 아내의 자식을 열심히 돌볼 가능성이 상대적으로 높다. 자신을 사랑하지 않는 남자들하고 섹스를 해서 임신했다면 남편의 도움 없이 자식을 혼자 키울 가능성이 상대적으로 높다.

21세기 복지사회에서는 여자가 남편 없이 자식을 키운다 해도 자식의 생존에 별 지장이 없다. 심지어 여자가 아이를 낳는 족족 고아원에 보내도 생존률이 별로 떨어지지 않는다. 하지만 원시시대에는 아버지가 곁에 있는지 여부가 자식의 생존에 상당한 영향을 끼쳤을 것이다. 남편 없이 혼자 자식을 키우는 여자는 번식 손해를 보았을 것이다. 결국 평균적으로 C가 P보다 더 잘 번식했을 것이다. 따라서 여자가 되도록 자신을 사랑하는 남자와 섹스를 하도록 진화했으리라 기대할 만하다. 그렇다면 자신을 사랑하지 않는 남자가 섹스를 요청할 때 거부할 가능성이 상당히 높을 것이다.

이제 남자의 입장에서 생각해 보자. 어떤 남자는 자신을 몹시 사랑하는 여자하고만 섹스를 하고 다른 남자는 그런 것을 별로 따지지 않는다고 하자. 사랑 없는 섹스를 통해 임신이 되어 자식이 태어날 때 남자는 손해를 볼까? 그럴 때 여자 혼자 자식을 키운다면 부부가 함께 키울 때보다 생존율이 낮을 것이다. 하지만 그래도 남자의 입장에서는 번식 횡재다. 왜냐하면 정자 말고는 자식에게 투자하는 것이 별로 없기 때문이다.

오히려 여자 혼자 자식을 키우는 경우에 그 여자를 임신시킨 남자가 막대한 번식 이득을 얻을 수 있다. 설명의 편의상 극단적인 수치를 가정해 보자. 여자 혼자 자식을 키우면 부모가 함께 키울 때에 비해 생존률이 10분의 1밖에 안 된다 해 보자. 얼핏 생각해 보면 자식의 생존 확률이 10분의 1로 확 줄어드니까 남자의 입장에서도 손해인 것 같다. 하지만 남자가 여자를 임신시키는 데 들이는 비용이 남자가 아내를 도와 자식을 기르는데 들이는 비용에 비해 1만 분의 1밖에 안 된다면? 중요한 것은 이득 자체가 아니라 투자 대비 이득이다. 물건을 살 때 성능만 따져서는 안 되고 가성비가격 대비 성능를 따져야 하는 것과 마찬가지다.

현대사회에는 출산 직후부터 남자 혼자 자식을 키우는 사례도 꽤 있다. 만약 사랑 없는 섹스를 통해 태어난 아기를 남자 혼자 키우도록 만들 수 있다면 오히려 여자가 번식 횡재를 얻을 수 있다. 임신 기간은 1년도 안 되는 반면 아기가 자립할 수 있을 때까지 키우기 위해서는 적어도 10년은 엄청난 노력을 기울여야 하기 때문이다.

하지만 여자가 원시시대에 이런 전략을 쓰기는 사실상 불가능했을 것이다. 사랑 없는 섹스를 통해 임신했다면 둘 사이의 관계가 출산 때까지 유지되기 힘들다. 출산 전에 헤어지면 여자가 자식을 키울 수밖에 없다. 아기가 죽도록 내버려 두거나 국 끓여 먹는 길이 있기는 하지만 말이다. 출산 직후에 헤어지는 경우에도 원시사회에서는 여자가 키울 수밖에 없다. 왜냐하면 분유가 없는 환경에서 어머니가 젖을 먹이지 않으면 갓난아기가 생존할 수 없기 때문이다.

잠깐 딴 이야기를 해 보자. 나는 어머니가 자식을 잡어 먹는 이야기를 벌써 두 번이나 했다. "여자가 아무리 자식을 많이 낳아도 금방 다 잡아먹어 버리면 자연선택의 기준으로 볼 때 헛짓을 한 것이다"와 "아기가 죽도록 내버려 두거나 국 끓여 먹는 길이 있기는 하지만 말이다"와 같은 재수 없는 이야기를 왜 했는지 궁금할 사람이 있을지 모르겠다.

그런 행동은 극악무도할 뿐 아니라 번식 경쟁의 측면에서도 바보 같은 짓이 아닐까? 하지만 항상 그런 것은 아니다. 이미 자식을 낳았는데 자식에게 심각한 기형이 있거나 환경이 너무나 엄혹해서 그 자식이 어른이 될 때까지 생존할 확률이 사실상 0%라면 자식을 잡아먹어서 어머니가 영양 보충이나 하는 것이 어머니의 번식에 이득이 될 수 있다. 그리고 실제로 그런 상황에서 자식을 잡아먹도록 자연선택에 의해 "설계design"된 동물이 있을지도 모른다.

어떤 사람에게는 큰 상처를 줄지도 모르는 이야기다. 그래서 그런 진화를 냉정하게 분석하려는 진화생물학과 진화심리학은 못된 과학이다. 자연선택의 기준은 번식 또는 유전자 복제다. "사람의 마음에 상처를 줄 만한 특성은 진화하면 안 돼"라고 누군가가 자연선택에게 핀잔을 주는 일은 일어나지 않는다. 신을 끌어들인다면 이야기가 달라지겠지만 21세기 과학계에서 신을 그런 식으로 끌어들이면 조롱만 당할 뿐이다.

이제 위에서 미루어 두었던 C에 대해 이야기해 보자. C로 시작하는 영어 단어에는 "coy 수줍어 하는"도 있고 "choosy 까다롭게 선택하는"도 있다. "coy"는 상대방에 대한 호의나 내숭을 함의할 수도 있는 말이다. 위에서 이야기한 진화 시나리오에서 "수줍어 하는 여자"의 진화를 추론해내기는 힘들다. 그냥 여자가 남자에 비해 섹스 상대를 까다롭게 선택하도록 진화했으리라 기대할 수 있을 뿐이다.

이전에는 진화학자들이 섹스와 관련된 암수 차이에 대해 위와 비슷한 진화 시나리오를 제시하면서 "coy"라는 단어를 쓰기도 했는데 적절치 않아 보인다. 여자가 섹스를 하자고 덤비는 남자의 아구창을 날리면서 "너 같은 새끼랑은 안 해!"라고 소리를 지른다면 "choosy"에는 해당하지만 "coy"는 아니다. 여자 또는 암컷이 "coy"하도록 진화했다고 믿는다면, 그리고 왜 그렇게 진화했는지 해명하고 싶다면 위에서 제시한 시나리오 말고도 다른 무언가가 필요하다.

참고문헌

『눈먼 시계공: 진화론은 세계가 설계되지 않았음을 어떻게 밝혀내는가(The blind watchmaker: why the evidence of evolution reveals a universe without design)』, 리처드 도킨스 지음, 이용철 옮김, 사이언스북스, 2004

「9. 암수의 전쟁」, 『이기적 유전자(The selfish gene)』, 리처드 도킨스 지음, 홍영남 & 이상임 옮김, 을유문화사, 2010(개정판)

「하룻밤의 정사」, 『욕망의 진화: 사랑, 연애, 섹스, 결혼. 남녀의 엇갈린 욕망에 담긴 진실 (The evolution of desire: strategies of human mating)』, 데이비드 버스 지음, 전중환 옮김, 사이언스북스, 2007

「6. 단기적 성 전략」, 『진화심리학: 마음과 행동을 탐구하는 새로운 과학(Evolutionary psychology: the new science of the mind)』, 데이비드 버스 지음, 이충호 옮김, 최재천 감수, 웅진지식하우스, 2012

「11. Fundamentals of human mating strategies」, David P. Schmitt, 『The handbook of evolutionary psychology: 1. foundations』, David M. Buss 편집, Wiley, 2016(2판)

『인간의 유래 1, 2(The descent of man, and selection in relation to sex)』, 찰스 다윈 지음, 김관선 옮김, 한길사, 2006

『적응과 자연선택: 현대의 진화적 사고에 대한 비평(Adaptation and natural selection: a critique of some current evolutionary thought)』, 조지 C. 윌리엄스 지음, 전중환 옮김, 나남, 2013

『진화의 미스터리: 조지 윌리엄스가 들려주는 자연선택의 힘(The pony fish's glow: and other clues to plan and purpose in nature)』, 조지 윌리엄스 지음, 이명희 옮김, 사이언스북스, 2009

『Natural selection and social theory: selected papers of Robert Trivers』, Robert Trivers, Oxford University Press, 2002

「14. Heroes and hos: reflections of male and female sexual natures」, Catherine Salmon, 『Foundations of evolutionary psychology』, Charles Crawford & Dennis Krebs 편집, LEA, 2007

「Intra-sexual selection in Drosophila」, Angus John Bateman, 『Heredity』, 1948

「Parental investment and sexual selection」, Robert Trivers, 『Sexual selection and the descent of man 1871-1971』, Bernard Campbell 편집, Aldine, 1972(『Natural selection and social theory: selected papers of Robert Trivers』에도 실려 있다)

「4. Sex and sexual selection」, Anders Pape Møller, 『Foundations of evolutionary psychology』, Charles Crawford & Dennis Krebs 편집, LEA, 2007

「7. Sexual selection in relation to mating system and parental roles」, 『Sexual selection』, Malte Andersson, Princeton University Press, 1994

가부장제가 남자를 늑대로 만드는 걸까?
: 선천론과 후천론

페미니즘에도 온갖 조류가 있다. 이 책에서 진화심리학과 페미니즘을 앙숙으로 그리고 있는데 모든 페미니스트들이 진화심리학을 싫어하는 것은 아니다. 심지어 다윈주의적 페미니즘Darwinian feminism, 진화론적 페미니즘evolutionary feminism, 페미니즘 진화심리학회Feminist Evolutionary Psychology Society도 있다. 하지만 대다수 페미니스트들은 진화심리학을 아주 싫어하는 것 같다. 진화심리학과 정면으로 충돌하는 페미니즘에도 여러 조류가 있기 때문에 정확히 이야기하려면 상당히 번거로워진다. 이 책에서는 대표적 주장 몇 가지만 살펴볼 것이다.

오래 전부터 대중은 남자는 원래 이렇고 여자는 원래 저렇다고 생각해왔던 것 같다. 남자는 원래 섹스를 밝히고 성질이 사납고, 여자는 원래 겁이 많으며, 모성애가 원래 부성애보다 강하다는 식이다. 그런데 현대사회에서 먹물 좀 먹은 많은 지식인들은 대중의 이런 상식을 무시해왔다.

왕정 시대에는 사람들이 왕의 존재를 당연하게 생각했다. 하지만 인류 역사를 보면 왕정은 당연히 존재하는 체제가 아니었다. 현존하는 원시부족을 살펴보자. 부족장이 있지만 왕과는 거리가 멀다. 권력이 왕처럼 강력하지도 않고 왕권처럼 자식에게 물려주지도 않는다. 옛날 옛적에 우리 조상도 그와 비슷한 사회에서 살았을 것이다. 그리고 최근 몇 백 년 동안 세계는 왕정에서 점점 벗어나고 있다. 선진 산업국에 사는 사람들에게 왕정은 역사책이나 후진국에서 존재하는 체제로 보인다.

페미니스트에 따르면 "남자는 원래 늑대다"와 같은 대중의 상식은 "나라에는 원래 왕이 있다"라는 이전의 상식만큼이나 틀렸다. 왕정 체제에서 자란 사람들이 왕의 존재를 당연하게 생각하듯이 가부장제 문화 속에서 자란 사람들이 남자와 여자가 원래 정신적으로도 다르다고 생각하게 되는 것이다. 가부장제 체제가 사회화나 학습을 통해 남자와 여자를 다르게 자라도록 만든다. 부모 세대에서도 그런 남녀 차이에 익숙하게 살았고 그 전에서도 그랬기 때문에 사람들은 까마득한 옛날부터 그랬을 것이라고 지레짐작하는 것이다. 부모 세대에도 왕이 있었고 그 전에도 왕이 있었기 때문에 세상이 시작될 때부터 왕이 있었을 것이라고 착각하는 것과 마찬가지다.

"남자는 원래 늑대다", "남자는 원래 사납다", "여자는 원래 겁이 많다", "모성애가 원래 부성애보다 강하다"와 같은 대중의 상식을 페미니스트가 온몸으로 거부할 때 진화심리학자는 왜 남자와 여자가 원래 그렇게 다른지 진화론적으로 해명하려 한다. 이런 면에서 진화심리학은 천대 받던 대중의 상식에 힘을 실어주고 있다. 그리고 대중의 상식을 조롱했던 지식인들이 이제 진화심리학을 조롱하고 있다.

진화심리학자들은 진화가 남녀의 육체적 차이뿐 아니라 정신적 차이도 만들어낼 수 있다고 주장한다. 정신적인 면에서도 남자와 여자는 선천적으로 다르다는 것이다. 이에 맞서 페미니스트들은 남자와 여자가 정신적으로는 똑같게 태어난다고 주장한다. 차이가 있다면 사회화나 학습에 의해 순전히 후천적으로 생긴다는 것이다. 만약 양성 평등이 완벽히 실현된 사회에서 자란다면 남녀의 정신적 차이가 나타나지 않을 것이다. 이런 면에서 선천론과 후천론의 대립이다.

오늘 태어난 남자 아기와 여자 아기를 비교해 보자. 남자 갓난아기가 여자 갓난아기보다 섹스를 더 밝히나? 여자 갓난아기의 모성애가 남자 갓난아기의 부성애보다 강한가? 나는 이와 관련된 연구를 본 기억이 없다. 어쨌든 특별한 증거가 없다면 남녀 갓난아기의 경우 이런 차이가 없다고 봐도 무방할 것이다. 페미니스트가 이것을 근거로 제시하면서 남자와 여자가 정신적으로 다르게 태어난다는 선천론이 틀렸다고 이야기할지도 모르겠다.

하지만 진화심리학자들이 "선천적innate"이라고 이야기할 때는 태어날 때부터 있다는 뜻이 아니다. 인간은 이빨이 사실상 없는 상태로 태어난다. 그 후 젖니가 났다가 빠지고 영구치가 난다. 진화심리학자들은 젖니가 났다가 빠지고 영구치가 나는 것을 두고도 선천적이라고 이야기한다. 인간이 원래 그런 식으로 이빨이 나도록 생겨먹었다고 보는 것이다. 그 이유는 인간이 그렇게 진화했기 때문이다.

진화심리학자들의 용법에 따르면 사춘기가 되면 겨드랑이와 사타구니에 털이 나는 것도 선천적이다. 여자의 경우 유방이 커지고 월경을 시작하는 것도 선천적이다. 심지어 나이가 든 여자가 폐경을 하는 것도 선천적이다. 여자가 일정한 나이가 되면 배란을 시작하고 폐경을 하도록 진화했다고 보는 것이다. "남자가 여자보다 섹스를 밝히도록 태어났다", "남자는 선천적으로 늑대다"는 이런 뜻으로 하는 말이지 태어날 때부터 그렇다는 뜻이 아니다.

인간의 발달development, 발생은 수정되면서부터 성인에 이르기까지 연속적으로 일어난다. 태어나기 전에도 그 이후에도 발달은 계속된다. 태어나기 전에는 눈에 안 보인다는 차이가 있을 뿐이다. 발달의 관점에서 볼 때 출생 순간이 절대적 기준이 될 이유는 없다. 어떤 아이들은 남들보다 몇 달 일찍 태어나기도 한다.

정신적인 면에서는 남자와 여자가 원래 차이가 없는 걸까? 침팬지 암수를 살펴보자. 육체적으로도 다르지만 정신적으로도 다르다. 암컷의 모성애는 엄청나지만 수컷은 자식 돌보는 일에 거의 관심이 없어 보인다. 수컷은 서열에 엄청나게 집착하지만 암컷에게는 그만큼 중요하지 않아 보인다. 진화심리학자들은 침팬지 암컷과 수컷이 그런 식으로 다르게 진화했다고 본다.

이에 대해 페미니스트들은 어떻게 생각할까? 그들은 아주 손쉬운 방식으로 이 문제를 해결하는 것 같다. 그냥 이런 문제에 대해서는 생각을 안 하는 것이다. 사고력이 무척이나 날씬한 그들을 위해 내가 대신 생각해 주겠다. 페미니스트는 적어도 세 가지 가설을 제시할 수 있다.

세 가지 가설을 살펴보기 전에 "침팬지"라는 단어에 대해 잠시 살펴보자. 침팬지에는 일반 침팬지common chimpanzee와 보노보 침팬지bonobo chimpanzee, pygmy chimpanzee, bonobo가 있다. 그런데 "일반 침팬지"를 그냥 "침팬지"라고 부르기도 한다. 이 책에서도 "침팬지"는 "일반 침팬지"를 뜻한다.

첫째, 침팬지 암컷과 수컷이 정신적인 면에서 다른 것 역시 순전히 가부장제 문화 때문이다. 인간도 침팬지도 암수가 정신적으로는 다르게 진화하지 않았다. 가부장제 문화가 인간 사회뿐 아니라 침팬지 사회도 오염시켰다. 다른 종에서도 암수의 정신적 차이가 있다면 다 가부장제 탓이다.

이 가설이 사랑 받지 못할 만한 이유가 있다. 침팬지만 암수가 다른 것이 아니다. 고릴라도 오랑우탄도 정신적인 면에서 암수 차이를 보인다. 인간과 꽤 먼 사자도 그런 차이를 보인다. 사자 무리에서 수컷이 농땡이를 치다가 암컷들이 사냥에 성공하면 제일 먼저 달려들어서 먹는 경우가 많다. 새로 무리를 차지한 수사자는 아기 사자들을 죽여 버리지만 암사자가 무리의 아기 사자들을 그런 식으로 죽이지는 않는다. 인간과 아주 먼 사마귀는 어떤가? 섹스를 하면서 암컷이 수컷의 머리를 뜯어먹는 경우가 꽤 있다. 수컷이 암컷의 머리를 그런 식으로 뜯어먹는 경우가 있다는 이야기는 들어 보지 못했다. 이런 행동 차이가 나타나는 것은 암수의 뇌가 다르게 진화했기 때문이라고 진화심리학자들은 믿는다.

온갖 종에서 암컷과 수컷의 행동이 다른 이유가 가부장제 문화 때문이라는 가설이 인정받기 위해서는 왜 가부장제 문화가 인간뿐 아니라 온갖 종에서도 자리 잡았는지 해명해야 한다. 예컨대 문화가 별다른 역할을 하지 못하는 것으로 보이는 사마귀의 삶에 가부장제 문화가 어떻게 자리를 잡았는지를 해명해야 한다.

둘째, 다른 종들의 경우에는 암수가 정신적으로 다르게 진화했다. 가부장제 문화 때문이 아니라 유전자 때문에 암수가 정신적으로 다른 것이다. 하지만 우리의 직계 조상은 지난 수억 년 동안 내내 암수가 정신적으로는 다르지 않게 진화해왔다.

이 가설에 따르면 침팬지와 인간의 최근 공동 조상recent common ancestor은 암수의 정신이 선천적으로 다르지 않았다. 그런데 종분화가 일어나면서 침팬지의 경우에는 암수가 정신적으로 다르게 진화했다. 그 전으로 거슬러 올라가면 고릴라와 인간의 최근 공동 조상도 암수의 정신이 선천적으로 다르지 않았다. 그런데 종분화가 일어나면서 고릴라의 암수가 정신적으로 다르게 진화했다. 그 전으로 거슬러 올라가면 오랑우탄과 인간의 최근 공동 조상도 암수의 정신이 선천적으로 다르지 않았다. 그런데 종분화가 일어나면서 오랑우탄의 암수가 정신적으로 다르게 진화했다. 물론 사자와 인간의 최근 공동 조상에 대해서도, 공작과 인간의 최근 공동 조상에 대해서도, 사마귀와 인간의 최근 공동 조상에 대해서도 같은 말을 할 수 있다.

뭔가 이상하지 않은가? 왜 다른 종들은 암수가 정신적으로 다르게 진화했는데 우리의 직계 조상만 정신적 차이가 진화할 수 없었단 말인가? 가부장제를 몹시 싫어하는 페미니즘 신god of feminism이 있어서 수억 년 동안 우리 직계 조상의 진화만 보살펴(?) 줬단 말인가? 왜 하필이면 우리 직계 조상만 손 봐 주었을까? 그 신이 우리를 지적 능력이 뛰어난 종으로 진화시키기로 수억 년 전에 미리 점지해 두었던 걸까? 그래서 우리만 특별 관리 대상이 되었던 걸까?

셋째, 침팬지와 인간의 최근 공동 조상에 이르기까지는 우리의 직계 조상도 다른 종과 마찬가지로 암수가 정신적으로 다르게 진화하고 있었다. 하지만 그 이후에 우리 조상의 경우에는 그런 차이가 몽땅 사라지는 방향으로 진화가 일어났다.

이런 생각을 하다 보니 한 가지 시나리오가 떠오른다. 어떤 페미니스트 F가 있다F: feminist. F는 양성 평등에 몹시 집착한다. 남녀의 정신이 선천적으로 달라서 원래 남녀가 성격도 다르고 능력도 다르다면 양성 평등에 심각한 방해가 된다고 걱정한다. 이 때문에 잠도 못 이루던 F는 문제를 해결하기로 결심한다.

F는 우선 신을 찾아 나선다. 그러기 위해서는 신이 존재해야 한다. 수많은 무신론자들의 반대를 무릅쓰고 F는 세상에 신이 존재하도록 만든다. 천신만고 끝에 F는 꼭꼭 숨어 있던 신을 찾아낸다. 하지만 신은 기독교의 성경에 나오는 신만큼이나 성차별주의자였다.

그리고 여자에게는 이렇게 말씀하셨다. "너는 아기를 낳을 때 몹시 고생하리라. 고생하지 않고는 아기를 낳지 못하리라. 남편을 마음대로 주무르고 싶겠지만, 도리어 남편의 손아귀에 들리라." (창세기 3:16)

F는 놀라운 화술을 발휘하여 결국 신을 설득한다. 페미니스트로 개종(?)시킨 것이다. F는 신에게 타임머신을 타고 인간과 침팬지의 최근 공동 조상이 살던 시절로 돌아가서 인간 진화의 역사를 F의 입맛에 맞게 손 봐 달라고 부탁한다.

이번에는 아인슈타인이 타임머신 제작에 반대한다. 타임머신이 만들어지면 자신이 애지중지하는 상대성 이론이 무너질 것이라고 걱정한다. 하지만 전지전능한 신에게 아인슈타인쯤이야 아무 것도 아니다. 결국 신은 타임머신은 만들어 수백만 년 전으로 거슬러 올라간다. 그리고 F의 부탁대로 우리 조상의 심리에 존재했던 선천적인 암수 차이를 하나씩 제거한다.

신을 존재하게 만들고, 신을 페미니스트로 개종시키고, 과거에 일어났던 진화 역사를 바꾸게 시킬 수 있다고 생각한다면 역대급 과대망상이다.

여기에서 제시한 세 가지 가설은 모두 황당하기 짝이 없다. 그보다 더 설득력 있는 무언가를 페미니스트가 제시한 적 있나? 나는 구경해 본 적 없다. 페미니스트는 남자의 마음과 여자의 마음이 선천적으로 다를 리 없다고 그냥 우길 뿐이다.

자연선택 이론에 따르면 생물은 환경에 맞게 적응하는 경향이 있다. 각 종마다 살아가는 환경이 다르다. 그렇게 다른 환경에서 진화했기 때문에 종마다 몸도 다르고 마음도 다르다. 남자와 여자는 서로 다른 환경에서 진화했다. 남자의 짝짓기 상대는 여자였으며 여자의 짝짓기 상대는 남자였다. 남자의 뇌가 "운전"해야 할 몸은 남자의 몸이며 여자의 몸과는 다르다. 남자에게는 음경이 있으며 자궁이 없다. 남자는 여자보다 힘이 세다. 남녀의 뇌가 서로 다른 환경에 처한 것이다. 따라서 남녀의 뇌가 다르게 진화했으리라 기대할 만하다.

가부장제 문화를 끌어들인 설명에는 다른 문제도 있다. 포유류의 경우 대체로 암컷이 수컷보다 자식에게 더 많이 투자한다. 진화심리학자들은 그렇기 때문에 대체로 수컷이 섹스에 더 적극적이며 성질이 더 사납게 진화했다고 본다. 또한 대체로 모성애가 부성애보다 더 강하며 암컷이 겁이 많도록 진화했다고 본다. 포유류의 암수는 실제로도 대체로 그런 차이를 보인다.

가부장제 이론에 따르면 가부장제 문화가 남녀의 정신적 차이를 만들어낸다. 그런데 어떤 식으로 차이가 나나? 남자가 섹스에 더 적극적이며 더 사납다. 모성애가 부성애보다 강하며 여자가 겁이 더 많다. 왜 하필이면 가부장제 문화가 포유류의 일반적인 패턴과 이렇게도 잘 들어맞는 걸까? 모든 것이 그냥 우연의 일치인가? 아니면 가부장제 신god of patriarchy이 가부장제 문화를 설계할 때 포유류의 일반적인 패턴을 보고 컨닝을 한 걸까?

왜 가부장제 문화가 모든 인간 문화권에서 자리 잡았는지도 해명할 필요가 있다. 나는 여자가 남자보다 섹스에 적극적인 문화권, 여자가 남자보다 사나운 문화권, 부성애가 모성애보다 강한 문화권, 남자가 여자보다 겁이 많은 문화권이 있음을 제대로 보여준 연구를 본 기억이 없다. 모든 문화권에 가모장제matriarchy 문화가 아니라 가부장제 문화가 자리 잡은 것도 그냥 우연의 일치인가? 아니면 옛날 옛적에 가모장제 신과 가부장제 신이 결투를 벌였는데 가모장제 신이 완패한 걸까?

남자와 여자는 서로 상당히 다른 환경에서 진화했다. 그런데도 자연선택이 남자의 몸과 여자의 몸은 다르게 진화하도록 만들면서도 남자의 마음과 여자의 마음은 똑같게 진화하도록 만들었다면 직무유기(?)다.

이 책의 〈프롤로그〉에서 이야기했듯이 교황 요한 바오로 2세는 설사 인간의 몸이 진화의 산물일지라도 인간의 영혼은 진화의 산물일 수 없으며 신이 직접 창조했다고 노골적으로 이야기했다. 많은 페미니스트들이 진화론을 받아들인다고 이야기한다. 이런 면에서 교황과는 입장이 아주 달라 보인다.

하지만 남녀의 마음이 선천적으로 다를 리 없다는 믿음은 진화생물학에 비추어 볼 때 너무나 이상하다. 페미니스트는 인간의 마음 또는 뇌가 진화 원리를 초월한다고 믿는 것 같다.

이런 면에서 페미니스트는 교황과 별로 다를 바 없다. 그들은 자신의 입맛에 맞지 않는 결과로 이어질 수 있을 때는 자연선택에게 직무유기를 강요하려 한다. 신을 명시적으로 언급하지 않는다는 차이가 있을 뿐이다. 무신론자의 입장에서 볼 때 자연선택의 작동이 때로는 정지한다는 생각은 근본적인 물리법칙의 작동이 때로는 정지한다는 생각만큼이나 터무니없다.

예수가 물 위를 걷는 것만 기적인가? 페미니스트가 암묵적으로 가정하듯이 자연선택의 작동이 때로는 정지한다면 그것도 기적이다. 기적의 종류만 다를 뿐 기독교인과 마찬가지로 페미니스트도 기적을 믿는 것이다. 예수에게만은 살살 작용하라고 기독교의 신이 중력에게 명령했다고 믿는 것이나 남녀의 정신적 차이가 진화할 것 같을 때마다 페미니즘 신이 자연선택에게 나대지 말라고 명령했다고 믿는 것이나 거기서 거기다.

"남자의 마음과 여자의 마음이 선천적으로 다르지는 않다"라는 명제와 진화생물학이 모순되지 않도록 하는 길이 아예 없는 것은 아니다. 인간을 어떤 지적 존재가 설계했다고 보면 된다. 물론 그 지적 존재가 신이라고 주장한다면 무신론 또는 진화생물학과 정면으로 충돌하게 된다. 하지만 엄청난 문명을 자랑하는 외계인이 인간을 설계했다고 이야기하는 길이 있다.

지구상의 다른 모든 생물 종은 자연선택의 산물인 반면 인간은 외계인이 특별히 창조했다고 보면 모순은 해결된다. 외계인이 지 꼴리는 대로 남녀의 정신이 선천적으로 같도록 창조했다 하더라도 진화생물학과 모순되지는 않는다. 물론 지구상의 모든 생물을 외계인이 창조했다고 봐도 된다. 페미니스트들을 위해 내가 애써 해결책을 하나 마련해 주었지만 그들이 받아들일지는 의문이다. 라엘리안 무브먼트 Raëlian movement식 해결책은 페미니스트에게도 쪽팔려 보일 것 같다.

정신적인 면에서 남자와 여자의 선천적 능력이 다르다면 양성 평등을 위한 우리의 희망은 어떻게 되는 거지? 남자와 여자의 성격이 선천적으로 다른데도 양성이 평등한 사회가 가능할까? 이런 질문을 던져 보고 곰곰이 생각해 보는 것에는 반대하지 않겠다.

하지만 "정신적인 면에서 남녀가 다르게 진화했나"라는 질문에 대한 과학적 해답을 얻고 싶다면 그런 걱정들은 걱정 인형에게 맡기고 오직 논리와 실증이라는 과학적 기준에 바탕을 두고 탐구해야 한다. 21세기 페미니스트들의 소망이나 걱정과는 상관없이 인간 진화가 일어났다는 점을 받아들여야 인간의 마음에 대한 진실에 다가갈 수 있다.

참고문헌

『공동번역 성서』, 대한성서공회, 1999(개정판)

「Raëlism(Wikipedia)」, https://en.wikipedia.org/wiki/Ra%C3%ABlism

결혼, 매춘 그리고 보슬아치
: 자궁과 자원의 교환

결혼이 장기적이며 합법적인 매춘에 불과하다고 비아냥대는 사람들이 있다. 남자는 돈을 대고 여자는 섹스를 제공한다는 면에서 결혼과 매춘은 별 차이가 없다는 말이다. 그 반대편에는, 사랑에 바탕을 둔 신성한 결혼과 부도덕한 매춘을 이런 식으로 비교하는 것 자체를 참지 못하는 사람들이 있다. 결혼은 정말로 매춘에 불과한가? 결혼과 매춘 사이에 공통점은 없을까? 있다면 무엇인가?

페미니스트들은 결혼도 매춘도 남자가 여자를 억압하는 수단이라고 주장한다. 이런 면에서 결혼과 매춘 사이에 공통점이 있다. 여성 억압의 원흉은 가부장제다. 가부장제의 핵심에는 억압적 가족이 있으며 가족의 바탕은 결혼이다. 매춘의 목적은 여자를 비천한 처지에 묶어두는 것이다. 가부장제 문화는 때로는 은근히 때로는 노골적으로 여자를 압박한다. 창녀와 같은 비천한 처지에 빠지지 않으려면 순결 이데올로기를 받아들이라고 말이다.

순결 이데올로기 밖에서 사는 창녀는 사회적 멸시를 받는다는 면에서 비천해진다. 순결 이데올로기에 사로잡힌 여자는

남자들이 만들어 놓은 속박에서 벗어나지 못한다는 면에서
비천해진다. 그런 여자는 아버지와 남편의 손아귀에서 벗어
날 수 없다. 가부장제 사회에서는 매춘부가 되든 아내가 되든
억압받고 차별받는다는 면에서는 비슷하다. 억압과 차별의
양상이 다를 뿐이다.

진화심리학자들도 결혼과 매춘의 공통점에 주목하지만 스
토리는 딴판이다. 밑들이 scorpionfly 수컷은 암컷에게 먹이를
제공하고 그 대가로 섹스를 얻는다. 생물학자들이 그 먹이를
"nuptial gift"라고 부를 때가 많다. "gift 선물"는 적어도 당장은
대가를 바라지 않고 그냥 주는 것이다. 따라서 당장 섹스와
교환하기 위해 주는 것을 선물이라고 부르는 것은 적절치 않
아 보인다. 생물학자들이 "nuptial"을 "번식과 관련된"이라는
의미로 쓰기도 하지만 원래 결혼을 뜻하는 말이다. 이 사례에
서는 섹스를 하고 그냥 헤어지는 관계일 뿐이기 때문에 굳이
이 단어를 쓰고 싶지는 않다.

밑들이 수컷이 암컷에게 주는 먹이는 "nuptial gift 결혼 선물,
짝짓기 선물"보다는 "화대"에 가깝다. 동물계에서 수컷이 물질
적 자원을 제공하고 암컷이 섹스를 제공하는 이런 교환 사례
를 꽤 많이 볼 수 있다. 매춘 개념을 확대하여 "물질적 자원과
섹스의 일회성 교환"으로 정의한다면 이것도 매춘이라고 부
를 수 있을 것이다. 원래 인간에게 적용하던 매춘 개념을 이
런 식으로 재정의하여 동물에게도 적용할 수 있다.

결혼이란 무엇인가? 개념은 정의하기 나름이다. 국가의 법

률로 인정되는 경우에만 결혼이라면 원시부족에는 결혼이 없다고 봐야 한다. 국가도 법도 없기 때문이다. 법정에서는 이런 정의가 쓸모 있을지 모르지만 사회학, 심리학, 생물학에서 쓰기에는 적당하지 않다. "남편", "아내", "부부"와 같은 단어가 당사자나 주변에서 명시적으로 쓰일 때만 결혼이라고 본다면 지구상에 사는 동물들 중에서 인간에게만 결혼 개념을 적용할 수 있다. 이런 개념이 인류학에서는 쓸모 있을지 모르지만 여기에서는 이보다 훨씬 더 폭넓게 적용할 수 있도록 결혼을 정의하려 한다.

이 책에서 결혼은 암컷들과 수컷들이 자식을 함께 기르기 위해 상당히 긴 기간 동안 짝을 이루어 사는 것을 말한다. 이런 식으로 정의하면 자식을 낳지 않기로 한 결심을 계속 지키면서 결혼생활을 유지하는 인간 부부들이 배제되는 문제가 있긴 하다. 하지만 인간을 포함한 동물의 짝짓기 패턴을 해명하는 데는 유용하다. 이런 식으로 정의하면 갈매기도 결혼을 한다고 볼 수 있다.

체내수정이 이루어지는 조류와 포유류에 초점을 맞추어 이야기해 보겠다. 결혼을 하면 수컷이 아내와 아내의 자식을 위해 많은 일을 한다. 알을 품기도 하고, 먹이를 구해 오기도 하고, 집을 짓기도 하고, 위험으로부터 보호해 주기도 하고, 가르치기도 한다. 만약 수컷이 아내와 섹스를 전혀 하지 않으면서도 이런 온갖 노력을 들인다면 번식의 측면에서 볼 때 바보 같은 짓이다. 따라서 결혼을 하는 종에서는 아내와 섹스할 권리를 보장 받으려 애쓰도록 수컷이 진화하리라 기대할 만하다. 아내가 일관되게 남편의 섹스 요구를 거부한다면 수컷의 입장에서는 이혼하는 것이 합리적이다.

암컷이 남편에게 섹스를 제공하는 것만으로는 부족하다. 만약 아내가 남편 말고도 다른 수컷들과 섹스를 아주 많이 한다면 남편이 아내를 임신시킬 확률이 별로 높지 않다. 그런 상황에서 남편이 아내와 아내의 자식을 열심히 돌본다면 역시 바보 같은 짓이다. 아내의 자식이 남편의 유전적 자식일 확률이 높아야 남편의 수고가 유전적 결실로 이어질 확률이 높다. 따라서 결혼을 하는 종에서는 아내의 섹스를 어느 정도 독점하려 애쓰도록 수컷이 진화하리라 기대할 만하다. 진화심리학계에서는 수컷의 질투가 그런 독점을 위해 진화했다고 본다.

소유하려는 사랑은 진정한 사랑이 아니라는 말이 있다. 사랑하는 사람을 소유하려는 성향은 문명의 산물이라고 주장하는 이들도 있다. 많은 자원을 부족 전체에서 공유했던 원시사회에는 사랑하는 사람을 소유하려는 성향이 없었다. 그런데 이전보다 훨씬 더 많은 것을 개인이 소유하는 농경사회로 이행하면서 사랑하는 사람까지도 소유하려는 성향이 생겼다는 것이다. 그렇다면 질투는 문명의 산물이다.

남편의 입장에서 생각해 보자. 아내를 사랑할수록 아내와 아내의 자식을 더 열심히 돌볼 것이다. 무척 사랑하는 아내가 바람을 피워서 외간 남자의 자식을 임신하면 남편이 쏟는 지극정성이 외간 남자의 유전적 자식에게 돌아간다. 남편의 입장에서는 헛수고다. 따라서 아내에 대한 사랑이 클수록 아내의 섹스를 독점할 필요도 커진다.

사랑하는 애인일수록 결혼할 가능성이 높다. 어차피 헤어질 사이라면 애인이 다른 남자의 자식을 임신해도 남자가 보는 손해는 그리 크지 않다. 하지만 꼭 결혼할 사이라면 큰 문제다. 따라서 사랑하는 애인일수록 애인의 섹스를 독점할 필요가 커진다.

남자의 입장에서 볼 때 아내든 애인이든 사랑하는 여자일수록 더 소유하려 애쓰는 것이 번식의 측면에서 합리적이다. 질투 없는 사랑은 번식 실패로 가는 지름길이다. 따라서 남자가 여자를 더 사랑할수록 더 소유하려 애쓰도록 진화했으리라 기대할 만하다. 그렇다면 소유하지 않으려는 남자의 사랑은 진정한 사랑이 아닐 가능성이 높다.

남편이 질투를 하지 않을 때 아내가 "이제 더 이상 나에게 관심도 없군"이라고 말하는 장면을 영화나 드라마에서 많이 볼 수 있는데 인간 본성을 잘 드러내는 말일지도 모른다. 페미니스트는 질투하는 남편이 아내를 감시하고 통제하려는 장면을 볼 때 "억압"이라는 단어만 떠올리지만 대중은 "사랑"이라는 단어도 떠올린다. 아내가 소중하지 않다면 맹수로부터 지킬 필요도 없지만 다른 남자로부터 지킬 필요도 없다. 소유하지 않으려는 사랑이 페미니스트의 박수를 받을 수는 있겠지만 자연선택의 기준은 얼마나 잘 번식하느냐지 페미니스트로부터 박수를 얼마나 많이 받느냐가 아니다.

침팬지 수컷의 질투는 인간 남자의 질투와 양상이 다르다. 남자의 질투는 아내나 애인에게 집중된다. 자신의 아내나 애인이 다른 남자와 섹스를 하거나, 그럴 기미가 보이거나, 다른 남자를 사랑하거나, 그럴 기미가 보일 때 남자는 질투한다. 침팬지 수컷은 자신보다 지위가 낮은 수컷이 암컷과 섹스할 때 질투를 표출한다. 침팬지 사회에서는 수컷의 지위가 높을수록 남들 눈치를 덜 보고 암컷과 섹스할 수 있다. 지위가 가장 높은 으뜸 수컷alpha male 은 누구의 눈치도 볼 필요가 없다.

침팬지 수컷은 정자 제공 말고는 자식을 위해 하는 일이 별로 없다. 특정한 암컷의 자식을 위해 특별히 하는 일이 없다면 그 암컷을 특별히 사랑할 필요가 없다. 특정한 암컷과 그 암컷의 자식을 특별히 돌보지 않는다면 질투가 그 암컷에게 집중될 필요도 없다.

이제 암컷의 입장에서 생각해 보자. 암컷이 남편에게 섹스를 독점적으로 제공하는데 남편이 아내와 아내의 자식을 위해 하는 일이 없다면 암컷은 바보 같은 짓을 한 것이다. 남편으로부터 아무 것도 얻지 못하면서 섹스 독점권을 제공하기 때문이다. 가게 주인이 손님에게 상품을 주면서도 돈은 한 푼도 받지 못하는 것과 같다. 따라서 남편이 자신과 자신의 자식에게 무언가를 제공하지 않으면 이혼 등의 조치를 취하도록 암컷이 진화하리라 기대할 만하다.

남편이 다른 여자들과 아무리 섹스를 하고 다녀도 여자의 뱃속에서 태어난 자식은 그 여자의 유전적 자식이다. 이런 면에서는 여자는 걱정할 필요가 없다. 하지만 남편이 외간 여자와 섹스를 하면 다른 측면에서 아내에게 손해다. 섹스를 하기 위해 남편이 그 여자에게 물질적 자원을 제공했을 수 있다. 그 자원은 아내와 아내의 자식에게 쓰일 수 있었다. 자원이 가족 밖으로 새는 것이다. 남편이 외간 여자를 꼬시거나 섹스를 하는 데 시간을 보내면 처자식을 돌볼 시간이 줄어든다.

〈창녀가 존재하는 이유: 부모 투자 이론〉에서 이야기했듯이 자신을 사랑하지 않는 남자의 섹스 요구를 여자가 거부할 때가 많다고 가정해 보자. 외간 여자가 섹스에 응했다면 두 사람이 사랑에 빠졌을 가능성이 꽤 높다. 남편이 외간 여자와 사랑에 빠진다면 기존 아내와 이혼하거나 그 여자를 두 번째 아내로 맞이할 가능성이 있다. 여자가 원치 않는 이혼을 당하면 번식 손해를 볼 수 있다. 남편이 두 번째 아내를 맞이하면 남편이 제공하는 자원을 두 번째 아내와 나누어 써야 한다. 기존 아내에게는 손해다. 따라서 남편이 다른 여자와 사랑에 빠지거나 섹스를 할 때 여자가 질투하도록 진화했으리라 기대할 만하다.

침팬지 수컷의 입장에서 생각해 보자. 어떤 암컷이 다른 수컷과 섹스해서 임신하면 자신이 그 암컷을 임신시킬 기회가 날아간다. 자신보다 서열이 낮은 수컷의 섹스를 방해할 수 있다면 자신이 그 암컷을 임신시킬 확률이 올라간다. 물론 자신보다 서열이 높은 수컷의 섹스도 방해할 수 있다면 좋겠지만 자기보다 힘이 센 자의 행동을 자기 맘대로 통제할 수는 없는 노릇이다. 그래서 침팬지 수컷은 자신보다 서열이 낮은 수컷이 섹스할 때 질투를 표출하도록 진화한 듯하다.

이번에는 침팬지 암컷의 입장에서 생각해 보자. 어떤 수컷이 다른 암컷과 섹스해서 임신시킨다 해도 그 수컷의 정자는 곧 만들어진다. 그러면 그 수컷의 정자를 받아서 자신이 임신할 수 있다. 따라서 정자를 얻기 위해 자신보다 서열이 낮은 암컷의 섹스를 방해할 필요가 거의 없다. 실제로 침팬지 암컷은 질투를 하지 않는 것 같다.

침팬지 연구로 대중적으로 가장 많이 알려진 과학자는 제인 구달Jane Morris Goodall이다. 대중적 인지도만 높은 것이 아니라 침팬지 연구에 막대하게 기여했다. 구달이 『The chimpanzees of Gombe: patterns of behavior곰베의 침팬지: 행동 패턴』라는 두꺼운 학술서를 썼지만 초보자가 읽기에는 너무 부담스럽다.

『인간의 그늘에서』와 『Through a window창문을 통해서』는 소설처럼 재미있게 읽을 수 있는 침팬지 관찰기다. 제인 구달의 연구 대상은 야생 침팬지였다. 프란스 드 발Frans de Waal, 한국어로 번역된 책에서는 다들 "드 발"이라고 표기했지만 최재천 교수에 따르면 "드 왈"로 발음해야 한다의 『침팬지 폴리틱스』에는 동물원에서 사는 침팬지들이 등장한다. 『침팬지 폴리틱스』도 소설처럼 편하게 읽을 수 있는 책이다.

진화론적 분석에서 출발하면 남자와 여자의 질투 양상이 다를 것이라는 기대로 이어진다. 정신적 외도_{사랑}와 육체적 외도_{섹스} 사이에는 상당한 상관관계가 있다. 하지만 사랑한다고 반드시 섹스를 하는 것은 아니며 섹스를 한다고 반드시 사랑하는 사이인 것도 아니다. 따라서 정신적 외도와 육체적 외도를 구분하는 것은 의미가 있다.

남편이 다른 여자들과 아무리 섹스를 하고 다녀도 여자가 낳은 아이는 확실히 자신의 유전적 자식이다. 반면 아내가 다른 남자와 섹스했다면 아내의 아이가 남편의 유전적 자식이 아닐 수 있다. 이런 면에서 육체적 외도는 여자보다 남자에게 훨씬 더 치명적이다. 따라서 남자가 여자보다 육체적 외도에 상대적으로 더 민감하게 질투를 느끼도록 진화했으리라 기대할 만하다_{여기에서 "상대적으로"를 어떻게 해석할지를 두고 약간 복잡한 이야기를 해야 하지만 그냥 넘어가겠다}. 실제로도 여러 연구에 따르면 남자는 여자보다 육체적 외도에 질투를 더 많이 한다.

일베에서 "보슬아치"와 "보빨러"라는 속된 말을 흔히 볼 수 있다. "보"는 여자의 생식기를, "슬아치"는 "벼슬아치"을 뜻한다. "보슬아치"는 여자로 태어난 것이 벼슬이나 되는 것처럼 남자들에게 이런 저런 것을 은근히 또는 노골적으로 요구하는 여자를 말한다. 데이트 비용은 당연히 남자가 더 많이 내야 한다는 식으로 생각하는 여자 말이다. 여기에서 〈창녀가 존재하는 이유: 부모 투자 이론〉에 등장했던 대화를 떠올려도 될 것이다. 남자가 "내가 영화표도 사고 술값도 냈으니까 여관비는 네가 냈으면 좋겠어"라고 말하자 여자는 "그럼 오늘은 여관 가지 말자"라고 응수했다. 순화해서 말하면 "여슬아치"다. "빨러"은 "빨다"의 "빨"과 "er"를 합친 말이며 아부하는 사람이라는 뜻이다. "보빨러"는 여자에게 아부하는 남자다.

"신사적 행동", "기사도 정신", "숙녀 먼저ladies first"라는 점잖은 말과 "보빨러" 같은 일베어는 통하는 면이 있다. 남자가 여자에게 잘 해 준다는 말이다. 왜 남자는 여자에게 잘 해 주나? 여자를 받들어 모셔야 한다는 정신이 남자들을 온통 지배하는 걸까? 그럴 것 같지는 않다. 인류 역사를 보면 남자들은 최근까지 여자들을 억압하고 차별하기 바빴다. "숙녀 먼저"든 "보빨러"든 남자가 무언가를 얻기 위해 여자의 환심을 사려는 것은 아닐까?

"ladies first"에 대한 우스갯소리가 있다. "Let me look at your ass while you walk in front of me 엉덩이를 감상할 수 있게 내 앞에 가 주세요"가 남자의 속마음이라는 것이다. 보빨러라는 신조어는 그것을 더 노골적으로 담고 있다. 한편으로 "보"가 환유법을 통해 여자를 뜻하고 "빨"은 아부를 뜻한다. 합치면 여자에게 아부한다는 뜻이다. 하지만 "보빨"을 글자 그대로 해석하면 "cunnilingus"가 된다. 혹시 이 단어를 모르는 독자는 영어사전을 찾아보고 영어 어휘를 하나 늘리는 기회로 삼으면 되겠다. "숙녀 먼저"에 대한 농담과 "보빨러"라는 신조어는 남자가 여자의 환심을 사서 얻으려는 것이 섹스임을 암시한다.

여자의 환심을 사면 섹스로 이어질 가능성을 높일 수 있다. 섹스를 통해 여자보다 남자가 이득을 더 많이 본다. 따라서 남자가 섹스 가능성을 높이기 위해 여자의 환심을 사는 행동을 하도록 진화했을 가능성이 있다. 일베식으로 표현하자면 보빨러 본능을 진화시킨 것이다.

남자가 보빨러 본능을 진화시켰다고 가정해 보자. 그렇다면 여자가 남자의 그런 성향을 이용해 이득을 얻을 수 있다. 남자의 보빨러 본능을 이용해 이득을 챙기기 위해 여자가 보슬아치 본능을 진화시켰는지도 모른다. 남자의 입장에서는 보빨 비용에 비해 섹스 확률을 많이 높이는 것이 유리하다. 여자의 입장에서는 섹스 확률이 높아지는 것에 비해 남자로부터 더 많이 챙기는 것이 유리하다.

이런 상황에서 진화적 군비軍備 경쟁evolutionary arms race, 진화적 무기 경쟁이 벌어질 수 있다. 냉전이 한창일 때 미국과 소련은 더 나은 무기를 만들어 상대를 제압하기 위해 군비 경쟁을 벌였다. 상대가 더 좋은 무기를 만들어내면 그보다 더 좋은 무기를 만들어야 앞설 수 있다. 이런 것을 생물계에서도 볼 수 있다. 기생체가 숙주에게 기생하기 위한 책략을 진화시키면 숙주는 그에 대한 방어책을 진화시킨다. 그러면 기생체는 그 방어책을 뚫을 수 있는 책략을 진화시킨다. 그러면 숙주는 그 업그레이드 된 책략에 맞서기 위해 방어책을 업그레이드 한다. 이런 식으로 진화가 꼬리에 꼬리를 물고 이어질 수 있다.

사자와 얼룩말처럼 먹고 먹히는 관계에서도 진화적 군비 경쟁이 일어날 수 있다. 사자가 얼룩말을 잘 잡아먹을 수 있도록 사냥 능력을 진화시키면 얼룩말은 그런 사자를 더 잘 피할 수 있도록 회피 능력을 진화시킬 것이다. 그러면 사자는 그 회피 능력을 갖춘 얼룩말을 더 잘 잡아먹을 수 있도록 개선된 사냥 능력을 진화시킬 것이다.

속이는 자와 속임수에 당하지 않으려는 자 사이에서도 마찬가지다. 의태mimicry를 통해 상대방을 속이려는 자가 진화한다면 속지 않기 위한 판별 능력이 상대방에게 진화할 수 있다. 그러면 속이려는 자는 더 정교한 의태를 진화시킬 것이며 속지 않으려는 자는 의태를 더 정교하게 판별하는 능력을 진화시킬 것이다. 인간이 거짓말을 하는 경우에도 마찬가지다. 거짓말로 상대방을 속이려는 자가 점점 더 정교한 거짓말 능력을 진화시킨다면 속지 않으려는 자는 점점 더 정교한 거짓말 판별 능력을 진화시킬 것이다.

여자가 보슬아치 본능을 진화시켜서 남자의 보빨러 본능을 이용한다면 남자는 그에 대한 대응책으로 보빨러 본능을 더 정교하게 진화시킬 수 있다. 섹스를 해 줄 생각이 전혀 없으면서도 해 줄 것처럼 분위기를 깔면서 무언가를 얻어내려는 것인가? 아니면 정말로 섹스를 해 줄 생각이 약간이라도 있는가? 이것을 가려내는 능력이 있다면 효율적인 보빨에 도움이 될 것이다. 여기에서 효율성의 기준은 보빨을 통해 여자를 얼마나 만족시키느냐가 아니라 섹스 확률을 얼마나 높이느냐다. 여자는 그런 남자를 속일 수 있도록 보슬아치 본능을 더 정교하게 진화시킬 수 있다.

나는 보빨러-보슬아치 관계와 진화적 군비 경쟁을 연결시킨 연구를 본 기억이 없다. 위에서 제시한 가설을 내가 생각해냈다고 믿고 있다. 내 기억력을 별로 신뢰하지는 않지만 말이다. 물론 내가 보지 못했더라도 비슷한 내용을 담은 논문이 이미 발표되었는지도 모른다.

이 가설이 얼마나 가망성 있는지는 모르겠다. 어쨌든 진화심리학적 상상력이 다른 학파에서는 생각해내기 힘든 가설로 이어질 때가 있다는 점을 잘 보여주는 사례인 것 같다. 또한 진화심리학적 상상력을 발휘하면 때로는 페미니스트들 완전히 빡돌게 할 수 있다는 점도 유감없이 보여주는 사례로 보인다. 페미니스트에게는 보빨러-보슬아치 가설이 "신성모독"으로 보일 것이다.

위에서 이야기한 진화론적 분석들이 옳다면 결혼, 매춘, 보빨 사이에는 공통점이 있다. 여자의 자궁이 남자의 정자보다 훨씬 비싼 자원이다. 비싼 것을 제공하는 쪽에서는 상대방에게 무언가를 요구할 수 있다. 시장에서 귀한 상품을 제공하는 판매자는 높은 가격을 요구할 수 있다. 많은 돈을 제공하는 소비자는 품질 좋은 제품을 요구할 수 있다.

마찬가지로 자궁이라는 비싼 자원을 제공하는 여자는 남자에게 무언가를 요구할 수 있다. 결혼의 경우에는 남자가 자원과 보호라는 대가를 암묵적 계약 속에서 장기적으로 제공한다. 매춘의 경우에는 명시적 계약을 통해 남자가 여자에게 돈을 제공한다. 보빨러는 여자에게 선물 공세를 펴고 데이트 비용을 부담한다. 남자가 이런 저런 것들을 제공하는 이유는 결국 섹스를 통해 자궁을 차지하기 위해서다. 여기에서 결혼, 매춘, 보빨 사이의 공통점을 찾을 수 있다.

하지만 결정적 차이가 있다. 결혼에서는 계약이 장기적이며 암묵적이다. 결혼을 하면서 예비신랑과 예비신부가 "남편은 아내와 아내의 자식에게 자원과 보호를 제공하고 아내는 남편에게 섹스를 어느 정도 독점적으로 제공한다"는 식의 명시적 계약을 맺지는 않는다. 남편이 아내와 아내의 자식을 돌보는 이유는 사랑하기 때문이다. 남편의 질투는 아내의 섹스를 어느 정도 독점하는 데 도움이 된다. 매춘에는 이런 사랑과 질투가 없다. 돈과 섹스의 교환에 대한 명시적 계약이 있을 뿐이며 통상적으로는 장기적으로 유지되는 관계도 아니다.

〈창녀가 존재하는 이유: 부모 투자 이론〉에서 우리 조상의 결혼 역사가 아주 오래되었다는 전제에서 출발해 진화 시나리오를 제시한 적 있다. 결혼의 역사가 기껏해야 1만 년밖에 되지 않았다면 결혼을 전제한 진화 시나리오들은 사실상 무너진다. 진화심리학계에서는 결혼의 역사가 1만 년보다 훨씬 오래 되었다고 보는데 그렇게 생각하는 이유가 있다.

첫째, 모쒀摩梭, Mosuo족 같이 결혼을 하지 않는 사회가 있다는 이야기가 있다. 설사 그 주장이 진실을 어느 정도 반영한다 하더라도 지극히 희귀한 예외일 뿐이다. 사실상 모든 인간사회에서 결혼을 한다. 현존하는 원시사회에서도 결혼을 한다. 농경과 함께 인류 결혼의 역사가 시작되었다면 사냥과 채집으로 먹고 사는 원시부족에서는 문명의 손길이 닿기 전에는 결혼을 하지 않을 것이라고 기대할 수 있다.

둘째, 인간은 남녀가 사랑에 빠진다. 결혼을 하지 않는 침팬지와 인간이 다른 점이다. 남녀의 사랑은 인류 보편적으로 보인다. 결혼을 하는 짝짓기 체제에서 인간이 진화하지 않았다면 도대체 왜 이런 연애감정이 생겼을까?

셋째, 모성애보다는 못하지만 인간은 부성애도 대단하다. 이것 역시 결혼을 하지 않는 침팬지와 인간이 다른 점이다. 강렬한 부성애는 인간이 결혼을 하는 사회에서 진화했음을 암시한다.

넷째, 인간의 체중 대비 고환 무게는 고릴라보다는 크지만 침팬지보다는 훨씬 작다. 고환 크기가 결혼과 무슨 상관이 있을까? 암컷이 짧은 기간 동안 여러 수컷과 섹스를 하면 질 안에 여러 수컷의 정자들이 공존할 것이다. 그러면 난자와 결합하기 위해 여러 수컷의 정자들끼리 경쟁하게 된다. 이것을 정자 경쟁sperm competition이라고 한다. 암컷이 짧은 기간 동안 두 마리 이상의 수컷들과 섹스를 할 가능성이 높을수록, 암컷이 짧은 기간 동안 섹스를 하는 수컷들의 수가 많을수록 정자 경쟁은 더 치열해진다.

정자 경쟁에서 이기기 위한 전략 중 하나는 정자를 많이 만들어내는 것이다. 정자 경쟁이 치열할수록 정자 생산에 더 많이 투자하는 것이 합리적이다. 정자를 많이 만들어내기 위해서는 큰 고환이 필요하다. 따라서 암컷이 섹스를 더 자유분방하게 하는 종일수록 수컷의 고환이 더 크게 진화하리라 기대할 만하다. 포유류의 고환 크기는 실제로 이런 패턴을 보인다.

암컷 침팬지는 수컷이 섹스를 제안하면 거의 항상 응한다. 서열이 높은 수컷이 감시하고 있을 때 자제할 뿐이다. 이런 난교 체제에서는 정자 경쟁이 매우 치열하며 침팬지의 고환은 매우 크다. 고릴라는 수컷 한두 마리가 암컷 여러 마리와 결혼해서 사는데 가족마다 영역을 차지하고 있다. 암컷이 바람을 피우기가 상대적으로 힘들다. 바람을 피우기 위해서는 누군가가 다른 가족의 영역을 침범해야 하기 때문이다.

인간의 고환이 침팬지보다 훨씬 작다는 점은 인간이 난교 체제에서 진화하지 않았음을 암시한다. 인간의 고환이 고릴라보다 큰 이유는 고릴라와 달리 인간은 여러 가족이 한 부족을 구성하는 사회에서 진화했기 때문인 듯하다. 그런 사회에서는 여자가 바람을 피우기가 상대적으로 쉽다. 암컷이 바람을 많이 피울수록 정자 경쟁은 더 치열해진다.

날카로운 독자라면 "암컷 침팬지는 수컷이 섹스를 제안하면 거의 항상 응한다"와 〈창녀가 존재하는 이유: 부모 투자 이론〉에 나오는 "만약 여자가 열등한 남자의 정자를 얻어서 임신하면 우월한 남자의 정자를 얻어서 임신할 기회를 날리는 꼴이다" 사이에 모순이 있어 보인다고 지적할 것이다. 암컷 침팬지가 열등한 수컷의 섹스 제안을 거부하도록 진화했으리라 기대할 만하지 않을까?

뭔가 이상하다고 느낀 진화학자들이 이 문제를 해결하기 위해 노력해 왔다. 예컨대 "열등한 수컷과도 섹스를 해 줌으로써 그 수컷이 암컷의 자식을 죽이지 않도록 만들기 위해"라는 가설이 제시되었다. 하지만 이 글에서 그와 관련된 골치 아픈 논쟁을 다루지는 않을 것이다.

다섯째, 남자의 덩치가 여자보다 크기는 하지만 그 차이가 대단하지는 않다. 이것이 결혼과 무슨 상관이 있을까? 포유류에서는 거의 찾아볼 수 없는 일처다부제를 제쳐 두고 이야기하겠다. 한쪽 극단에는 극단적 일부일처제가 있다. 그런 체제에서는 수컷 한 마리와 암컷 한 마리가 결혼하여 절대 이혼도 하지 않고 바람도 안 피운다. 다른 쪽 극단에는 극단적 하렘harem 체제가 있다. 그런 체제에서는 으뜸 수컷 한 마리가 무리의 모든 암컷들의 섹스를 완전히 독점한다. 실제로 그런 종은 없겠지만 이렇게 양쪽 극단을 상정해 보자.

〈왜 남자가 감옥에 많이 갈까?: 부모 투자 이론의 재등장〉에서 살펴보겠지만, 포유류의 패턴을 보면 극단적인 하렘 체제에 가까울수록 암수의 덩치 차이가 더 크며 극단적인 일부일처제에 가까울수록 암수의 덩치가 비슷해진다. 남녀의 덩치 차이를 고려해 볼 때 인간이 하렘 체제와는 거리가 아주 먼 짝짓기 체제에서 진화했으리라 추정할 수 있다. 진화심리학계에서는 인간이 일부일처제에 꽤나 가까운 일부다처제 사회에서 진화했으리라 추정하고 있다. 이것은 현존하는 원시 사회의 짝짓기 체제이기도 하다.

마리 루티는 『나는 과학이 말하는 성차별이 불편합니다』에서 남자가 아내의 성생활을 통제하게 된 이유에 대한 가설을 소개한다. 원시시대에는 남자가 자식에게 물려줄 수 있는 재산이 보잘것없는 수준이었는데 농경과 목축이 시작되면서 상당한 재산을 물려줄 수 있게 되었다. 재산이 많아지니까 유전적 자식에게 물려주어야 할 필요성이 생겼다. 부성 확실성paternity certainty 문제아내의 자식이 남편의 유전적 자식임이 확실한가가 중요해진 것이다. 그래서 남자가 아내의 섹스를 통제하게 되었다.

루티의 말대로 사냥채집사회hunter-gatherer society, 수렵채집사회에서 개인이 소유할 수 있던 자원은 보잘것없었다. 매우 중요한 자원이었던 영역territory은 부족 공동 소유였다. 계속 떠돌아 다녔기 때문에 집이 대단한 재산일 수 없었다. 많은 식량을 소유할 수도 없었다. 장기간 식품을 보관할 수 있는 기술이 없거나 부족했으며 계속 이동하면서 살아야 했기 때문이다. 당시에 남자가 소유할 수 있었던 것은 몇 시간 또는 며칠이면 만들 수 있었던 무기, 옷, 일시적 거처, 간단한 도구 정도였을 것이다.

농경과 목축이 시작되면서 농지나 가축을 개인 또는 가족이 소유할 수 있게 되었다. 농경사회에서는 정주定住생활을 한다. 그러면서 집이 대단한 재산이 되었다. 식품을 보관할 수 있는 기술이 좋아지면서 많은 식품을 소유할 수 있게 되었다. 그러면서 사유 재산의 규모와 빈부격차가 이전과는 비교할 수 없을 정도로 커졌다.

루티가 제시한 가설을 어떻게 해석해야 할까? 사냥채집사회에서는 아내가 바람을 피워도 남자가 질투하지 않았는데 농경과 목축으로 물려줄 재산이 많아지면서 남자의 질투가 자연선택에 의해 진화했단 말인가? 이런 식으로 해석하면 몇 가지 곤란한 문제가 생긴다.

첫째, 농경사회가 된 이후에 수천 년 동안 남자의 질투가 진화했다는 이야기인데 수천 년은 그런 진화가 일어나기에는 너무 짧아 보인다.

둘째, 현존 원시사회에서도 아내가 바람을 피우면 남편이 질투한다. 만약 농경사회 이후로 남자의 질투가 진화했다면 농경사회를 겪어보지 못한 원시사회의 남자들에게는 선천적 질투 기제가 없어야 한다.

셋째, 자연선택에 의해 바람피우는 아내를 향한 남자의 질투가 진화할 수 있다는 점을 인정한다면 왜 하필 농경사회가 된 이후에 그런 진화가 일어났다고 보는 걸까? 큰 재산을 물려주지 않을 뿐 사냥채집사회에서도 남자가 자식을 위해 많은 일을 할 수 있는데 말이다. 결혼을 하는 다른 동물의 경우에도 수컷은 아내가 바람을 피우면 질투한다.

루티가 소개한 가설을 다른 식으로 해석할 수도 있다. 농경과 목축이 시작되면서 남자의 질투 기제가 자연선택에 의해 진화했기 때문이 아니라 남자가 자기 재산을 유전적 자식에게 물려주겠다고 마음먹었기 때문에 아내의 성생활을 통제하기 시작했다고 말이다. 이것이 루티가 염두에 둔 해석 같다. 하지만 이런 식으로 해석해도 문제가 있다.

현대적 의미의 유전자 개념은 그레고르 멘델Gregor Johann Mendel이 1865년에 「Versuche über Pflanzenhybriden 식물 잡종에 대한 실험」을 발표하기 전에는 없었다. 수천 년 전 남자들이 "유전적 자식"이라는 개념을 알고 있었을 리 없다. 하지만 "피로 연결된 자식"이라는 개념은 오래 전부터 존재했다. 또한 아내가 외간 남자와 섹스를 하면 아내의 자식이 남편과는 피로 연결되지 않을 수도 있다는 점 역시 문명사회에서는 오래 전부터 알고 있었다.

논의의 편의상, 수천 년 전부터 많은 농경사회에 이런 지식이 있었다고 하자. 그런데 왜 남자들은 "유전적 자식" 또는 "피로 연결된 자식"에게 재산을 물려주려는 욕망을 품게 되었을까? 신이 "피로 연결된 자식만 사랑해라"라는 명령을 내렸고 남자들이 그 명령에 따르기라도 했단 말인가? 페미니스트들도 신을 끌어들인 이런 설명은 받아들이지 않을 것이다. 그렇다면 그런 욕망의 존재를 어떻게 설명할 것인가? 나는 이와 관련된 그럴 듯한 설명을 본 기억이 없다.

수천 년 전 남자들이 자신의 정액으로 만들어진 아이와 다른 남자의 정액으로 만들어진 아이를 의식적으로 구분할 수 있었다고 하자. 이것은 지식의 문제다. 반면 자신의 정액으로 만들어진 아이를 특별히 사랑하는 것은 욕망의 문제다. 루티는 그런 강렬한 욕망이 그냥 생길 수 있다고 생각하는 모양이다.

남자의 질투에 대한 진화론적 설명에서는 그럴 듯한 인과관계가 있다. 아내가 외간 남자하고 섹스를 해도 신경을 안 쓰는 남자는 남의 유전적 자식을 돌보는 데 엄청난 시간을 낭비하기 쉽다. 반면 질투를 하는 남자는 그럴 가능성이 상대적으로 적다. 따라서 질투를 하는 남자의 유전자가 더 잘 복제될 것이다. 결국 남자가 질투를 하는 방향으로 진화가 일어나게 된다. 이 가설을 엄밀하게 검증하기는 만만치 않겠지만 적어도 그럴 듯한 인과관계로 연결되는 설명이다.

반면, 남자가 자신의 정액으로 만들어진 아이를 특별히 사랑하게 되는 이유에 대해서 페미니스트는 인과론적 설명을 아예 제시하지 못하는 것 같다. 나만 못 본 건가? 남자가 유전적 자식을 특별히 사랑하게 된 이유 또는 유전적 자식인지 여부에 그렇게 집착하게 된 이유를 인과론적으로 설명해야 한다는 엄청난 난제를 페미니스트가 해결하지 못하면 루티가 제시한 가설은 과학적 가설로 인정받기도 힘들 것이다.

참고문헌

「두 사람이 함께 살아가기」, 『욕망의 진화: 사랑, 연애, 섹스, 결혼. 남녀의 엇갈린 욕망에
  담긴 진실(The evolution of desire: strategies of human mating)』, 데이비드 버스 지음,
  전중환 옮김, 사이언스북스, 2007

「4. 여자의 장기적 짝짓기 전략」, 『진화심리학: 마음과 행동을 탐구하는 새로운 과학
  (Evolutionary psychology: the new science of the mind)』, 데이비드 버스 지음, 이충호
  옮김, 최재천 감수, 웅진지식하우스, 2012

「5. 남자의 장기적 짝짓기 전략」, 『진화심리학: 마음과 행동을 탐구하는 새로운 과학
  (Evolutionary psychology: the new science of the mind)』, 데이비드 버스 지음, 이충호
  옮김, 최재천 감수, 웅진지식하우스, 2012

「15. Human sperm competition」, Todd K. Shackelford, Aaron T. Goetz, Craig W.
  LaMunyon, Michael N. Pham & Nicholas Pound, 『The handbook of evolutionary
  psychology: 1. foundations』, David M. Buss 편집, Wiley, 2016(2판)

「18. Love and commitment in romantic relationships」, Lorne Campbell & Timothy
  J. Loving, 『The handbook of evolutionary psychology: 1. foundations』, David M.
  Buss 편집, Wiley, 2016(2판)

『침팬지 폴리틱스: 권력 투쟁의 동물적 기원(Chimpanzee politics: power and sex among
  apes)』, 프란스 드 발 지음, 황상익 & 장대익 옮김, 바다출판사, 2004

「4. 조신한 여성의 몰락」, 『나는 과학이 말하는 성차별이 불편합니다: 진화심리학이 퍼뜨
  리는 젠더 불평등(The age of scientific sexism: how evolutionary psychology promotes
  gender profiling and fans the battle of the sexes)』, 마리 루티 지음, 김명주 옮김, 동녘
  사이언스, 2017

「플로의 성생활」, 『인간의 그늘에서: 제인 구달의 침팬지 이야기(In the shadow of man)』,
  제인 구달 지음, 최재천 & 이상임 옮김, 사이언스북스, 2001

「8. Men, women, and foraging」, 『The lifeways of hunter-gatherers: the foraging
  spectrum』, Robert L. Kelly, Cambridge University Press, 2013(2판)

「Mosuo(Wikipedia)」, https://en.wikipedia.org/wiki/Mosuo

「9. Sex」, 『Through a window: my thirty years with the chimpanzees of Gombe』, Jane
  Goodall, Mariner Books, 2010(50th anniversary of Gombe edition)

「16. Sexual behavior」, 『The chimpanzees of Gombe: patterns of behavior』, Jane
  Goodall, Belknap Press, 1986

「Versuche über Pflanzenhybriden(Experiments on plant hybridization)」, Gregor Johann
  Mendel, 『Verhandlungen des naturforschenden Vereines in Brünn』, 1866(1865년
  에 학회에서 낭독했다)

여자의 바람기: 좋은 유전자

우리 조상이 진화했던 원시부족사회에서 살던 남자의 입장에서 생각해 보자. 번식의 측면에서 볼 때 남자에게 꿈같은 상황은 부족의 거의 모든 여자들을 아내로 맞이하여 그 여자들의 자궁을 몽땅 독점하는 것이다. "모든 여자들"이 아니라 "거의 모든 여자들"인 이유는 어머니와 딸 같이 아주 가까운 친족은 제외해야 하기 때문이다. 이 문제는 〈근친상간 타부: 유해 열성 유전자〉에서 다룬다.

많은 여자들을 아내로 둘 수 없다면 되도록 많은 여자들과 바람을 피워서 임신시키는 길이 있다. 〈창녀가 존재하는 이유: 부모 투자 이론〉에서 살펴보았듯이 남자는 더 많은 여자와 잘수록 더 많은 여자를 임신시킬 수 있으며 이것은 막대한 번식 이득으로 이어진다. 따라서 남자가 때로는 바람을 피우도록 진화했으리라 기대할 만하다.

현존 원시사회들을 보면 일부다처제다. 유부남이 아닌 성인 남자는 꽤 있지만 유부녀가 아닌 성인 여자는 거의 없다고 한다. 직업적으로 몸을 파는 여자도 없다. 유부남이 바람을 피운다면 그 상대는 유부녀일 가능성이 매우 높은 것이다. 어떤 유부녀도 바람을 피우지 않으면 남자가 바람을 피우기 힘들다. 우리 조상도 비슷한 환경에서 살았을 것이다.

여자의 입장에서 생각해 보자. 여자가 아무리 바람을 피우고 다녀도 자기 혼자 임신할 수 있을 뿐이다. 여자가 바람을 피우면 외간 남자의 유전자로 임신할 가능성이 있기 때문에 남편이 좋아할 리 없다. 바람을 피우다 남편에게 걸리면 큰 문제가 생길 수 있다. 그럼에도 불구하고 바람을 피우는 여자들이 있다. 왜 그럴까?

여자에게 꿈같은 상황은 일처다부제를 이루며 사는 타마린tamarin 원숭이처럼 여러 남편을 거느리면서 자신이 낳은 자식을 한 명씩 안고 다니게 만드는 것이다. 하지만 인간은 일처다부제가 아니라 일부다처제 사회에서 진화한 듯하다. 일부다처제 사회에서 여자에게 가장 이상적인 시나리오는 가장 우월한 남자와 결혼해서 그 남자를 독차지하는 것이다. 하지만 모든 여자가 그럴 수 있는 것은 아니다.

여자가 열등한 남자와 결혼했다고 하자. 우월한 남자와 섹스를 해서 좋은 유전자good gene로 임신하면 남편의 정자로 임신할 때보다 대체로 우월한 자식이 태어날 것이다. 만약 들키지 않으면 남편으로부터 자원과 보호를 계속 받을 수 있다. 여자가 자신의 남편보다 우월한 남자의 유전자를 얻기 위해 때로는 바람을 피우도록 진화했는지도 모른다. 물론 이것은 남편에게 좋은 소식이 아니다.

"good gene"이란 무엇인가? "good"에는 "착한", "선한"이

라는 뜻도 있지만 여기에서는 그런 뜻이 아니다. 유전자 자체
는 선하지도 악하지도 않다. "착한 사람으로 태어나도록 만드
는 유전자"라는 뜻도 아니다. 그래서 "선한 유전자"가 아니라
"좋은 유전자"라고 번역했다. 여기에서 "good gene"은 질 좋
은 유전자라는 뜻이다. 그런 유전자로 임신이 된다면 우월한
자식이 태어날 확률이 높아진다. 그리고 여기에서 우월성의
기준은 유전자 복제 또는 번식이다. 즉 그런 유전자로 임신이
된다면 번식을 잘 하는 자식이 태어날 확률이 높아진다는 이
야기다.

그런데 여기에서 "유전자 궁합"도 중요하다. 유전자를 점집
에 들고 가서 궁합을 본다는 이야기는 당연히 아니다. 유전자
g가 좋은 유전자가 될지 나쁜 유전자가 될지는 어떤 유전자와
결합하는지에 의존할 때가 있다는 말이다. 〈근친상간 타부:
유해 열성 유전자〉에서 다루겠지만 아주 가까운 친족끼리 섹
스를 해서 자식을 낳으면 기형아가 될 확률이 상당히 높다.
유전자 궁합이 잘 맞지 않는 것이다. 물론 근친이 아니라도
유전자 궁합이 잘 맞지 않는 경우도 있다.

위에서 우월한 남자의 유전자가 곧 좋은 유전자이기 때문에
여자가 그런 남자의 유전자를 얻으면 우월한 자식이 태어날
확률이 높다고 이야기했다. 하지만 유전자 궁합이 안 맞으면
그렇지 않을 수도 있다. 여자가 우월한 남자와 섹스를 했는데
그 남자가 바로 여자의 유전적 아버지라면 오히려 재앙으로
이어질 수 있다. 따라서 "우월한 남자의 유전자는 곧 좋은 유

전자"라는 공식에는 문제가 있다.

하지만 여기에서는 그냥 그렇게 가정하겠다. 그렇게 해도 문제가 없기 때문이 아니라 초보자에게는 너무 어려운 문제이기 때문이다. 그냥 따라가 보자. 하지만 좋은 유전자 개념에 골치 아픈 사정이 있다는 점을 마음 속 어디엔가 잘 간직하자.

남자는 여자에게 섹스는 꽤나 쉽게 해 주지만 사랑은 그리 쉽게 주지 않는다. 결혼도 쉽게 해 주지 않는다. 남자가 섹스에 투자하는 것에 비해 결혼에 투자하는 것이 무지막지하게 크기 때문일 것이다. 열등한 여자가 우월한 남자와 결혼하기는 어렵다. 하지만 열등한 여자라도 상대적으로 쉽게 우월한 남자와 섹스를 해서 좋은 유전자를 얻을 수 있다. 하룻밤 정사의 맥락에서는 여자의 눈이 훨씬 높아지더라도 통하는 것이다. 하룻밤 정사의 맥락에서는 남자의 눈이 결혼할 때에 비해 훨씬 낮아지기 때문이다.

여자가 바람을 피우는 목적이 좋은 유전자를 얻는 것이라면 되도록 배란기에 외간 남자와 섹스를 하는 것이 좋다. 물론 남편의 입장에서는 배란기에 아내를 감시하는 것이 중요하다. 따라서 "배란기가 언제인가?"를 두고 남편과 아내가 정보 전쟁을 벌일 것이라고 기대할 수 있다. 배란기가 언제인지 남편에게 숨기거나 남편이 잘못 알도록 만드는 것이 아내에게 유리하다. 반대로 배란기가 언제인지 정확히 알아내는 것은 남편에게 유리하다.

따라서 여자는 남편으로부터 배란기를 더 잘 은폐하도록 진화하고, 남자는 아내의 배란기를 탐지하는 능력을 갈고 닦는 방향으로 진화하리라 기대할 수 있다. 〈결혼, 매춘 그리고 보슬아치: 자궁과 자원의 교환〉에서 소개한 진화적 군비 경쟁을 여기에도 적용할 수 있다.

침팬지 암컷은 배란기에 생식기 주변이 엄청나게 부풀어 오른다. 이런 식으로 배란을 요란하게 광고한다. 침팬지 수컷은 그런 암컷의 생식기에 손가락을 찔러 넣은 후 냄새를 맡아 본다. 임신 확률을 더 정확히 평가하기 위해 그러는 것 같다. 반면 인간 여자는 배란을 그렇게 요란하게 광고하지 않는다.

많은 학자들이 여자가 배란을 은폐하도록 진화했다고 믿어 왔다. 위에서 살펴보았듯이 여자가 배란을 은폐해야 할 이유가 적어도 한 가지 있다. 여자가 배란을 은폐하도록 진화한 걸까?

이 질문에 답하기 위해서는 우선 "배란 은폐"를 정의할 필요가 있다. "배란을 요란하게 광고하지 않음"으로 정의한다면 여자가 배란을 은폐한다는 점에는 의심의 여지가 없다. 하지만 이것은 "은폐"의 사전적 의미와 다르다. "은폐"는 일부러 숨긴다는 뜻이다. 숨기기 위해 무언가 적극적인 조치를 취하는 것이 은폐다. 이 책에서는 그런 의미로 "배란 은폐"를 정의하겠다. 배란을 은폐하기 위해 생리적으로나 다른 식으로 여자가 투자할 때만 배란 은폐라고 부르겠다.

배란기에는 호르몬의 양상이 다른 때와 다르다. 따라서 냄새가 다를 수 있다. 여자가 생리적 자원을 투자하여 그 냄새를 증폭한다면 배란 광고다. 여자가 생리적 자원을 투자하여 그 냄새를 억제한다면 배란 은폐다. 여자가 그 냄새를 그냥 내버려 둔다면 배란 은폐도 배란 광고도 아니다. 냄새와 관련해서는 그렇다. 냄새 말고도 다른 측면에서 배란을 광고하거나 은폐할 수 있을 것이다. 나는 여자가 배란을 이런 의미로 은폐한다는 것을 설득력 있게 보여준 연구를 본 기억이 없다.

위에서 살펴보았듯이 때로는 여자가 배란을 은폐하는 것이 유리하다. 여자가 배란을 광고하는 것이 유리할 때는 없을까? 남자가 유부녀와 하룻밤 정사를 나눈다고 하자. 남자의 입장에서는 되도록 여자가 배란기일 때 섹스하는 것이 좋다. 하지만 남자가 하룻밤 정사에 투자하는 것이 약간의 시간과 약간의 에너지와 정액 밖에 없다면 배란기인지 여부를 가릴 필요가 거의 없을 것이다. 정액이 꽤나 값싼 자원이기 때문이다.

이 시점에서 〈창녀가 존재하는 이유: 부모 투자 이론〉에 등장했던 "생리적 비용 말고 어떤 비용이 드는가?"라는 구절을 되새겨볼 필요가 있다. 유부녀와 정사를 벌이다가 남편에게 걸리면 엄청난 보복을 당할 수 있다. 남편에게 당할 수 있는 보복에 비하면 정액 투자는 아무 것도 아니다. 유부녀와 정사를 벌인 남자가 유부남이라면 아내에게 들켜서 된통 당할 수도 있다. 다른 사람에게 들키더라도 평판이 나빠질 수 있다. 바람둥이라고 찍힌 남자는 온갖 불이익을 볼 수 있다.

따라서 유부녀가 배란기인지 여부를 알아내는 것이 그 여자를 감시하려는 남편에게도 요긴하지만 그 여자와 하룻밤 정사를 벌이려는 남자에게도 꽤나 중요하다. 배란기도 아닌데 유부녀와 하룻밤 정사를 벌인다면 얻는 것에 비해 잃는 것이 더 많을지도 모른다. 강간의 경우에도 마찬가지다. 강간을 하다가 걸리면 여자의 남편, 오빠, 아버지로부터 엄청난 보복을 당할 수 있으며 평판이 나빠질 수 있다. 강간을 하더라도 되도록 여자가 배란기일 때 하는 것이 유리하다.

유부녀가 자신의 배란 냄새를 증폭함으로써 우월한 외간 남자에게 배란기임을 알릴 수 있다고 하자. 이런 정보는 외간 남자에게 도움이 된다. 하지만 유부녀 자신에게도 이득이 될 수 있다. 배란기임을 안다면 외간 남자가 남편에게 보복 당할 위험을 무릅쓰고 하룻밤 정사를 벌일 가능성이 높아지기 때문이다. 그러면 유부녀가 좋은 유전자를 상대적으로 쉽게 얻을 수 있다. 이런 목적을 위해 여자가 배란을 광고하도록 진화했는지도 모른다.

여자가 맥락에 따라 배란을 은폐하기도 하고 광고하기도 한다는 가설이다. 열등한 남편에게는 은폐하고 우월한 외간 남자에게는 광고하는 식으로 말이다. 이것은 여자가 무작정 배란을 은폐한다고 보는 기존 가설과는 다르다.

여기에서 제시한 배란-은폐-광고 가설을 내가 생각해 냈다고 믿고 있다. 〈결혼, 매춘 그리고 보슬아치: 자궁과 자원의 교환〉에서 보빨러-보슬아치 관계와 진화적 군비 경쟁을 연결시킨 가설을 소개한 적 있다. 그 가설과 마찬가지로 배란-은폐-광고 가설도 다른 학파에서는 생각해내기 힘들다. 만약 이 가설이 과학적으로 입증된다면 진화심리학적 상상력의 힘이 입증되는 셈이다. 진화생물학을 적극적으로 심리학에 적용할 때 대단한 성과를 이룰 수 있다고 진화심리학자들은 믿고 있다.

진화심리학 가설은 아예 검증이 불가능하기 때문에 과학적 가설이라고 불릴 자격이 없다고 이야기하는 사람들이 있다. 배란-은폐-광고 가설은 검증이 불가능할까? 다음과 같이 검증하는 길이 있다.

배란기인 여자에게 새로 속옷을 입혀서 잘 생긴 남편과 함께 대화를 나누도록 한다. 그 후 그 속옷을 남자들에게 줘서 냄새를 맡은 다음에 얼마나 좋은지 평가하라고 요청한다. 잘 생긴 남편뿐 아니라 못 생긴 남편, 잘 생긴 외간 남자, 못 생긴 외간 남자, 어린이와도 같은 절차로 실험을 한다. 이런 실험이 도덕적인 문제 때문에 이루어지기 힘들 수도 있을 것이다. 하지만 이것은 근본적인 검증 가능성과는 다른 문제다. 여기에서 제시한 배란-은폐-광고 가설은 다음과 같은 예측들로 이어질 수 있다.

첫째, 남편이 못 생긴 경우에는 잘 생긴 경우보다 좋은 유전자를 얻기 위해 여자가 바람을 피워야 할 이유가 더 많다. 여자가 배란을 은폐해야 할 이유가 더 많은 것이다. 따라서 못 생긴 남편과 있을 때 입었던 속옷에 배란 냄새가 상대적으로 적게 배어 있으리라 기대할 만하다. 만약 남자가 냄새로 배란기를 탐지하도록 진화했다면 배란 냄새를 좋아할 것이다. 그렇다면 남자들은 여자가 못 생긴 남편과 있을 때 입었던 속옷보다 잘 생긴 남편과 있을 때 입었던 속옷 냄새를 더 좋아할 것이다.

둘째, 여자가 좋은 유전자를 가진 외간 남자와 바람을 피우기 위해 배란을 광고하도록 진화했다면 못 생긴 외간 남자와 있을 때보다 잘 생긴 외간 남자와 있을 때 배란 냄새를 더 많이 풍길 것이다. 따라서 남자들은 잘 생긴 외간 남자와 있을 때 입었던 속옷 냄새를 더 좋아할 것이다.

셋째, 잘 생긴 외간 남자와 있을 때는 배란을 광고할 필요가 있다. 못 생긴 남편과 있을 때는 배란을 은폐가 필요가 있다. 어린이와 있을 때는 광고할 필요도 은폐할 필요도 없다. 따라서 배란 냄새는 잘생긴 외간 남자와 있을 때 입었던 속옷에서 가장 강하고, 못 생긴 남편과 있을 때 입었던 속옷에서 가장 약하고, 어린이와 있을 때는 그 중간일 것이다.

결혼을 할 때도, 정자를 얻기 위해 섹스를 할 때도 되도록 우월한 남자와 하는 것이 유리하다. 따라서 여자가 대체로 우월한 남자를 좋아하도록 진화했으리라 기대할 만하다. 그런데 결혼 상대를 고를 때는 남자가 얼마나 착한지도 중요하다. 우월하지만 사악한 남자와 결혼하면 버림받거나 학대당할 가능성이 높다.

정자만 얻기 위해 하룻밤 정사를 벌일 때는 남자의 인간성이 상대적으로 덜 중요하다. 어차피 정자만 얻는 것이 목적이라면 남자에게 버림받을 위험은 별로 중요하지 않다. 그리고 하룻밤 정사의 경우 여자의 눈이 높아져도 통한다. 따라서 여자가 하룻밤 정사의 상대를 고를 때는 결혼 상대를 고를 때보다 남자의 우월성에 더 초점을 맞추도록 진화했으리라 기대할 만하다.

키가 크고 좌우대칭인 남자가 대체로 우월한 남자라고 하자. 그렇다면 여자가 그런 남자를 선호하도록 진화했으리라 기대할 만하다. 여러 연구에 따르면 실제로도 여자는 그런 남자를 선호한다. 만약 여자가 하룻밤 정사를 통해 좋은 유전자를 얻도록 진화했다면 배란기에는 그런 남자에 대한 선호도가 더 올라갈 것이라고 기대할 수 있다. 여러 연구에 따르면 실제로도 여자가 배란기가 되면 다른 때보다 남자의 그런 특성을 더 좋아한다.

키 큰 남자가 우월한 남자인가? 좌우대칭인 남자가 우월한 남자인가? 이 전제가 성립해야 키 크고 좌우대칭인 남자에 대한 여자의 선호를 위에서처럼 해석할 수 있다. 여기에서는 이 문제를 더 파헤치지 않겠다. 심화 학습을 위한 과제로 남겨두자.

가부장제 이론에 따르면 가부장제 문화나 이데올로기가 사람들의 생각과 행동을 모양 짓는다. 적어도 한국 사회에서는 "여자는 정숙해야 한다"는 이야기를 주변에서 꽤 많이 듣는다. 여자가 남자보다 섹스에 소극적인 이유는 이런 이야기를 듣거나 이런 이야기를 담은 것 같은 시선을 받으면서 자랐기 때문은 아닐까? 나름대로 그럴 듯한 설명 아닌가? 하지만 "배란기에는 좌우대칭인 남자를 다른 때보다 더 좋아해야 한다"라고 가르치는 가부장제 이데올로기는 없다. 여자가 다른 때보다 배란기에 좌우대칭인 남자를 더 선호한다는 점을 보여준 연구 결과를 가부장제 이데올로기를 끌어들여 설명하기는 아주 힘들다.

여자가 때로는 바람을 피우도록 진화했다면 남자가 그에 대한 대비책을 진화시켰을 가능성이 있다. 남자의 질투가 그 대비책 중 하나로 보인다. 남자가 질투에 빠지면 여자의 행동을 더 통제하려 한다. 외도 상대로 의심되는 외간 남자를 위협하거나 공격하기도 한다. 이런 행동은 여자가 바람피울 확률을 낮출 수 있다.

여기에서는 다른 대비책과 관련된 연구를 소개하겠다. 만약 아내가 외간 남자와 섹스를 했다면 정자 물량 공세로 정자 경쟁에서 우위를 점하는 것도 괜찮은 전략이다. 로빈 베이커Robin Baker & 마크 벨리스Mark A. Bellis 는 커플을 대상으로 골 때리는 실험을 했다. 커플이 섹스를 할 때마다 콘돔을 수거하여 정자가 얼마나 많은지 측정한다. 섹스와 섹스 중간에 서로 떨어져 있는 시간이 많을수록 여자가 다른 남자와 섹스를 할 확률이 높을 것이다. 만약 남자가 그에 대비해 정자 물량 공세를 펴도록 진화했다면 서로 떨어져 있는 시간이 많을수록 사정되는 정자가 더 많으리라 기대할 만하다. 실험 결과도 그렇게 나왔다. 다른 조건이 같다면 서로 떨어져 있는 시간이 많을수록 더 많이 사정했다.

이것은 진화심리학 가설과 부합할 뿐 아니라 가부장제 이론으로 설명하기가 매우 힘들다. 아내나 애인과 떨어져 있는 시간이 많을수록 더 많이 사정하라고 남자에게 가르치는 가부장제 이데올로기에 대해 들어본 적 있는가?

참고문헌

「여성의 은밀한 성 전략」, 『욕망의 진화: 사랑, 연애, 섹스, 결혼. 남녀의 엇갈린 욕망에 담긴 진실(The evolution of desire: strategies of human mating)』, 데이비드 버스 지음, 전중환 옮김, 사이언스북스, 2007

「6. 단기적 성 전략」, 『진화심리학: 마음과 행동을 탐구하는 새로운 과학(Evolutionary psychology: the new science of the mind)』, 데이비드 버스 지음, 이충호 옮김, 최재천 감수, 웅진지식하우스, 2012

「14. Women's sexual interests across the ovulatory cycle」, Steven W. Gangestad, Randy Thornhill & Christine E. Garver-Apgar, 『The handbook of evolutionary psychology: 1. foundations』, David M. Buss 편집, Wiley, 2016(2판)

「15. Human sperm competition」, Todd K. Shackelford, Aaron T. Goetz, Craig W. LaMunyon, Michael N. Pham & Nicholas Pound, 『The handbook of evolutionary psychology: 1. foundations』, David M. Buss 편집, Wiley, 2016(2판)

『정자 전쟁: 불륜, 성적 갈등, 침실의 각축전(Sperm wars: infidelity, sexual conflict, and other bedroom battles)』, 로빈 베이커 지음, 이민아 옮김, 이학사, 2007

「43. The evolution of women's estrus, extended sexuality, and concealed ovulation, and their implications for human sexuality research」, Randy Thornhill, 『The evolution of mind: fundamental questions and controversies』, Steven W. Gangestad & Jeffry A. Simpson 편집, The Guilford Press, 2007

「Human sperm competition: ejaculate adjustment by males and the function of masturbation」, R. Robin Baker & Mark A. Bellis, 『Animal Behaviour』, 1993

2

강간의
진화

왜 남자는 여자를 강간할까?
: 적응 가설과 부산물 가설

남자가 여자를 강간하는 경우는 꽤 있지만 여자가 남자를 강간하는 경우는 지극히 드물다. 왜 그럴까? 왜 여자가 아니라 남자가 강간을 하는 걸까?

은행에 가서 돈을 달라고 부탁할 때마다 순순히 내 준다면 굳이 은행 강도가 될 필요가 없다. 하지만 은행에서 순순히 돈을 내 줄 리 없다. 예금한 돈을 되돌려 주거나 대출 심사를 통과한 사람에게 돈을 빌려 줄 뿐이다. 빌려줄 때는 대출금을 이자와 함께 갚는다는 조건이 붙는다. 돈을 원하는 사람이 올 때마다 아무 조건 없이 그냥 주면 은행이 손해만 보기 때문이다.

강도와 마찬가지로 강간의 조건 중 하나는 거부다. 섹스를 해 달라고 요청할 때마다 순순히 응해준다면 강간할 필요가 없다. 〈창녀가 존재하는 이유: 부모 투자 이론〉에서 살펴보았듯이 남자와 여자가 섹스를 하면 대체로 남자가 여자보다 훨씬 더 큰 이득을 얻는다. 따라서 여자가 남자에게 섹스를 하자고 요청할 때 거부당할 확률에 비해 남자가 여자에게 섹스를 하자고 요청할 때 거부당할 확률이 훨씬 높으리라 기대할 만하다. 여자가 남자를 강간할 필요는 별로 없는 것이다.

인간이 어떤 행동을 하기 위해서는 동기, 욕구, 욕망이 있어야 하지만 능력도 있어야 한다. 대체로 남자가 여자보다 힘이 훨씬 세다. 〈왜 남자가 감옥에 많이 갈까?: 부모 투자 이론의 재등장〉에서 살펴보겠지만 거기에는 진화론적 이유가 있어 보인다. 강도든 강간이든 힘이 센 자가 약한 자를 대상으로 행하기 쉽다. 만약 여자가 남자보다 덩치도 훨씬 크고 힘도 훨씬 세도록 진화했다면 남자가 여자를 강간하기가 훨씬 어려울 것이다.

육체적 힘도 중요하지만 사회적 권력도 중요하다. 사실 사회적 권력은 육체적 힘으로 연결될 수 있다. 귀족의 딸에게는 막강한 권력을 누리는 아버지가 있으며 그 아버지는 막강한 권력을 이용해 수많은 장정들의 육체적 힘을 동원할 수 있다. 지금까지의 인류 역사를 살펴보면 대체로 남자의 사회적 지위가 여자보다 높았으며 이것도 남자가 여자를 강간하기 쉽게 만들었다. 〈보적보와 삼일한: 여성 억압의 기원〉에서는 남자의 지위가 여자보다 높은 이유를 살펴볼 것이다.

성추행과는 달리 강간의 경우 생식기의 구조도 중요하다. 음경—질 삽입 섹스만 따져 볼 때 설사 여자에게 남자를 강간할 이유가 있고 힘도 세더라도 남자가 발기하도록 만드는 것이 만만치 않을 수 있다. 임신이 목표라면 남자가 사정하도록 만드는 더 어려운 과업에 부닥칠 것이다. 반면 여자가 성적으로 흥분하지 않더라도 음경—질 섹스는 가능하다. 임신을 위해 필요한 사정도 남자가 한다.

그리스 신화에 등장하는 아탈란타Atalanta는 독특한 방식으로 결혼 상대를 고른다. 달리기 시합에서 자신을 이기면 결혼해 주겠다고 공언한다. 아탈란타는 달리기를 무척 잘했다. 그런 아탈란타보다 더 빠른 남자라면 건강하고 체력이 강하다는 뜻이다. 이런 식으로 아탈란타는 우월한 남자를 고를 수 있다.

제프 앨런Geoff R. Allen & 리 시먼스Leigh W. Simmons는 「Coercive mating, fluctuating asymmetry and male mating success in the dung fly Sepsis cynipsea 똥파리 Sepsis cynipsea의 강제 짝짓기, 변동 비대칭 그리고 수컷의 짝짓기 성공」에서 똥파리의 강간에 대한 가설을 제시했다. 암컷 똥파리는 수컷이 섹스를 시도할 때 저항한다. 그들의 가설에 따르면 암컷이 저항하는 이유는 우월한 수컷을 가려내기 위해서다. 달리기 시합에서 아탈란타를 이긴다면 우월한 남자라는 증명이 되듯이 섹스를 둘러싼 몸싸움에서 암컷 똥파리의 저항을 이겨낸다면 우월한 수컷이라는 뜻이다.

똥파리 암컷이 수컷의 능력을 테스트하기 위해 강간당하는 전략을 쓴다는 가설이다. 이것을 "아탈란타 가설"이라고 부르자. 이런 경우에도 강간이라고 부를 수 있을지에 대해 의문을 품을 수도 있겠지만 여기에서 강간의 정의에 대해 깊이 파고들지는 않겠다.

인간에게도 비슷한 가설을 적용해 보자는 생각이 들 수 있을 것이다. 진화심리학적 관점에서 강간을 연구해온 랜디 쏜힐Randy Thornhill & 크레이그 파머Craig Palmer가 2000년에 출간한 『A natural history of rape 강간의 자연사』의 83쪽에 따르면, 〈여자의 바람기: 좋은 유전자〉에 등장했던 로빈 베이커 & 마크 벨리스가 실제로 그런 시도를 했다. 페미니스트에게는 아탈란타 가설을 인간에게 적용하는 것 자체가 "신성모독"으로 보일 것이다. 하지만 진화심리학계는 페미니스트가 얼마나 역겹다고 생각하는지를 따져서 가설을 퇴출하는 세계가 아니다.

인간 강간에 대한 아탈란타 가설은 진화심리학계에서 인기가 별로 없다. 그럴 만한 이유가 있다. 섹스를 둘러싼 몸싸움 말고도 여자가 남자의 우월성을 평가할 수 있는 여러 가지 길이 있다. 외모를 볼 수도 있고, 사냥 능력을 볼 수도 있고, 지위를 볼 수도 있다. 또한 평균적으로 남자가 여자보다 훨씬 힘이 세기 때문에 여자를 제압해서 강간에 성공했다고 해도 우월한 남자라고 보기는 힘들다. 위에서 소개한 논문에 등장하는 똥파리의 경우 암컷이 수컷보다 덩치가 크다.

아탈란타는 월등히 달리기를 잘 했기 때문에 자신이 직접 달리기 시합을 해 봄으로써 우월한 남자를 고를 수 있다. 론다 라우지Ronda Rousey 같은 격투기 챔피언 출신이라면 모를까 대다수 여자들은 자신이 직접 몸싸움을 해서 우월한 남자를 가릴 수 있는 처지가 아니다. 따라서 남자들 사이의 경쟁에서 얼마나 잘 하는지 살펴보는 것이 여자 자신보다 몸싸움을 잘 하는지 테스트하는 것보다 남자의 우월성을 평가하는 훨씬 나은 길이다.

상품 시장에서 정직한 판매자는 소비자를 만족시킬 수 있는 품질 좋은 상품을 제공하고 그 품질에 합당한 돈을 받으려 한다. 정직한 소비자는 품질에 합당한 돈을 내고 상품을 산다. 만약 모두가 이렇게 정직하게 산다면 자본주의 사회에 만연한 사회 문제들 중 상당 부분이 사라질 것이다.

부정직한 사람은 적어도 두 가지 방식으로 부당 이득을 취할 수 있다. 하나는 속임수고 다른 하나는 강제력이다. 부정직한 소비자는 위조지폐를 내고 상품을 사기도 한다. 부정직한 판매자는 과대광고로 소비자를 현혹한다. 강제력을 써서 돈이나 상품을 빼앗는 길도 있다. 짝짓기 시장에서도 마찬가지로 속임수나 강제력을 써서 부당 이득을 얻을 수 있다. 속임수에 대해서는 〈소망적 사고는 없다: 자기기만의 진화〉에서 살펴볼 것이다.

아탈란타 가설에 따르면 섹스를 둘러싼 실랑이를 통해 똥파리 암컷 또는 인간 여자는 똥파리 수컷 또는 인간 남자의 "품질"을 평가하는 것이다. 그렇다면 나름대로 정직한 거래라고 볼 수 있을 것이다. 하지만 진화심리학계에서는 인간사회의 강간을 부당 이득으로 보는 견해가 훨씬 더 인기 있다. 강제력을 써서 상품이나 돈을 빼앗는 강도처럼 남자가 강제력을 써서 여자의 자궁을 차지하려 한다는 얘기다.

여기에서 "부당 이득"이라는 표현에 불만을 품을 독자도 있을 것 같다. 과학자가 과학 이론이나 가설을 다루는 글에서 도덕적 평가를 내려서는 안 되기 때문에 "정당한", "부당한" 과 같은 표현을 써서는 안 된다는 비판을 받을 만하다. 강간 한 남자가 "나는 정정당당하게 여자를 힘으로 제압해서 섹스를 쟁취한 겁니다. 상대방을 힘으로 제압해서 우승을 쟁취한 격투기 선수와 다를 바 없습니다"라고 항변할지도 모르겠다.

나는 강간에 대한 도덕적 평가를 내리기 위해 "부당 이득"이라는 표현을 쓴 것이 아니다. 여기에서 "강간은 악행이다"라는 도덕적 판단에 대해 깊이 파고들 생각은 없다. 그것은 도덕철학이나 법철학의 영역에서 다룰 문제다. 설명의 편의를 위해 인간사회에서 널리 쓰이는 "부당 이득"이라는 표현을 빌렸을 뿐이다. 더 엄밀한 논의를 위해서는 "부당 이득"을 다른 용어로 대체하거나 "부당 이득"의 의미가 무엇인지 정의하고 넘어가야 하겠지만 그냥 내버려 두겠다. 초보자에게는 너무나 어려운 문제다. 인간이 직관적으로 이해하는 "부당 이득"이라는 개념을 명시적으로 정의하는 것은 전문가에게도 만만치 않게 어려운 과제인 것 같다.

남자가 강간을 통해 부당 이득을 얻을 수 있다고 본다는 면에서 진화심리학자들과 페미니스트들의 생각에는 통하는 면이 있다. 하지만 이득의 성격에 대해서는 의견이 갈린다. 진화심리학자들의 생각은 대중의 상식과 비슷하다. 강도가 칼로 위협하여 가게 주인으로부터 물건을 빼앗는 상황을 생각해 보자. 여기에서 강도가 원하는 것은 값나가는 물건이며 칼은 수단이다. 마찬가지로 남자가 칼로 위협하여 여자를 강간하는 경우에도 섹스가 목적이며 칼은 수단이다. 진화론적으로 따진다면 섹스를 통해 여자를 임신시키는 것이 목적이라고 볼 수도 있다.

페미니즘 이론에 따르면 강간을 할 때 남자의 목적은 섹스가 아니다. 섹스는 수단일 뿐이다. 남자가 원하는 것은 권력이다. 강간을 통해 여자에게 굴욕감을 안겨 줌으로써 여자들에 대한 남자들의 지배력을 강화한다는 것이 많은 페미니스트들의 주장이다. 진화심리학자들은 권력 또는 힘이 수단이고 섹스가 목적이라고 보는 반면 페미니스트들은 권력이 목적이고 섹스가 수단이라고 본다. 페미니스트가 강간은 권력 문제라고 이야기할 때는 이런 생각이 깔려 있다. 이것은 강도가 가게에 쳐들어가서 물건을 빼앗는 것을 두고 "가게 주인에게 굴욕감을 안겨 줘서 가게 주인들에 대한 강도들의 권력을 강화하기 위한 것"이라고 설명하는 것만큼이나 황당해 보인다.

페미니스트가 강간 현상을 설명할 때는 모든 남자들의 명시적 또는 암묵적 단결을 염두에 두고 있다. 강간을 통해 남자들이 여자들을 지배할 수 있기 때문에 남자들은 다른 남자가 강간하는 것을 용인하거나 장려하는 경향이 있다는 것이다. 마르크스가 노동자 계급 전체와 자본가 계급 전체의 이해관계 충돌에 대해 이야기하듯이 페미니스트는 남자들 전체와 여자들 전체의 이해관계 충돌에 대해 이야기한다.

진화심리학자들은 그렇게 생각하지 않는다. 여자의 입장에서 볼 때 되도록 우월한 남자에게만 또는 자신을 사랑하는 남자에게만 섹스를 허락하는 것이 이득이다. 강간을 당하면 그런 여자의 선택이 무효화된다. 그러면 여자가 손해를 본다. 강간을 당하면 여자 자신이 선택한 남자하고만 섹스를 할 때보다 열등한 자식이 태어날 가능성이나 자식을 혼자 기르게 될 가능성이 높다. 강간한 남자가 이득을 보는 반면 강간당한 여자는 손해를 본다. 이런 면에서 강간은 영합 게임zero-sum game이다.

그런데 강간당한 여자만 손해 보는 것이 아니다. 〈피는 물보다 진하다: 친족선택 이론 첫걸음마〉에서 살펴볼 친족선택 이론에 따르면 강간당한 여자가 손해 보면 여자의 가까운 친족들도 손해 보게 된다. 그런데 여자의 친족들 중 절반 정도는 남자다. 남자 친족들 중에서 특히 여자의 아버지, 오빠, 남동생, 아들이 상당히 큰 타격을 입는다. 친족혈족은 아니지만 남편도 상당한 손해를 본다. 강간한 남자의 유전적 자식을 돌보는 데 엄청난 자원과 시간을 낭비할지도 모르기 때문이다. 실제로 남자는 자신의 딸, 누이, 어머니, 아내가 강간당했을 때 강간한 남자에 대한 분노로 뚜껑이 열린다. 이것이 진화론의 논리를 강간에 적용했을 때 기대할 수 있는 것이다.

페미니즘 이론이 맞다면 "저 녀석이 내 딸을 강간함으로써 여자들에 대한 남자들의 지배를 강화했군. 아주 기특한 녀석이야"라고 남자가 의식적으로 또는 무의식적으로 생각할 것이다. 남자아이가 어머니에게 강렬한 성적 욕망을 무의식적으로 품는다는 프로이트의 가설만큼이나 황당해 보인다. 이런 이상한 가설은 대단한 증거가 없는 이상 믿지 않는 것이 상책이다. 하지만 꼴통 페미니스트의 믿음 능력은 동방불패의 무공에도 뒤처지지 않는 것 같다.

남자가 강간하는 것과 관련하여 진화심리학계에서 두 종류의 가설들이 경쟁하고 있다. 한 쪽에는 적응adaptation 가설들이 있고, 다른 쪽에는 부산물by-product 가설들이 있다. 적응 가설은 자연선택에 의해 그런 식으로 "설계"되었다고 보는 가설이다. 남자가 강간하는 것과 관련하여 적어도 두 가지 형태가 있다. 하나는 "남자가 때로는 여자를 강간하는 전략을 쓰도록 진화했다"이고 다른 하나는 "강간하는 것에 전문화된 심리기제psychological mechanism가 남자에게 진화했다"이다. 얼핏 보면 두 가지 형태가 결국 거의 같은 이야기인 것 같지만 분명히 차이가 난다.

위 문단에서 "심리기제"라는 말이 등장했다. 진화심리학자들이 많이 쓰는 용어다. 많은 진화심리학자가 이 용어를 "모듈module"과 거의 동의어로 쓴다. "진화한 프로그램evolved program"이라는 말도 비슷한 의미로 쓰인다.

모듈이 무슨 뜻인지 도통 모르겠다면 우선 "부품"을 떠올리면 된다. 자동차는 엔진, 운전대, 변속기, 바퀴 등 여러 부품들로 이루어져 있다. 자동차 전체를 보면 엔진이 하나의 부품에 불과하다. 하지만 엔진을 뜯어보면 크랭크축, 피스톤, 점화 플러그, 흡기 밸브 등 여러 하위부품들로 이루어져 있다.

점화 플러그 역시 자세히 보면 여러 하위하위부품들로 이루어져 있다. 인간의 몸도 마찬가지다. 심장, 대장, 눈, 손 등 여러 부품들로 이루어져 있다. 눈은 각막, 망막, 수정체 등 여러 하위부품들로 이루어져 있다. 망막 역시 자세히 보면 여러 하위하위부품들로 이루어져 있다.

진화심리학자들은 인간의 뇌도 마찬가지로 여러 부품들 즉 모듈들로 이루어져 있다고 본다. 그런 부품을 심리기제 또는 프로그램이라고 부른다. 물론 하위부품, 하위하위부품이 존재할 수도 있다. 가정용 컴퓨터 속에는 여러 프로그램들이 있다. 예컨대 윈앰프나 곰오디오 같은 음악 재상 프로그램, 흔글이나 마이크로소프트 워드 같은 문서 편집 프로그램, 포토샵 같은 이미지 편집 프로그램 등이 있다. 이렇게 컴퓨터 속에 있는 각 프로그램의 목적이 다르듯이 뇌 속에 있는 각 프로그램 심리기제, 모듈, 뇌회로의 목적 기능이 다르다.

컴퓨터 프로그램은 목적을 염두에 두고 인간이 의식적으로 설계한다. 반면 인간의 뇌 속에 있는 프로그램을 "설계"한 것은 자연선택이다. 그래서 진화한 프로그램 자연선택된 프로그램이다. 나는 진화한 프로그램 선천적 프로그램과 학습된 프로그램 후천적 프로그램 을 구분해야 한다고 생각한다. 하지만 진화심리학자들이 주로 선천적 프로그램에 초점을 맞추어 연구하고 있다는 점만 지적하고 그만하겠다. 심리기제, 모듈, 프로그램, 뇌회로 등의 개념을 더 엄밀하게 정의하는 것은 이 책의 수준을 넘어선다.

다시 본론으로 돌아가 보자. "남자가 때로는 여자를 강간하는 전략을 쓰도록 진화했다"와 정면으로 충돌하는 가설은 무엇일까? "남자가 절대로 여자를 강간하는 전략을 쓰지 않도록 진화했다" 정도가 될 것 같다. 그런데 만약 남자가 그런 식으로 진화했다면 강간에 전문화된 심리기제가 있다는 뜻이 된다. 거칠게 말하자면, 그 심리기제에는 "절대로 강간을 하지 말라"라는 명령어가 들어 있는 것이다. "남자가 때로는 여자를 강간하는 전략을 쓰도록 진화했다"라는 적응 가설과 반대되는 것 같은 가설을 만들었는데 "절대로 강간을 하지 말라"라는 명령어가 들어 있는 심리기제가 진화했다는 적응 가설이 된 것이다.

나는 "강간하는 것에 전문화된 심리기제가 남자에게 진화했다"와 같은 형태의 적응 가설을 "남자가 때로는 여자를 강간하는 전략을 쓰도록 진화했다"와 같은 형태의 적응 가설보다 좋아한다. 내가 좋아하는 적응 가설과 대비되는 부산물 가설에 따르면 강간하는 것에 전문화된 심리기제가 남자에게 진화하지 않았다. 강간이라는 남자의 행동은 다른 심리기제들의 부산물 또는 부작용side effect이다. 그 "다른 심리기제들"이 무엇인가에 따라 부산물 가설이 여러 방식으로 제시될 수 있다.

예컨대 이런 식이다. "남자에게는 강렬한 성욕이 진화했다"와 "인간에게는 강제력을 써서 자신의 목적을 이루는 경향이 있다"가 결합하면 "남자가 때로는 강제력을 써서 여자와 섹스를 하려 한다"가 된다. 남자에게 성욕 조절 기제와 강제력 동원 기제가 진화했다고 가정해 보자. 두 심리기제가 함께 작동하여 때로는 강간이라는 행동이 부산물로 나타날 수 있다.

이런 상상을 해 보자. 다중우주multiverse에는 여러 우주가 있다. 그중 UA에도 UB에도 인간이 살고 있다U: universe, A: adapation, B: by-product. 두 우주에 사는 남자는 한 가지 차이만 빼고 똑같다. UA에서 사는 남자에게는 강간하는 것에 전문화된 심리기제가 진화했으며 UB에서 사는 남자에게는 그것이 진화하지 않았다. 남자가 강간하는 것과 관련하여 UA의 경우 적응 가설이 옳고 UB의 경우 부산물 가설이 옳은 것이다.

그렇다면 어느 쪽에서 강간률이 높을까? 얼핏 생각해 보면 UA에서 강간률이 높을 것 같다. 강간에 전문화된 심리기제의 목적은 때로는 여자를 강간해서 임신시키는 것이다. UB의 경우에는 그런 심리기제가 없으니까 강간을 안 하거나 덜 하게 되지 않을까? 하지만 그렇게 단정해서는 안 된다.

남자에게 강렬한 성욕이 있고 남자가 때로는 강제력을 동원하여 자신의 욕망을 만족시키도록 진화했다면 설사 강간에 전문화된 심리기제가 없더라도 때로는 강간을 할 것이라고 기대할 수 있다. 이것은 남자에게 식욕이 있고 남자가 때로는 강제력을 동원하여 자신의 욕망을 만족시키도록 진화했다면 음식 뺏기에 전문화된 심리기제가 없더라도 때로는 남의 음식을 빼앗아 먹을 것이라고 기대할 수 있는 것과 마찬가지다.

무턱대고 눈앞에 보이는 여자를 다 강간하려 한다면 제대로 번식하기 힘들다. 심각한 보복이나 처벌을 당하기 십상이다. 따라서 강간하는 것에 전문화된 심리기제가 진화했다면 남자가 대체로 적절한 상황에서만 강간을 할 것이라 기대할 만하다. 이때 "적절한 상황"이란 과거 환경에서 강간으로 여자를 임신시킴으로써 얻는 이득이 강간을 하다가 된통 당함으로써 보는 손해보다 많았을 만한 상황이다. 오히려 강간에 전문화된 심리기제 때문에 강간률이 낮아질 가능성도 열어 두어야 한다.

강간하는 것에 전문화된 심리기제가 남자에게 진화했다면 어떤 식으로 작동하도록 "설계"되었을까? 정교한 "강간 뇌회로"가 남자에게 진화했다면 원시사회라는 환경에서 남자의 번식에 도움이 되는 방향으로 강간을 하도록 만드는 경향이 있을 것이다. 어떤 방식으로 강간하는 것이 번식에 도움이 되는지를 따짐으로써 강간 뇌회로의 생김새를 추정해 볼 수 있다.

"어떤 방식으로 강간하는 것이 번식에 도움이 되는지를 따짐으로써"라는 구절을 보고 구역질나는 이야기라고 쏘아 붙일 페미니스트가 꽤 많을 것 같다. 그래서 진화심리학은 못된 과학이다.

임신이 불가능한 할머니나 어린 아이를 강간하는 것은 강간하는 남자의 번식에 별 도움이 안 된다. 이왕 강간을 한다면 임신이 가능한 연령대의 여자를 골라서 강간하는 것이 합리적이다. 실제로 남자들은 대체로 그런 여자를 강간한다.

남자가 대체로 임신 가능한 연령대의 여자를 강간한다는 사실을 강간 뇌회로가 진화했다는 증거로 인정할 수 있을까? 그렇게 보기 힘들다. 왜냐하면 남자는 동의하의 섹스의 경우에도 임신이 가능한 젊은 여자를 대체로 선호하기 때문이다. 강간 뇌회로가 진화하지 않았다 하더라도 남자가 주로 젊은 여자를 강간할 것이라고 기대할 수 있다. 두 가설이 비슷한 예측으로 이어진다면 그 예측에 부합하는 연구 결과가 나왔다 하더라도 두 가설 중 어느 쪽이 옳은지를 가릴 수 있는 증거로 인정해서는 안 된다.

강간을 하다가 들키면 여자의 아버지, 오빠, 남편으로부터 큰 보복을 당할 수 있다. 부족장의 딸이나 아내를 강간하는 것보다는 아버지도 오빠도 남편도 없는 여자를 강간하는 것이 안전하다. 실제로 남자는 만만한 여자를 강간하는 경향이 있다. 이것을 강간에 전문화된 뇌회로가 진화했다는 증거로 볼 수 있을까? 이번에도 그렇게 보기 힘들다. 남자는 강도, 폭행의 경우에도 보복이나 처벌의 위험이 클수록 자제하는 경향이 있다.

암컷 사마귀가 교미를 하면서 수컷을 잡아먹기도 한다. 암컷의 덩치가 수컷보다 크다. 만약 수컷의 덩치가 훨씬 더 크다면 암컷이 수컷을 잡아먹기가 아주 힘들 것이다. 그런데 수컷이 암컷보다 덩치가 훨씬 크더라도 수컷이 교미 중에 암컷을 잡아먹도록 진화하기는 힘들다. 왜냐하면 교미 후에 암컷이 알을 품어야 자식이 잘 자랄 수 있기 때문이다. 기껏 섹스를 해서 암컷을 "임신"시킨 후에 암컷을 잡아먹는다면 섹스를 한 보람이 별로 없다. 이번에는 암컷의 입장에서 생각해 보자. 교미 후에 수컷이 자식을 위해 하는 일이 없다면 수컷이 곧 죽는다 해도 암컷이 손해 볼 것은 별로 없을 것이다. 따라서 암컷이 교미 중에 별 위험 없이 수컷을 잡아먹을 수 있다면 그렇게 하는 것이 이득이다.

여자를 강간하는 남자의 입장에서 생각해 보자. 여자가 강간당한 후에 건강하게 살아야 강간으로 임신한 남자의 자식이 태어나서 잘 자랄 수 있다. 강간 직후 죽여 버리는 강간 살인은 번식의 측면에서 볼 때 헛수고에 가깝다. 이것은 사마귀 수컷이 교미 중에 암컷을 잡아먹는 것과 비슷하다. 만약 여자를 임신시키려는 목적으로 강간하는 것이라면 웬만하면 여자의 몸이 상하지 않도록 하는 것이 합리적이다.

실제로 대다수 강간에서 남자는 여자를 제압해서 섹스에 성공할 만큼만 폭력을 쓴다고 한다. 강간에 성공한 이후에 마구 두들겨 패거나 죽이는 일은 드물다. 하지만 인간 세계에는 폭행이나 살인을 하면 안 된다는 규범이 있다. 강간하는 남자가 폭행과 살인을 자제하는 것은 강간에 전문화된 심리기제 때문이 아니라 이런 규범 때문인지도 모른다.

강간한 사실이 알려지면 보복이나 처벌을 당할 수 있다. 만약 여자를 임신시키기 위해 강간이라는 위험한 전략을 쓰는 것이라면 언제가 배란기인지 알아내서 그때 강간하면 좋을 것이다. 배란기도 아닌데 강간하면 얻는 것에 비해 잃는 것이 더 클 것이다. 따라서 강간을 할 수 있을 것 같은 상황이 되면 감각이 예민해져서 여자가 배란기인지 여부를 평소보다 더 정확히 알아낼 수 있도록 남자가 진화했는지도 모른다.

이런 식으로 진화했다면 배란기라고 무의식적으로 판단할 때 강간하고 싶은 마음이 더 들 것이다. 만약 강간을 할 수 있을 것 같은 상황일 때 남자가 여자의 배란 여부를 더 잘 알아낼 수 있다는 점이 밝혀진다면 강간 뇌회로에 대한 그럴 듯한 증거로 인정받을 수 있을 것이다. 이것은 부산물 가설로는 설명하기 힘들다.

강간은 위험한 전략이기 때문에 다른 때보다 많은 정자를 사정해서 임신 확률을 높이는 것이 합리적이다. 남자가 강간할 때는 정자를 더 많이 사정하도록 진화했는지도 모른다. 만약 강간할 때 남자가 더 많이 사정한다는 점이 밝혀진다면 강간 뇌회로에 대한 그럴 듯한 증거로 인정받을 수 있을 것이다. 강간에 전문화된 뇌회로가 진화하지 않았다고 가정하면 그런 현상을 설명하기 힘들다.

강간을 하다 들키지 않기 위해서는 되도록 빨리 끝내는 것이 좋다. 따라서 남자가 강간할 때는 더 빠르게 사정하도록 진화했는지도 모른다. 남자는 성적으로 흥분할수록 사정을 빨리 하는 경향이 있다. 상식적으로 생각해 볼 때 강간 상황은 동의하의 섹스보다 남자가 성적으로 흥분하기 힘들어 보이는 상황이다. 그럼에도 강간 상황에서 더 빠르게 사정한다는 것이 밝혀진다면 강간하는 것에 전문화된 심리기제가 진화했다는 증거로 인정할 수 있을 것이다.

실제로 강간을 시켜 보고 사정을 얼마나 빨리 하고 얼마나 많이 하는지 측정하는 연구는 도덕적인 이유 때문에 사실상 실행하기가 불가능하다. 하지만 이것은 근본적인 검증 불가능성과는 다른 문제다. 강간을 할 수 있을 것 같은 상황에서 남자가 배란 여부를 더 정확히 알아낼 수 있는지에 대해서는 연구가 가능할지도 모르겠다. 남자가 여자와 외딴 곳에서 단둘이 있을 때와 다른 사람들과 섞여 있을 때를 비교하는 방법이 있다.

내가 알기로는 아직까지 강간에 대한 적응 가설과 부산물 가설 중 어느 쪽이 옳은지 확실히 가릴 수 있을 만한 증거가 발견되지 않았다. 위에서 살펴보았듯이 실험 설계를 하더라도 도덕적인 이유 때문에 실행할 수 없는 경우가 많다. 여전히 진화심리학계에서 적응 가설을 지지하는 쪽과 부산물 가설을 지지하는 쪽이 팽팽히 맞서는 것 같다.

참고문헌

「성적 갈등」, 『욕망의 진화: 사랑, 연애, 섹스, 결혼. 남녀의 엇갈린 욕망에 담긴 진실(The evolution of desire: strategies of human mating)』, 데이비드 버스 지음, 전중환 옮김, 사이언스북스, 2007

「11. 이성 간 갈등」, 『진화심리학: 마음과 행동을 탐구하는 새로운 과학(Evolutionary psychology: the new science of the mind)』, 데이비드 버스 지음, 이충호 옮김, 최재천 감수, 웅진지식하우스, 2012

「17. Sexual coercion」, Mark Huppin & Neil M. Malamuth, 『The handbook of evolutionary psychology: 1. foundations』, David M. Buss 편집, Wiley, 2016(2판)

『A natural history of rape: biological bases of sexual coercion』, Randy Thornhill & Craig T. Palmer, The MIT Press, 2000

「Coercive mating, fluctuating asymmetry and male mating success in the dung fly *Sepsis cynipsea*」, Geoff R. Allen & Leigh W. Simmons, 『Animal Behaviour』, 1996

「Why do men rape? an evolutionary psychological perspective」, William F. McKibbin, Todd K. Shackelford, Aaron T. Goetz & Valerie G. Starratt, 『Review of General Psychology』, 2008

여자에게 강간이 괴로운 경험인 이유
: 강간 방어 기제의 진화

여자는 강간당할 때 왜 괴로워하나? 왜 고통의 정도가 그렇게 큰가? 왜 강간당하는 것은 즐거운 경험이 아닌가? 강간당하는 것이 즐거운 경험일 가능성을 언급하는 것 자체가 페미니스트에게는 "신성모독"일지도 모른다.

"쾌감", "쾌락", "욕망"은 육욕을 떠올리게 하는 단어다. 예컨대 섹스를 할 때 느끼는 것을 두고 쾌감 또는 쾌락이라는 말을 쓰지만 선행을 해서 느끼는 뿌듯함의 경우에는 그런 단어를 잘 쓰지 않는다. "이기적 욕망"과 "육체적 욕망"은 자연스럽지만 "이타적 욕망"과 "도덕적 욕망"은 뭔가 이상해 보인다. 무거운 주제에 대해 이야기할 때는 "불쾌감"이라는 단어를 잘 쓰지 않는다. 강간을 당했거나 자식을 잃은 여자를 묘사할 때 "그 여자는 불쾌감을 느꼈다"라고 표현하는 경우는 거의 없다. "그 여자는 괴로워했다"는 식으로 표현한다.

이 책에서 "쾌감", "불쾌감", "욕망"이라는 개념을 아주 넓은 의미로 쓴다. 쾌감은 맛있는 음식을 먹거나 섹스를 즐기는 경우뿐 아니라 복수를 했을 때의 통쾌함이나 착한 행동을 했을 때의 뿌듯함을 모두 포괄한다. 불쾌감은 짜증이 나는 경우

뿐 아니라 육체의 손상으로 인한 통증이나 온갖 정신적 고통을 모두 포괄한다. 욕망은 식욕, 성욕, 수면욕뿐 아니라 이타적 행동을 하고 싶은 것, 죄를 지은 사람을 처벌하고 싶은 것까지 모두 포괄한다.

쾌감과 불쾌감을 이렇게 넓은 의미로 쓰면 위에서 했던 질문을 "여자는 강간당할 때 왜 불쾌감을 느끼나?", "왜 불쾌감의 정도가 그렇게 큰가?", "왜 강간당하는 것은 쾌감을 주는 경험이 아닌가?"로 바꿀 수 있다.

인간의 마음은 백지 같아서 선천적인 것은 하나도 없고 몽땅 다 후천적으로 생긴다고 보는 극단적 백지론을 받아들이는 사람이라면 사회화나 학습에 따라 다를 것이라고 생각할 것이다. "강간당하는 것은 괴롭다"라고 명시적으로 또는 암묵적으로 가르치는 문화권에서 자란 여자는 강간당할 때 불쾌감을 느낄 것이고, "강간당하는 것은 즐겁다"라고 가르치는 문화권에서 자란 여자는 강간당할 때 쾌감을 느낄 것이다.

21세기에 극단적 백지론을 받아들이는 사람은 사실상 없다. 극단적 백지론에 상대적으로 더 가까운 사람이 있을 뿐이다. 어쨌든 극단적 백지론을 상정해 두는 것이 논의에 도움이 될 때가 있다. 대체로 진화심리학자들에 비해 페미니스트들이 극단적 백지론에 훨씬 가까운 입장을 취한다. 페미니스트는 백지론의 논리가 진화심리학을 까부수기 위한 좋은 무기라고 생각하는 것 같은데 이런 식으로 그 총구가 자신을 향할 수도 있다는 점도 가끔은 생각해 볼 필요가 있다. 백지론의 논리가 "문화권에 따라 여자가 강간당하는 것을 즐길 수도 있다"라는 결론으로 이어질 수도 있는 것이다. 페미니스트로서는 끔찍한 일이다.

여자가 강간당할 때 왜 불쾌감을 느끼는지를 "자신의 의지가 좌절되었으니까"로 쉽게 설명할 수 있다고 생각하는 사람도 있는 것 같다. 그 남자와 섹스를 하지 않으려는 의지가 힘이나 위협 때문에 좌절되기 때문에 불쾌감을 느낀다는 것이다. 이것을 설명으로 인정한다면 그 다음 질문으로 넘어가야 한다. 왜 의지가 좌절되면 쾌감이 아니라 불쾌감을 느끼나?

만약 자신의 의지가 좌절되면 불쾌감을 느끼도록 인간이 진화했다고 본다면 진화심리학적 설명을 받아들이는 셈이다. 이 문제에 극단적 백지론을 적용하면, 의지가 좌절될 때 문화권에 따라 불쾌감을 느낄 수도 있고 쾌감을 느낄 수도 있다는 결론으로 이어진다.

사람은 자신의 의지가 좌절되었다고 해서 항상 불쾌감을 느끼지는 않는다. 노부부가 있다고 하자. 자식들이 큰돈을 모아 와서 해외여행을 보내드리겠다고 이야기한다. 노부부는 고생해서 모은 돈을 쓸데없는 데 쓰지 말라고 하면서 반대한다. 입에 발린 말이 아니라 진심으로 반대했다. 결사적으로 반대했지만 자식들을 이기지 못해 결국 상당히 호화로운 해외여행을 다녀오게 되었다.

해외여행을 다녀와서 노부부는 어떤 상태가 될까? 해외여행 경험이 불쾌감만 일으킬까? 자신의 의지를 꺾은 자식들에게 앙심만 품게 될까? 아니면 해외여행 경험에 대해 동네방네 기분 좋게 자랑할까? "우리들이 그렇게 안 가겠다고 했는데 자식들을 이길 수 있어야지"라는 말을 덧붙이면서 말이다. 억지로 가게 된 해외여행이 노부부에게 주로 쾌감을 일으킬 가능성도 꽤 많아 보인다.

이때 프로이트가 출동하면 어떤 말을 할까? 프로이트의 이야기를 듣기 위해 우선 세르반테스Miguel de Cervantes Saavedra가 쓴 『돈 키호테El ingenioso hidalgo don Quixote de la ManchaDon Quixote』 2권 45장 「위대한 산초 판사가 어떻게 섬에 취임했는지와 어떻게 통치를 시작했는지에 대하여」에 무슨 내용이 있는지 살펴보자.

재판관의 역할을 맞게 된 산초 판사Sancho Panza에게 어떤 여자가 와서 강간 혐의로 남자를 고소한다. 남자는 강간이 아니라고 주장한다. 산초 판사는 남자로부터 돈이 든 주머니를 압수하여 여자에게 배상금으로 준다. 여자를 보낸 뒤 남자에게 그 돈을 빼앗아 가져도 된다고 이야기한다. 얼마 후 여자와 남자가 산초 판사에게 온다. 몸싸움을 벌였지만 남자는 여자의 돈을 빼앗을 수 없었다. 그러자 산초 판사가 여자에게 쏘아붙인다. 돈을 빼앗기지 않기 위해 들였던 힘의 반만 들였어도 강간당하지 않았을 거라고.

프로이트는 『일상생활의 정신 병리학』 8장 「잘못 잡기」에서 이 이야기를 인용하는데 산초 판사의 판결은 심리학적 관점에서 볼 때 문제가 있다고 지적한다. 『돈 키호테』에 나오는 사례에서는 여자가 남자보다 힘이 센 듯하며 강간당하지도 않았는데 거짓 고소를 한 것으로 보인다. 하지만 프로이트가 작품 속에 존재하는 여자가 거짓 고소를 했는지 여부를 따지고 싶었던 것은 아닐 것이다. 프로이트는 여자가 강간당할 때 최선을 다해 저항하지 않거나 아예 마비에 빠지는 이유를 설명하고자 했다.

강간당할 상황에서 여자가 온힘을 다해 저항하지 않는 경우가 많다. 그 이유는 무엇인가? 여러 가지 해석이 있다. 여자도 사실은 의식적으로도 섹스를 원했던 것이며 처음에 거부 의사를 표시한 것은 내숭일 뿐이었다는 해석이 있다. 따라서 강간이라고 볼 수 없다는 것이다. 프로이트는 산초 판사의 이야기를 여자의 심리에 적용한다면 대략 이런 식일 것이라고 보고 심리학적 관점에서 문제가 있다고 지적한 것 같다.

프로이트는 무의식을 끌어들여 설명한다. 여자의 무의식 또는 이드은 섹스를 원하는데 의식 또는 자아 또는 초자아은 섹스를 원하지 않아서 내적 갈등에 빠진다. 이런 내적 갈등 때문에 온힘을 다해 저항하지 못하거나 아예 마비 상태에 빠진다는 것이 프로이트의 해석이다. 프로이트라면 위에 등장하는 노부부의 무의식은 해외여행을 원했고 의식은 원하지 않았다는 식으로 해석할지도 모르겠다.

어차피 힘으로 상대가 안 될 것 같은 남자에게 저항했다가는 심각한 폭행 등 불상사가 생길 것을 우려해서 여자가 저항을 포기하는 것이라는 상식적인 해석도 있다.

프로이트는 쾌락 원리Lustprinzip, pleasure principle와 현실 원리Realitätsprinzip, reality principle를 대비시켰다. 쾌락 원리에 따르는 무의식또는 이드은 앞뒤 안 가리고 쾌락을 추구한다. 섹스는 쾌락을 준다. 그래서 여자의 무의식은 섹스를 무작정 추구한다. 그 상대가 자신을 강간하려는 남자든 자신의 아버지든 말이다. 반면 의식또는 자아은 현실 원리에 따르려 한다. 쾌락만 추구하면 생존이나 평판에 문제가 생기기 때문에 현실을 고려한다는 것이다. 쾌락 원리는 현실을 무시하고 무작정 쾌락을 추구하는 경향이다.

반면 진화심리학계에서는 쾌감과 불쾌감이 현실을 "고려"하여 번식에 도움이 되는 방향으로 작동하도록 진화했다고 본다. 번식에 도움이 되는 상황이 되었을 때는 쾌감을 느끼고 번식에 해로운 상황이 되었을 때는 불쾌감을 느끼도록 인간이 진화했다는 것이다.

화상을 입거나 심하게 두들겨 맞으면 신체가 손상된다. 이럴 때 인간은 통증이라는 불쾌감을 느낀다. 불쾌감을 느끼면 그 상황에서 벗어나려는 행동을 취하게 된다. 어쩌다 불 속에 손을 넣어서 뜨거움이라는 통증을 느끼면 바로 손을 빼게 된다. 그리고 그런 불쾌한 경험은 기억에 새겨져서 나중에 불 속에 손을 넣는 행동을 하지 않도록 만든다. 쾌감의 경우에는 그 상황을 유지하게 만들거나 나중에 그런 상황을 유발하는 행동을 하게 만든다. 이런 식으로 쾌감과 불쾌감은 번식에 도움이 된다.

현실을 고려하지 않는 프로이트의 쾌락 원리는 단순무식하다. 반면 진화심리학자들은 쾌감-불쾌감과 관련된 인간의 심리기제들이 상당히 복잡하고 정교할 것이라고 믿는다. 프로이트는 섹스를 통한 쾌감 추구가 무조건 작동한다고 보았다. 다만 사회 규범과 충돌하는 경우에는 그것이 억압되어 무의식 수준에서 작동한다는 것이다.

진화심리학자들은 그렇게 생각하지 않는다. 열등할 뿐 아니라 자신을 사랑하지도 않는 남자가 자신을 강간하려 할 때 여자가 섹스를 추구하는 것은 번식의 측면에서 볼 때 바보 같다. 어차피 여자도 섹스를 해야 임신 할 수 있고 그래야 번식할 수 있다. 하지만 열등한 남자와 섹스를 해서 임신하면 우월한 남자의 유전자를 얻어 임신할 기회를 날리는 꼴이다. 자신을 사랑하지 않는 남자와 섹스를 해서 임신하면 자식을 혼자 키울 가능성이 상대적으로 높다. 〈근친상간 타부: 유해 열성 유전자〉에서 살펴보겠지만 아버지나 오빠처럼 아주 가까운 친족과 섹스를 해서 임신하면 기형아가 태어날 확률이 높아진다. 따라서 이럴 때는 섹스를 하고 싶은 욕망이 일어나지도 않고 섹스를 하더라도 쾌감이 아니라 불쾌감을 느끼도록 여자가 진화했을 가능성이 크다고 본다.

인간은 먹어야 생존할 수 있다. 하지만 아무 것이나 먹는 것보다는 영양가는 풍부하고 독성 물질은 거의 없는 것을 골라 먹는 것이 생존에 유리하다. 인간의 입맛은 그런 식으로 설계된 듯하다. 인간은 대체로 단맛을 좋아하는데 단맛이 나는 음식은 영양가가 풍부하다. 인간은 대체로 쓴맛을 싫어하는데 독성 물질이 많을 때 쓴맛이 나는 경향이 있다. 여자도 섹스를 해야 번식할 수 있다. 하지만 아무 남자하고나 섹스하는 것보다는 되도록 우월하고 자신을 사랑하는 남자를 골라 섹스하는 것이 유리하다.

진화심리학자들은 여자의 성적 욕망이나 성적 쾌감과 관련된 심리기제들이 과거 환경이라는 현실에 맞게 진화했을 것이라고 추정한다. 쾌감-불쾌감은 쾌락 원리에 대한 프로이트의 주장처럼 현실을 무시하는 것이 아니라 오히려 현실에 부합한다는 것이다. 그렇다면 여자가 무의식 수준에서도 강간당하고자 하는 욕망이나 근친상간을 하고자 하는 욕망을 품지 않으리라 기대할 만하다. 또한 강간당하거나 근친상간을 할 때 쾌감을 느끼지 않으리라 기대할 만하다. 오히려 그럴 때 불쾌감을 느끼도록 여자가 진화했을 것이라고 많은 진화심리학자들은 추정하고 있다. 강간당할 때 느끼는 불쾌감이 선천적이라는 것이다.

〈왜 남자는 여자를 강간할까?: 적응 가설과 부산물 가설〉에서 아탈란타 가설이 진화심리학계에서 인기 없는 이유를 살펴보았다. 거기에서 이야기하지 않는 이유가 하나 더 있다. 만약 여자가 강간당하는 것을 통해 우월한 남자를 고르는 것이라면 오히려 불쾌감보다는 쾌감을 느껴야 할 것 같다. 우월한 남자를 고르면 여자의 번식에 도움이 되기 때문이다. 여자가 강간당했을 때 불쾌감을 느낀다는 사실은 강간당하는 것이 번식 손해로 이어진다는 설명과 부합한다.

왜 강간당할 때 여자가 느끼는 불쾌감은 그렇게 큰가? 왜 남자에게 사과를 하나 빼앗겼을 때보다 강간을 한 번 당했을 때가 훨씬 더 불쾌한가? 극단적 백지론자라면 문화권에 따라 사과를 빼앗기는 것이 강간당하는 것보다 더 괴로운 경험일 수도 있고 덜 괴로운 경험일 수도 있다고 주장할 것이다. 반면 강간당할 때 여자의 번식에 지장이 생기기 때문에 불쾌감을 느끼도록 진화했다고 보는 진화심리학자는 사과를 하나 빼앗길 때보다 강간당할 때 훨씬 더 크게 불쾌감을 느끼도록 여자가 진화했으리라 기대할 것이다. 왜냐하면 한 끼 정도 굶는 것보다 강간당할 때 여자의 번식에 훨씬 더 심각한 지장이 생길 것이 뻔하기 때문이다.

여자가 배란기일 때 강간당하면 배란기가 아닐 때보다 훨씬 더 큰 번식 손실을 보게 된다. 여자가 강간당할 때 번식 손해를 보기 때문에 불쾌감을 느끼도록 진화했다면 배란기에 강간당할 때 특히 더 큰 불쾌감을 느끼리라 기대할 만하다. 또한 외간 남자와 외딴 곳에서 단 둘이 있는 상황처럼 강간당할 위험이 있을 때 여자가 배란 냄새 등을 숨기기 위해 평소보다 더 투자하리라 기대할 만하다. 물론 그 남자와 섹스를 할 생각이 없을 때 그렇다는 얘기다.

여자와 외간 남자가 섹스를 한 것은 확실히 알려졌는데 그것이 강간인지 간통인지 남들이 보기에 애매할 때가 있다. 강간 혐의를 받은 남자가 동의하의 섹스라고 주장할 때가 많다.

여자의 입장에서 생각해 보자. 강간이라면 비난이 주로 강간한 남자에게 향하지만 간통이라면 여자도 크게 비난 받는다.

만약 여자의 몸에 멍 자국과 같은 폭행의 흔적이 많다면 강간의 증거로 제시될 수 있을 것이다. 여자의 신체에 그런 흔적이 없다면? 자신이 얼마나 고통스러워하는지 보여주는 길이 있다. 따라서 여자가 강간당했는데도 폭행의 흔적이 별로 없다면 강간의 고통을 더 심하게 느끼도록 진화했을 가능성이 있다. 실제로 여자는 그럴 때 더 고통을 느낀다는 것을 보여준 연구가 있다「A natural history of rape」92쪽.

열등한 남자에게 강간당한 경우가 우월한 남자에게 강간당한 경우보다 더 큰 번식 손해로 이어진다. 따라서 강간한 남자가 열등한 경우에 여자가 더 큰 불쾌감을 느끼도록 진화했을 가능성이 있다. 자신을 사랑하지 않는 남자에게 강간당한 경우가 자신을 사랑하는 남자에게 강간당한 경우보다 더 큰 번식 손해로 이어진다. 따라서 강간한 남자가 자신을 사랑하지 않는 경우에 여자가 더 큰 불쾌감을 느끼도록 진화했을 가능성이 있다.

배란기가 되면 강간당할 만한 상황을 회피하도록 여자가 진화했을 가능성도 있다. 실제로 여자는 배란기가 되면 그런 상황을 회피하는 경향이 있다고 한다「Why Do Men Rape? 왜 남자는 강간을 하는가?」참조). 그런데 여자가 배란기에 집구석에 틀어박혀 지내는 경향이 있는 것은 아니다. 오히려 여자는 배란기일 때 외도를 더 많이 하는 경향이 있다. 여자는 배란기일 때 우월한 남자와 섹스를 해서 좋은 유전자를 얻을 확률을 높이고 열등한 남자에게 강간당해서 나쁜 유전자를 얻을 확률을 낮추는 방향으로 행동하도록 진화한 듯하다.

여자가 남자보다 힘이 더 세다면 강간이 훨씬 적게 일어날 것이다. 하지만 평균적으로 남자가 훨씬 힘이 세다. 하지만 평소에는 힘이 약하던 여자도 자식의 목숨이 위험에 처할 때처럼 위기 상황에서는 괴력에 가까운 힘을 발휘하기도 하는 것 같다. 인간은 근육, 피부, 뼈 등을 보호하고 에너지를 절약하기 위해 평소에는 근육 잠재력 중 일부만 쓰다가 위기 상황에는 훨씬 더 큰 힘을 쓸 수 있도록 진화한 듯하다. 목숨이 걸려 있는데도 에너지 절약이나 피부, 근육, 뼈 보호에 집중하는 것은 합리적이지 않다. 강간당할 것 같은 경우도 위기 상황이다. 이럴 때 평소보다 힘을 더 쓸 수 있다면 도움이 될 것이다.

강간당할 만한 상황에서 여자의 힘이 강해진다는 점이 입증된다 하더라도 선천적 강간 방어 기제의 강력한 증거로 보기에는 무리가 있다. 인간이 위기 시에는 더 큰 힘을 쏟도록 진화했으며 여자가 강간당하는 상황이 되면 위기감을 느끼기 때문에 힘이 강해지는 것이라고 설명할 수도 있기 때문이다.

산드라 페트레일리아Sandra M. Petralia & 고든 갤럽Gordon G. Gallup Jr. 은 배란 주기에 따라 여자의 손아귀 힘이 어떻게 바뀌는지 연구했다. 배란기에 여자가 강간 관련 시나리오를 보자 손아귀 힘이 증가했다. 하지만 배란기가 아닐 때 강간 관런 시나리오를 보는 경우에는 힘이 증가하지 않았다. "배란기일 때 강간당할 만한 상황이 되면 더 위기감을 느껴야 한다"라고 가르치는 문화권이 있나? 자연선택에 의해 진화한 강간 방어 기제가 존재하지 않는다고 가정하면 이런 연구 결과를 설명하기 힘들다.

참고문헌

「성적 갈등」, 『욕망의 진화: 사랑, 연애, 섹스, 결혼. 남녀의 엇갈린 욕망에 담긴 진실(The evolution of desire: strategies of human mating)』, 데이비드 버스 지음, 전중환 옮김, 사이언스북스, 2007

「11. 이성 간 갈등」, 『진화심리학: 마음과 행동을 탐구하는 새로운 과학(Evolutionary psychology: the new science of the mind)』, 데이비드 버스 지음, 이충호 옮김, 최재천 감수, 웅진지식하우스, 2012

「17. Sexual coercion」, Mark Huppin & Neil M. Malamuth, 『The handbook of evolutionary psychology: 1. foundations』, David M. Buss 편집, Wiley, 2016(2판)

『돈 키호테 1, 2(El ingenioso hidalgo don Quijote de la Mancha)』, 미겔 데 세르반테스 사아 베드라 지음, 안영옥 옮김, 열린책들, 2014

「8. 잘못 잡기」, 『일상생활의 정신 병리학: 프로이트 전집 5(Zur Psychopathologie des Alltagslebens: Über Vergessen, Versprechen, Vergreifen, Aberglaube und Irrtum)』, 지그문트 프로이트 지음, 이한우 옮김, 열린책들, 2003

「정신적 기능의 두 가지 원칙(Formulierungen über die zwei Prinzipien des psychischen Geschehens)」, 『정신분석학의 근본 개념: 프로이트 전집 11』, 지그문트 프로이트 지음, 윤희기 & 박찬부 옮김, 열린책들, 2003

『A natural history of rape: biological bases of sexual coercion』, Randy Thornhill & Craig T. Palmer, The MIT Press, 2000

『Effects of a sexual assault scenario on handgrip strength across the menstrual cycle』, Sandra M. Petralia & Gordon G. Gallup Jr., 『Evolution and Human Behavior』, 2002

『Why do men rape? an evolutionary psychological perspective』, William F. McKibbin, Todd K. Shackelford, Aaron T. Goetz & Valerie G. Starratt, 『Review of General Psychology』, 2008

진화심리학이 강간을 정당화한다는데
: 진화심리학과 이데올로기

과학 공동체 또는 학문 공동체에도 우열반이 있을까? 나는 있다고 생각한다. 내 눈에 가장 우월해 보이는 공동체는 수학계와 물리학계다. 그 반대쪽에는 한의학계와 정신분석계가 있다. 한의학은 수준이 너무 낮아서 의학이라고 불릴 자격도 없으며 사이비의학에 불과하다고 생각한다. 정신분석 역시 사이비과학에 불과하다고 생각한다. 나는 한의학과 정신분석의 수준이 점성술, 혈액형 성격론, UFO학UFOlogy의 수준과 별로 다르지 않다고 생각한다.

일부 정신분석가들에 따르면 정신분석은 과학이 아니다. 만약 과학의 영역에서 활동하는 것이 아니라면 사이비과학이라는 비판을 받을 이유도 없을 것이다. 하지만 나는 정신분석을 사이비과학이라고 부른다. 정신분석가들은 예술을 하는 것도 아니고 도덕철학을 하는 것도 아니고 예능entertainment을 하는 것도 아니다. 그들은 인간의 심리 현상에 대한 올바른 설명을 찾고 있다고 이야기한다. 그렇다면 자신이 과학이라고 부르든 말든 과학의 영역에 발을 들여 놓은 것이다. UFC와 계약해서 옥타곤 안에서 다른 선수와 시합을 벌인다면 스스로를 격투기 선수라고 생각하든 댄서라고 생각하든 종합격투기 선수인 것이다.

과학의 영역에서 활동한다면 논리와 실증을 중시해야 한다. 만약 "정신분석은 과학이 아니다"라고 주장하고 싶다면 "인간 심리에 대한 정신분석의 이야기는 과학적 근거를 따지지 않으니까 〈개그 콘서트〉처럼 그냥 예능으로 봐 주면 된다"라고 말하면 된다. "정신분석은 과학이 아니니까 논리와 실증을 개무시해도 되지만 정신분석의 설명이 옳기 때문에 믿어야 한다"라고 말한다면 의무는 이행하지 않고 권리만 행사하겠다는 못된 심보다.

진화심리학은 어떤가? 나는 진화심리학계가 여전히 유아기를 벗어나지 못하고 있다고 생각한다. 게다가 진화심리학자들은 대체로 수학자들이나 물리학자들처럼 머리가 좋지는 못해서 상당히 어설플 때가 많다고 생각한다. 나는 현 상태의 진화심리학계를 그리 높게 평가하지 않는다. 진화심리학자들이 쓴 논문이나 책을 읽다보면 좀 한심하다는 느낌이 들 때가 많다. 내가 왜 그렇게 생각하는지 궁금하다면 데이비드 버스의 책 두 권을 어떻게 비판했는지 살펴보시라. 그렇다고 진화심리학이 사이비과학이라는 욕을 먹을 정도는 아니라고 본다.

한편에는 나보다 진화심리학계를 훨씬 높이 평가하는 이들이 있다. 데이비드 버스를 포함한 여러 진화심리학자들이 그렇다. 다른 한편에는 나보다 진화심리학계를 훨씬 낮게 평가하는 이들이 있다. 그들이 보기에 진화심리학은 사이비과학에 불과하다. 그것도 가부장제나 자본주의 체제를 옹호하는 논리를 만들어내는 사악한 사이비과학이다.

힐러리 로즈Hilary Rose & 스티븐 로즈Steven Rose가 편집한 『Alas, poor Darwin아, 불쌍한 다윈』과 셰릴 트래비스Cheryl Brown Travis가 편집한 『Evolution, gender, and rape진화, 젠더 그리고 강간』는 나름대로 저명한 여러 학자들이 진화심리학을 비판한 글을 모아 놓았다. "비판"이라기보다는 "비난과 조롱"이라는 표현이 더 어울리는 것 같다. 그들은 진화심리학계를 똘아이 집단으로 보고 있다. 『Alas, poor Darwin』은 진화심리학을 전반적으로 다룬다. 『Evolution, gender, and rape』는 진화심리학적 관점에서 강간을 다룬 『A natural history of rape』를 겨냥한다.

나는 『Alas, poor Darwin』과 『Evolution, gender, and rape』에 실린 글의 수준이 너무 낮아서 무시를 당해도 싸다고 생각한다. 하지만 진화심리학 초보자라면 이 두 권을 읽어보는 것도 괜찮아 보인다. 나름대로 세계적인 학자들이 진화심리학을 어떻게 조롱하는지 살펴보는 것도 약간은 의미가 있을 것 같다. 이 두 권을 읽다보면 진화심리학을 박살냈다고 흐뭇해하는 학자들의 모습이 떠오를 정도다.

한국에도 진화심리학을 비판하는 목소리가 조금씩 나오고 있는데 이 두 권에 글을 실은 학자들이 그 원조라고 보면 될 것 같다. 평양냉면만 원조를 찾지 말고 이런 것도 원조를 한 번 방문해 보자. 또한 진화심리학 초보자에게는 이런 책이 괜찮은 스파링 파트너가 될 수 있을 것 같다. 이 두 권에 나오는 비판에 제대로 응수하기 힘들다면 여전히 초보 수준에서 벗어나지 못한 것이다.

진화심리학자들의 글에 대한 제대로 된 비판은 없나? 물론 있다. 내 생각에는 코스미디스 & 투비가 진화심리학자들의 글에 대해 정곡을 찌르는 비판을 가장 많이 했다. 그들이 명시적으로 누군가를 비판하지 않을 때도 "진화심리학을 이렇게 해야 한다"뿐 아니라 "진화심리학을 이런 식으로 하면 망한다"라는 메시지도 읽을 수 있다.

진화심리학을 싫어하는 사람들은 주로 두 방향으로 공격한다. 한편으로 진화심리학이 과학이 아니라 사이비과학에 불과하다고 조롱한다. 검증이 불가능한 이야기에 불과하기 때문에 과학적 가설이라고 보기도 민망하다는 비판이 단골로 나온다. 다른 한편으로 진화심리학이 온갖 악을 정당화한다고 비난한다. 진화심리학이 강간을 정당화하거나 용인한다는 식이다.

쏜힐을 비롯한 일부 진화심리학자들은 강간하는 것에 전문화된 뇌회로가 자연선택에 의해 남자에게 진화했다는 가설이 가망성이 크다고 생각한다. 그런 가설을 제시하면 페미니스트는 이렇게 이야기한다. 강간에 전문화된 뇌회로가 작동하여 남자가 강간할지 여부를 결정하고 실행한다고 가정해 보자. 그러면 강간에 대한 책임은 강간한 남자가 아니라 "그 뇌회로" 또는 "그 뇌회로를 만들어내는 유전자" 또는 "그런 유전자가 인류에 자리 잡도록 만든 자연선택"에게 돌아가게 된다. 그러면 강간한 남자의 죄는 면제받게 된다. 진화심리학자들이 내세우는 가설이 옳다면 강간한 남자가 아니라 강간 유전자나 자연선택을 처벌해야 할 것이다.

왜 진화심리학자들은 강간한 남자의 도덕적 책임을 면제해줄 만한 가설을 제시하는 걸까? 페미니스트는 이런 질문을 던지고 상상력을 펼치기 시작한다. 이런 식이다. 진화심리학자들도 가부장제 문화에서 자랐다. 가부장제 문화에서는 강간을 장려한다. 왜냐하면 강간을 통해 여성을 굴욕적인 위치에 묶어 놓을 수 있기 때문이다. 그럼으로써 가부장제 문화가 유지되게 만들 수 있다. 가부장제 문화에 쩔어 있는 진화심리학자들은 강간을 은밀하게 장려하는 가설을 만들어낸다. 물론 진화심리학자들이 의식적으로 그러는 것은 아닐 수 있다. 자신도 모르게 가부장제의 앞잡이 노릇을 하는 것이다.

강간에 대한 진화심리학 가설이 강간을 정당화하거나 용인한다는 페미니스트의 주장을 페미니즘 이론에 그대로 돌려줄 수 있다. 가부장제 이론에 따르면 가부장제 문화가 강간을 하도록 남자를 사회화한다. 만약 그 이론이 옳다면 강간에 대한 책임은 강간한 남자에게 있는 것이 아니라 가부장제에게 있는 것이다. 따라서 강간한 남자가 아니라 가부장제를 처벌해야 할 것이다.

물리학 버전도 가능하다. 남자가 강간을 하는 이유는 근본적인 물리법칙 때문이다. 강간한 남자가 감히 물리법칙을 어기면서 행동할 수는 없다. 강간한 남자의 행동도 결국 뇌의 작용에 의해 일어나는데 뇌는 물리법칙에 의해 작동한다. 따라서 강간한 남자가 아니라 물리법칙을 처벌해야 한다.

신학 버전도 해 보자. 남자가 강간을 하는 이유는 신이 그렇게 하도록 조종하기 때문이다. 한낱 인간에 불과한 남자가 신의 뜻을 거스를 수는 없다. 그리고 신의 뜻이 없다면 먼지 하나도 움직일 수 없다. 따라서 강간이 악이라고 생각한다면 강간한 남자가 아니라 신을 처벌해야 한다. 만약 여자가 신을 섬기기로 했다면 신의 뜻에 따라 행동한 남자에게 앙심을 품어서는 안 된다. 그것은 신에 대한 도전이다. 신의 뜻으로 강간당한 것이기 때문에 그냥 체념해야 한다. 또는 신의 뜻에 따라 강간당한 것을 기뻐해야 한다.

같은 논리 구조가 진화심리학강간 관련 적응 가설에도, 가부장제 이론에도, 물리학에도, 신학에도 적용될 수 있다. 하지만 페미니스트들은 "강간한 남자에게 면죄부를 준다"는 이야기를 진화심리학에만 열심히 적용한다. 이럴 때 내로남불내가 하면 로맨스 남이 하면 불륜이라는 신조어가 떠오를 수밖에 없다.

혹시 오해할까봐 한 마디 덧붙이겠다. 내가 강간의 책임을 신에게 돌려야 한다고 생각하는 것은 아니다. 나는 신이 존재한다고 믿지 않는다. 존재하지도 않는 누군가에게 책임을 물을 수는 없는 노릇이다. 또한 내가 강간의 책임을 물리법칙에게 돌려야 한다고 생각하는 것도 아니다. 원인을 규명하는 것과 책임 소재를 따지는 것은 별개라는 이야기를 하고 싶을 뿐이다.

술을 마시고 운전을 하면 왜 사고가 날 가능성이 높은가? 생리학자들과 심리학자들이 알코올이 뇌에 끼치는 영향을 연구해서 발표했다고 하자. 그들에 따르면 알코올이 지각 능력과 판단력에 악영향을 끼친다. 그런 연구를 두고 음주운전을 정당화한다느니 용인한다느니 비난할 수 있을까?

페미니스트들은 왜 하필이면 강간에 대해 연구하냐고 진화심리학자들에게 핀잔을 주기도 한다. 변태 성욕 같은 비뚤어진 욕망 때문에 강간의 진화를 연구하는 것은 아닌가? 여기에 대해서 진화심리학자들도 할 말이 있다. 20세기에 생리학이 엄청나게 발전했다. 이것은 눈부신 의학 발전으로 이어져서 수많은 생명을 구했다. 물론 생리학은 생화학 무기 개발에도 도움이 되며 실제로 수많은 사람들이 생화학 무기 때문에 목숨을 잃었다.

세상에 대한 정확한 지식이 선한 의도와 결합될 때 좋은 결과로 이어진다. 아무리 의도가 좋더라도 세상에 대한 엉터리 믿음과 연결되면 재앙으로 이어질 수 있다. 한의학이 서양의학보다 우월하다고 믿는 사람이 아무리 착하더라도 그런 믿음 때문에 과학적 의학으로 치료할 수 있는 자식이 죽게 만들 수 있다.

강간과 관련된 남자의 심리를 정확히 이해하면 강간률을 줄일 만한 정책을 만들거나 강간을 피하는 효과적 방법을 여자에게 알려주는 데 도움이 될 수 있다. 물론 강간과 관련된 여자의 심리를 더 정확히 알아내면 여자를 효과적으로 강간하려는 남자에게 도움이 될 수 있다. 한의학에 대한 맹신과 마찬가지로 인간 심리에 대한 잘못된 믿음은 선한 의도와 결합되더라도 오히려 강간이 더 많이 일어나게 만들 수 있다.

뻔한 이야기다. 사실 페미니스트들도 이것을 알고 있는 것으로 보인다. 가부장제 이론가가 강간 관련 가설을 제시할 때에는 비뚤어진 욕망 때문이라고 비판하지 않는다. 이번에도 내로남불인 것이다.

〈가부장제가 남자를 늑대로 만드는 걸까?: 선천론과 후천론〉에서는 신이 "남녀의 정신을 똑같게 창조했다"는 이야기가 얼마나 웃긴지 살펴보았다. 남자가 여자를 효율적으로 강간하도록 진화하는 것을 신이 계속 막아주었다는 이야기 역시 코미디일 뿐이다. 여러 종에서 수컷이 암컷을 강간한다. 강간이 없는 인간사회가 있다는 것을 설득력 있게 보여준 연구는 없는 것 같다. 따라서 여자를 효율적으로 강간하도록 만드는 심리기제가 남자에게 진화했을 가능성을 열어 두어야 한다. 물론 그런 남자에 맞서 여자가 강간을 효율적으로 막을 수 있도록 진화했을 가능성도 열어 두어야 한다.

인간 본성에는 선함만 있다고 보는 어설픈 성선설을 믿는 여자는 남자의 사악한 측면을 제대로 인식하지 못할 수 있다. 순진한 여자는 강간, 폭행, 살인 등의 표적이 되기 쉽다. 남자가 강간을 효율적으로 할 수 있는 능력을 진화시켰다고 믿는 여자는 강간당하지 않기 위해 더 조심하게 될 것이다. 악에 맞서고 싶다면 악이 어떻게 생겼는지 있는 그대로 살펴보아야 한다. 그런 연구가 기분 나쁘다는 이유로 이야기 속의 타조처럼 머리를 땅 속에 처박으면서도 제대로 된 해결책을 찾길 바라면 곤란하다.

페미니스트는 왜 강간에 대한 진화심리학 연구를 그렇게도 못마땅해 할까? 몇 가지 가설이 있다. "착한 페미니스트" 가설에 따르면 여성 차별이나 여성 억압에 대한 소망이 앞서서 페미니스트는 현실을 냉정하게 보지 못한다. 강간에 대한 진화심리학 가설이 페미니스트의 소망과 충돌하기 때문에 믿지 않으려 한다는 것이다. 인간은 믿고 싶은 것만 믿는다는 이야기가 있다. 〈소망적 사고는 없다: 자기기만의 진화〉에서 이야기하겠지만 나는 그런 설명을 좋아하지 않는다.

"이기적 페미니스트" 가설에 따르면 페미니스트가 밥그릇을 지키기 위해 진화심리학을 공격하는 것이다. 온갖 측면에서 진화심리학 가설들과 페미니즘 가설들이 정면으로 충돌한다. 만약 진화심리학 가설들이 옳다는 것이 드러나면 지금까지 대학에서 한 자리를 차지하거나 책을 쓰거나 강연을 해서 돈벌이를 하던 페미니스트들의 밥줄이 끊길 위험이 있다. 페미니스트가 이런 점을 알고 의식적으로 사기를 치는 것일 수도 있다. 인간이 이기적인 방향으로 자기기만에 빠지도록 진화했다면 페미니스트 역시 인간이기 때문에 자기 이론과 충돌하는 진화심리학이 틀렸다고 보는 방향으로 자기기만에 빠지는 경향이 있을 것이다.

물론 진화심리학자도 인간이다. 따라서 자기 이론이 옳고 페미니즘 이론이 틀렸다고 보는 방향으로 자기기만에 빠질 수 있다. 얼마나 자기기만에 많이 빠지는지는 결국 얼마나 멍청한지에 달린 것 같다. 나는 페미니스트들이 이런 면에서는 타의 추종을 불허한다고 생각한다. 진화심리학자들도 대단히 똑똑해 보이지는 않지만 페미니스트들만큼 멍청함을 동네방네 자랑하지는 못하는 것 같다.

〈왜 남자는 여자를 강간할까?: 적응 가설과 부산물 가설〉에서 "합리적"이라는 단어가 여러 번 등장했다. 남자가 어떻게 여자를 강간하는 것이 합리적인지를 따진 것이다. 페미니스트라면 "합리적"이라는 좋은 단어와 "강간"이라는 못된 단어가 결합되는 것 자체에 기분이 상할 가능성이 크다. "어떻게 강간이 합리적일 수 있나?"라고 페미니스트는 반문할 것이다. "합리적 강간"이라는 말은 곧 강간에 대한 정당화 아닌가?

그렇게 화를 내기 전에 우선 "합리성"이라는 용어가 온갖 의미로 쓰인다는 점에 주목할 필요가 있다. 여기에서는 고전적 합리성 classical rationality 과 생태적 합리성 ecological rationality을 대비해 보겠다. 고전적 합리성은 진리 개념과 연결될 때가 많다. 합리적 과학자는 세상에 대한 진리에 다가갈 수 있는 방식으로 연구한다. 제대로 된 과학은 합리적이며 미신은 비합리적이다.

생태적 합리성은 자신이 처한 환경에서 어떤 식으로 행동하는 것이 효과적인지를 따진다. 이때 목적이 무엇인지 우선 설정해야 한다. 만약 살을 빼는 것이 목적이라면 러닝머신 위에서 달리는 것이 합리적일 수 있다. 반면 장소 이동이 목적이라면 러닝머신 위에서 달리는 것은 비합리적이다. 같은 행동이라도 목적이 무엇이냐에 따라 합리적일 수도 있고 비합리적일 수도 있다. 진화심리학자들이 생태적 합리성 개념을 적용하면서 염두에 두는 목적은 번식 또는 유전자 복제다.

진화심리학자들은 해당 환경에서 어떤 식으로 행동하는 것이 번식에 도움이 되는지 따진다. 번식에 유리한 행동을 적응적 행동adaptive behavior이라고 부른다. 이것이 바로 진화심리학자들이 관심 있는 생태적 합리성이며 "이렇게 강간하는 것이 합리적이다"라는 문장에서 "합리적"이 뜻하는 바다.

이런 맥락에서 합리성을 따지는 이유는 인간의 심리가 어떻게 진화했는지 해명하기 위해서다. 어떤 행동이 도덕적으로 바람직한지, 어떤 행동이 장려할 만한 것인지 따지기 위한 것이 아니다. 생태적 합리성은 도덕적 의미에서 좋다는 뜻도 아니고, 미학적 의미에서 좋다는 뜻도 아니다. 인간이 보기에 아무리 부도덕해도 번식에 도움이 된다면 합리적이다.

사이코패스 연쇄살인범의 행동을 예측하려는 범죄학자가 있다고 하자. 그 범죄학자가 합리성 개념을 사용할 수도 있을 것이다. 이때 연쇄살인범의 목적은 "경찰에 잡히지 않고 많은 사람을 죽이는 것" 정도가 될 것이다. 범죄학자는 어떤 식으로 행동하는 것이 그런 목적을 더 효과적으로 달성할 수 있는 지를 따질 것이다. 그것이 연쇄살인범의 입장에서는 합리적인 행동이다. 이때 범죄학자가 "합리적"이라는 단어를 썼다고 연쇄살인을 정당화하는 것인가? 연쇄살인범의 행동을 더 정확히 예측해서 체포하고 싶을 뿐이다.

참고문헌

『Alas, poor Darwin: arguments against evolutionary psychology』, Hilary Rose & Steven Rose 편집, Jonathan Cape, 2000

『Evolution, gender, and rape』, Cheryl Brown Travis 편집, The MIT Press, 2003

『A natural history of rape: biological bases of sexual coercion』, Randy Thornhill & Craig T. Palmer, The MIT Press, 2000

「Ecological rationality and its contents」, Peter M. Todd, Laurence Fiddick & Stefan Krauss, 『Thinking and Reasoning』, 2000

안 돼요 돼요 돼요 : 내숭의 진화와 오류 관리 이론

남자가 섹스를 시도한다. 그러자 여자가 "싫어no"라고 말한다. 이때 "싫어"는 무슨 뜻일까? 페미니스트는 "싫어"를 "싫어"로 해석해야 한다고 주장한다. 영어로는 "no means no"다. 그 반대편쯤에는 "안 돼요 돼요 돼요"라는 말이 있다. "안 돼요"로 시작하지만 결국 "돼요"로 끝난다는 뜻이다. 내숭 때문에 처음에는 거부하지만 사실 여자도 섹스를 원하고 있었다는 얘기다.

강간 혐의를 받는 남자가 "여자도 원했다"라고 말할 때가 많다. 미국 대학생들이 "No Means Yes, Yes Means Anal"이라고 적힌 현수막을 걸었다가 문제된 적이 있다. "여자가 싫다고 말하면 좋다는 뜻이고, 좋다고 말하면 항문까지 허락한다는 뜻이다"로 해석될 수 있는 문구다.

〈여자에게 강간이 괴로운 경험인 이유: 강간 방어 기제의 진화〉에서 살펴보았듯이, 프로이트에 따르면 무의식 또는 이드은 섹스를 원하지만 의식 또는 자아 또는 초자아은 성적 욕망을 억압하기 때문에 내적 갈등이 생긴다. 여자가 "싫어"라고 말할 때 의식의 의지는 그 말과 일치하지만 무의식은 "좋아"라고 남몰래 말하고 있다는 것이다.

완벽한 화재경보기라면 불이 났을 때는 항상 경보가 울리고 불이 나지 않았을 때는 절대로 경보가 울리지 않는다. 하지만 세상일이라는 것이 그렇게 완벽하게 진행되지는 않을 때가 많다. 불완전한 화재경보기가 두 개 있다고 하자. S는 너무 민감하고 I는 너무 둔감하다S: sensitive, I: insensitive. S는 불이 났을 때는 항상 경보를 울린다. 하지만 불이 나지 않았는데 호들갑스럽게 경보를 울릴 때도 있다. I는 불이 나지 않았을 때는 절대 경보를 울리지 않는다. 하지만 불이 났는데도 게으름을 피우며 경보를 울리지 않을 때도 있다.

어느 쪽이 나을까? 불이 나지 않았는데 경보가 울리면 대피하느라 시간을 낭비하게 된다. 귀찮은 일이다. 하지만 불이 났는데도 경보가 울리지 않으면 목숨을 잃을 수 있다. 따라서 S가 더 낫다. 목숨이 대단히 소중하다면 귀찮음을 어느 정도는 감수하는 것이 합리적이다.

이번에는 뱀 이야기를 해 보겠다. 우리 동네에 사는 뱀 중 20%가 독사다. 독사에 물리면 죽는다. 하지만 어떤 뱀이 독사인지는 모른다. 뱀이라면 무작정 피하는 쪽이 합리적일까? 뱀을 전혀 무서워하지 않는 쪽이 합리적일까? 독사인지 아닌지 맞히는 시험을 보는 것이라면 뱀을 볼 때마다 독사가 아니라고 찍는 쪽이 무조건 독사라고 찍는 쪽보다 더 높은 점수를 받는다. 하지만 번식 경쟁에서는 뱀을 볼 때마다 무작정 피하는 쪽이 합리적이다. 그 이유는 화재경보기의 경우와 마찬가지다. 뱀을 피하는 데 드는 비용은 얼마 안 되지만 뱀에게 물릴 때 치르는 비용은 막대하다.

이번에는 섹스다. 남자의 입장에서 생각해 보자. 여자의 말이나 행동을 보고 그 여자가 나와 섹스를 하고 싶어 하는지 판단해야 한다. 이때에도 양쪽 방향으로 오류를 범할 수 있다. 여자가 섹스를 원하는데 원하지 않는다고 잘못 생각할 수도 있고, 섹스를 원하지 않는데 원한다고 잘못 생각할 수도 있다. 어느 쪽으로 오류를 범하는 것이 남자의 번식에 더 악영향을 끼칠까?

여자가 섹스를 원하지 않는데 원한다고 남자가 잘못 생각하면 무리하게 들이댔다가 민망해지는 상황이 생길 수 있다. 여자가 섹스를 원하는데 원하지 않는다고 잘못 생각하면 여자를 임신시킬 기회를 날리게 된다. 이것은 민망한 상황보다 훨씬 큰 손해로 이어진다. 여자의 메시지가 애매할 때 여자가 섹스를 원할 것이라고 판단하는 것이 남자의 번식에 도움이 될 것이다.

따라서 남자가 그렇게 생각하도록 진화했으리라 기대할 만하다. "여자가 나와 섹스를 하고 싶어하는가"뿐 아니라 "여자가 나에게 추파를 던졌는가", "여자가 나에게 호감을 품고 있는가"에 대해서도 비슷한 이야기를 할 수 있다. 남자에 대한 여자의 성적 관심이나 호감을 남자가 과대평가하도록 진화했을 가능성이 있다는 이야기다.

학교 시험에서 100점 만점인 시험을 본다고 하자. 25개 문항으로 이루어져 있고 한 문항의 점수는 모두 4점이라고 하자. 이럴 때는 오답의 수를 최소화해야 높은 점수를 받을 수 있다. 하지만 자연선택에서는 상황이 다르다. 독사에 물리는 것과 같은 "오답"은 엄청나게 큰 점수 삭감으로 이어지지만 독 없는 뱀을 피하기 위해 시간과 에너지를 낭비하는 것과 같은 "오답"은 상대적으로 아주 작은 점수 삭감으로 이어진다.

물론 항상 정답을 맞히면 좋겠지만 정보가 불확실하다면 비용이 덜 드는 오류를 상대적으로 많이 범하는 쪽으로 오류 발생을 관리하는 것이 합리적이다. 이것이 마티 하셀턴Martie G. Haselton & 데이비드 버스가 쓴 「Error management theory 오류 관리 이론」의 핵심 메시지다.

여러 연구에 따르면, 여자의 어떤 말이나 행동에 대해 여자 자신은 추파가 아니라고 생각하는데도 상대 남자는 추파라고 해석하는 경우가 많다. 이런 연구 결과들이 남자의 도끼병 "저 여자가 나를 찍었어"을 입증해 준다고 해석되기도 한다. 또한 오류 관리 이론을 끌어들여 남자의 도끼병이 진화한 이유를 설명한다.

여자의 판단이 정말로 정확할까? 자신의 심리 상태에 대한 여자의 판단이 옳다는 전제가 있어야 그렇게 해석할 수 있다. 남의 마음을 정확히 알기도 힘들지만 자기 마음을 정확히 알 수 없을 때도 많다. 20세기 심리학자들은 인간이 자기기만에 빠지기도 한다는 점을 온갖 연구를 통해 보여주었다. 따라서 남자에게 성적 관심 또는 호감을 얼마나 품고 있는지를 여자

스스로 정확히 알고 있다고 단정해서는 안 된다. 여자의 어떤 말이나 행동에 대해 여자 자신은 추파가 아니라고 생각하는데도 상대 남자는 추파라고 해석하는 경우가 많은 이유는 무엇인가? 남자가 상대의 성적 의도를 과대평가하기 때문일지도 모르지만 여자가 자신의 성적 의도를 과소평가하기 때문일지도 모른다. 물론 두 요인이 모두 작용하는지도 모른다.

〈여자는 걸레, 남자는 영웅호색: 이중잣대의 기원〉에서 살펴보겠지만 여자에게는 "헤픈 여자"로 보이지 않아야 할 이유가 있다. 따라서 여자가 헤픈 여자로 보이지 않도록 의식적으로든 무의식적으로든 신경을 쓰도록 진화했을 가능성이 있다. 여자를 몹시 사랑하는 우월한 남자가 앞에 있다고 하자. 그런 남자와 섹스를 하는 것이 대체로 여자의 번식에 도움이 될 것이다. 하지만 너무 쉽게 몸을 허락하면 헤픈 여자로 보일 위험이 있다. 이럴 때 내숭이 도움이 된다. 따라서 여자가 내숭을 진화시켰을 가능성이 있다. 여자가 그렇게 진화했다면, 섹스를 할 만한 남자라고 여자가 결론을 내렸음에도 불구하고 거부의 제스처를 취할 때가 있을 것이다.

내숭에는 의식적 내숭도 있고 무의식적 내숭도 있다. 의식적 내숭의 경우 여자 자신도 자신이 내숭을 떨고 있다는 것을 안다. 무의식적 내숭의 경우 내숭이라는 것을 여자 자신도 모른다. 일종의 자기기만에 빠지는 것이다. 내숭임을 자기 자신도 모르고 있어야 상대방에게도 잘 통할 것이다. 따라서 내숭과 관련하여 여자가 자기기만에 빠지도록 진화했을 가능성이 있다. 만약 무의식적 내숭이 진화했다면 어떤 남자에게 호감을 품고 있거나 섹스를 하고 싶음에도 여자 자신은 그렇지 않다고 믿을 때가 있을 것이다.

여자의 무의식적 내숭에 대한 진화심리학 가설은 여자의 무의식은 섹스를 원하는데 의식은 그것을 억압하려 한다는 프로이트의 주장과 일맥상통하는 면이 있다. 두 가설 모두 "안 돼요 돼요 돼요"를 가리키고 있다. 두 가설 모두 여자의 성적 의도를 여자 자신의 의식이 과소평가한다고 본다. 하지만 중대한 차이가 있다.

프로이트의 무의식은 앞뒤 안 가리고 섹스를 욕망한다. 무의식은 고삐 풀린 망아지 같다. 의식이 고삐 역할을 한다. 여자의 무의식은 자신의 아버지에게 성적 욕정을 품기도 하고, 자신을 강간하려는 열등한 남자와도 섹스를 하려 한다. 무의식적 내숭에 대한 진화심리학 가설은 근친상간이나 생판 모르는 열등한 남자가 자신을 강간하려는 상황에는 적용되기 힘들다. 그런 섹스는 헤픈 여자로 비치는 문제와 무관하게 여자의 번식에 대체로 손해를 끼친다.

여자가 먹고 싶음에도 불구하고 내숭 때문에 눈앞에 있는 음식을 안 먹을 때도 있을 것이다. 하지만 진짜로 맛없기 때문에 안 먹는 것일 수도 있다. 프로이트는 섹스라면 무조건 좋아하는 성욕을 상정한다. 이것은 음식처럼 보이는 것이라면 무작정 좋아하는 식욕만큼이나 바보 같다. 인간의 입맛은 영양가가 풍부하고 독성 물질이 희박한 음식을 골라 먹도록 정교하게 진화한 것으로 보인다. 남자에 대한 여자의 "입맛"도 만만치 않게 정교하게 진화했을 것 같다. 그렇다면 성적 억압이나 내숭과는 무관하게 여자는 입맛에 맞지 않는 남자와 섹스하는 것을 싫어할 것이다.

만약 여자가 섹스나 추파와 관련하여 내숭을 진화시켰다면 겉으로 보이는 것보다 여자에게 성적 의도가 더 많다고 해석해야 여자의 마음을 더 정확히 알 수 있다. 여자가 성적 의도가 없는 쪽으로 왜곡해서 행동하기 때문에 반대 방향의 보정이 필요한 것이다. 따라서 남자가 여자의 성적 의도를 겉보기보다 더 과장해서 평가하도록 진화했을 가능성이 있다.

남자가 여자의 성적 의도를 과대평가하도록 진화할 만한 세 번째 이유가 있다. 힘이 센 자의 입장에서는 약한 자를 어느 정도 착취하는 것이 합리적일 수 있다. 남자는 여자보다 힘이 세다. 〈소망적 사고는 없다: 자기기만의 진화〉에서 살펴보겠지만 인간이 자신에게 유리한 방향으로 자기기만에 빠지도록 진화했을 가능성이 있다. 자신에 대한 여자의 성적 의도를 실제보다 과대평가하는 방향으로 왜곡한다면 남자가 여자를 착취하는 데 도움이 될 수 있다. 따라서 내숭을 보정한 실제 여자의 심리 상태보다 성적 의도를 더 과장해서 평가하도록 남자가 진화했을 가능성도 있다.

다시 "no means no" 이야기로 돌아가 보자. 이것은 두 가지로 해석될 수 있다. 도덕의 영역에서는 "여자가 싫다고 말하면 그 말을 존중해서 섹스 시도를 그만 두어야 한다"라는 도덕 명제로 해석된다. 과학의 영역에서는 "여자가 싫다고 말하면 진짜 싫은 것이다. 그럴 때도 무의식은 섹스를 원한다는 프로이트의 주장은 틀렸다" 또는 "여자가 싫다고 말하면 진짜 싫은 것이다. 내숭이 아니다"와 같은 과학 명제로 해석된다.

두 영역의 논의는 서로 별개다. 내숭과 관련된 프로이트의 가설이나 진화심리학 가설이 옳다고 믿는다 하더라도 여자의 말을 존중해서 섹스 시도를 그만 두어야 한다는 입장을 취할 수 있다. 물론 그런 가설들에 대해 어떻게 믿든 여자의 말을 존중하지 않아도 된다는 입장을 취할 수도 있을 것이다.

위에서 "no means no"의 반대편쯤에는 "안 돼요 돼요 돼요" 라는 말이 있다고 이야기했다. 하지만 만약 "no means no"가 도덕 명제이고 "안 돼요 돼요 돼요"가 과학 명제라면 서로 다른 영역의 이야기다. 따라서 반대편에 있는 것처럼 보일 뿐 실제로는 서로 충돌하는 것이 아니다. 적어도 근본적인 수준에서는 도덕적 입장을 밝히는 것과 현상을 해명하는 것은 서로 충돌할 수 없다는 것이 내 생각이다. 이 문제에 대한 논란을 제대로 다루려면 도덕철학의 영역에 들어서야 하는데 맛보기용 진화심리학 입문서인 이 책에서 깊이 다룰 수는 없다.

참고문헌

「11. 이성 간 갈등」, 『진화심리학: 마음과 행동을 탐구하는 새로운 과학(Evolutionary psychology: the new science of the mind)』, 데이비드 버스 지음, 이충호 옮김, 최재천 감수, 웅진지식하우스, 2012

『정신분석 강의: 프로이트 전집 1(Vorlesungen zur Einführung in die Psychoanalyse)』, 지그문트 프로이트 지음, 임홍빈 & 홍혜경 옮김, 열린책들, 2003

「Error management theory: a new perspective on biases in cross-sex mind reading」, Martie G. Haselton & David M. Buss, 『Journal of Personality and Social Psychology』, 2000

「Texas Tech frat loses charter following 'No Means Yes, Yes Means Anal' display」, Tyler Kingkade, 『HuffPost(The Huffington Post)』, Updated Oct 09, 20

3

성차의
진화

여자는 걸레, 남자는 영웅호색
: 이중잣대의 기원

남자든 여자든 바람둥이라고 소문나면 결혼 시장에서 인기가 떨어진다. 그런데 남자에 대한 시선과 여자에 대한 시선은 꽤 나 다르다. 많은 남자들과 섹스를 한 여자는 "헤픈 여자"라는 말을 듣는다. 심지어 "걸레"라는 아주 모욕적인 딱지가 붙기 도 한다. 반면 많은 여자들과 섹스를 한 남자는 "영웅호색英雄 好色"이라는 부러움이 담긴 칭송을 들을 때도 있다.

　바람둥이 남자를 가리키는 표현 중에서 걸레에 맞먹을 정도 로 모욕적인 말은 찾기 힘들다. 바람둥이 여자를 가리키는 표 현 중에서 영웅호색에 맞먹을 정도로 높여주는 말은 찾기 힘 들다. 영어권에는 영웅호색과 일맥상통하는 "stud"가 있다. 원래 종마를 뜻하는 단어다. 종마는 좋은 유전자로 암말들을 임신시키기 위해 따로 관리하는 수말이다. 걸레와 일맥상통 하는 영어 단어는 창녀를 뜻하기도 하는 "slut"이다. 이런 이 중잣대의 기원은 무엇일까?

　아내가 바람을 피우면 남편이 남의 유전적 자식을 위해 엄 청난 시간과 에너지를 낭비할 가능성이 있다. 그러면 남자에 게 막대한 번식 손해로 이어진다. 반면 남편이 아무리 바람을 피우고 다녀도 아내의 뱃속에서 태어난 자식은 아내의 유전적 자식이다. 이런 면에서 볼 때 아내의 바람기가 남편에게 끼치는 피해는 남편의 바람기가 아내에게 끼치는 피해보다 훨씬 크다. 따라서 여자가 바람기 많은 남자를 싫어하는 정도에 비해 남자가 바람기 많은 여자를 싫어하는 정도가 더 크도록 진화했을 가능성이 있다. 그 때문에 바람기 많은 여자가 바람기 많은 남자보다 더 경멸 받는지도 모른다.

진화심리학자들은 인간이 일부다처제 사회에서 진화했다고 추정한다. 일부다처제에서 능력 있는 남자는 아내를 여러 명 맞이할 수 있는 반면 여자는 아무리 인기가 있더라도 남편이 한 명 밖에 없다. 이런 체제에서는 유부녀가 여러 남자와 자는 것은 도덕적으로 용납되지 않겠지만 유부남이 여러 여자와 자는 것은 용납될 수도 있다. 그 여러 여자가 모두 남자의 아내라면 말이다. 이 요인이 여자 바람둥이에 대한 도덕적 비난이 더 크도록 만들 수 있을 것 같다.

〈창녀가 존재하는 이유: 부모 투자 이론〉에서 이야기했듯이 남자보다 여자가 섹스에 신중하도록 진화했다고 가정해 보자. 여자는 되도록 우월하거나 자신을 사랑하는 남자하고만 섹스를 할 것이다. 남자는 섹스를 할 때 여자의 우월성이나 자신을 사랑하는지 여부를 덜 따질 것이다. 그렇다면 열등한 남자는 많은 여자와 섹스하기 힘들다. 반면 열등한 여자라도 마음만 먹으면 상대적으로 훨씬 쉽게 많은 남자와 섹스할 수 있다.

남자가 많은 여자와 잤다면 그 남자는 우월한 남자일 가능성이 높다. 세계적인 남자 스타들 중에는 "groupie 여자 사생팬이라는 뜻이지만 몸까지 주려는 경향을 암시한다"라고 불리는 여자 수백, 수천 명과 섹스를 하는 이들이 꽤 있다. 세계적으로 열등한 남자는 그럴 수 없다. "stud"나 "영웅호색"이라는 말의 기원을 여기에서 찾을 수 있을지도 모른다.

현대사회에서는 열등한 남자도 싸구려 창녀촌에 주기적으로 방문하면 아주 많은 여자와 잘 수 있다. 하지만 싸구려 창녀촌 단골손님에게 "stud"나 "영웅호색"이라는 훈장을 붙여주지는 않는다. 나름대로 재주가 있는 남자는 수많은 여자를 강간하고도 잡히지 않을 수 있다. 하지만 그런 경우에는 "영웅호색"이라는 훈장이 아니라 "발바리"라는 경멸과 증오가 섞인 별명이 따라 붙는다.

여자가 결혼을 할 때는 되도록 바람둥이가 아닌 남자를 고르는 것이 합리적이다. 하지만 정자만 얻기 위해 하룻밤 정사를 벌일 때는 바람둥이라 하더라도 큰 문제가 안 된다. 어차피 그 남자에게 남편 역할을 기대하는 것이 아니기 때문이다. 〈여자의 바람기: 좋은 유전자〉에서 이야기했듯이 그럴 때는 얼마나 우월한 남자인지를 평가하는 데 더 집중하는 것이 합리적이다. 남자가 수많은 여자와 잤다면 우월할 남자일 가능성이 높다. 따라서 하룻밤 정사의 맥락에서는 그런 남자가 여자들에게 인기가 있을 수 있다.

바람기 많은 여자의 경우는 어떨까? 하룻밤 정사에서는 여자가 바람기가 많다 하더라도 남자에게 큰 손해가 아니다. 어차피 그런 관계에서는 남자가 여자와 여자의 자식을 열심히 돌보지 않기 때문이다. 하룻밤 정사를 통해 임신으로 이어지면 남자에게는 번식 대박이다. 자식을 자궁 안과 밖에서 키우는 부담은 그 여자와 그 여자의 남편이 떠안는다.

하룻밤 정사의 맥락에서 바람둥이 여자가 남자에게 인기가 있을 만한 이유가 있다. 바람둥이 여자는 남자의 섹스 요구에 쉽게 응하는 경향이 있다. 남자의 입장에서 보면 큰 투자를 안 하고도 섹스를 할 수 있는 것이다. 섹스에 성공할 확률도 높다. 반면 정조를 지극히 중시하는 여자를 상대로 하룻밤 정사를 시도하는 것은 바보 같은 짓이다. 만 번 찍어도 안 넘어갈 나무에 도끼질 하는 것은 시간 낭비일 뿐이다.

바람둥이 여자가 여러 남자와 섹스를 하는 경향이 있기 때문에 어떤 남자가 섹스에 성공하더라도 그 남자의 자식을 임신할 확률이 상대적으로 떨어진다. 이것은 바람둥이 여자가 남자에게 인기가 없을 말한 이유다. 이 문제를 정확히 해명하려면 "여자가 바람둥이라서 남자가 섹스에 쉽게 성공할 수 있다"라는 요인과 "여자가 바람둥이라서 남자가 그 여자와 섹스를 하더라도 그 남자의 자식을 임신할 확률이 떨어진다"라는 요인을 종합해서 평가해야 한다.

정량 분석quantitative analysis이 필요한 것이다. 이럴 때 필요한 것이 수학적 모형mathematical model이나 컴퓨터 시뮬레이션computer simulation이다. 물론 이 책에서 그렇게 깊게 들어가리라 기대하면 안 된다. 어쨌든 만 번 찍어도 안 넘어갈 것 같은 여자보다는 바람둥이 여자와 하룻밤 정사를 벌이려 시도하는 것이 남자의 입장에서는 합리적이다.

정신분석에는 성녀-창녀 콤플렉스Madonna-whore complex라는 용어가 있다. 남자가 창녀 같은 여자에게는 성적으로 흥분하고 정작 사랑하는 여자에게는 흥분하지 않는 현상을 가리킨다. 성녀-창녀 이분법Madonna-whore dichotomy이라는 말은 정신분석 밖에서도 쓰인다. 이때 "사랑하는 여자에게는 아예 성적으로 흥분하지 않는다"는 의미는 보통 배제된다.

"whore"는 "prostitute"보다 속된 말이기 때문에 "성녀-창녀"보다는 "성녀-갈보"라고 번역하는 편이 나은지도 모른다. 하지만 많은 한국 남자들의 공감을 얻을 수 있는 번역은 "성녀-창녀"도 "성녀-갈보"도 아니라 "청순-걸레"일 것이다.

남자의 입장에서 볼 때 결혼을 할 때는 되도록 바람기 없는 여자를 선택하는 것이 합리적이다. 하지만 하룻밤 정사를 시도할 때는 바람기가 많은 여자를 선택하는 것이 나을 수도 있다. 그렇다면 성녀 같이 청순한 여자에게는 상대적으로 사랑에 빠지기 쉽고 창녀 같이 헤픈 여자에게는 상대적으로 정욕을 느끼기 쉽도록 남자가 진화했을 가능성이 있다. 이것이 성녀-창녀 이분법의 기원인지도 모른다.

참고문헌

「그리고 남자가 원하는 것」, 『욕망의 진화: 사랑, 연애, 섹스, 결혼. 남녀의 엇갈린 욕망에
　　담긴 진실(The evolution of desire: strategies of human mating)』, 데이비드 버스 지음,
　　전중환 옮김, 사이언스북스, 2007

「하룻밤의 정사」, 『욕망의 진화: 사랑, 연애, 섹스, 결혼. 남녀의 엇갈린 욕망에 담긴 진실
　　(The evolution of desire: strategies of human mating)』, 데이비드 버스 지음, 전중환
　　옮김, 사이언스북스, 2007

「5. 남자의 장기적 짝짓기 전략」, 『진화심리학: 마음과 행동을 탐구하는 새로운 과학
　　(Evolutionary psychology: the new science of the mind)』, 데이비드 버스 지음, 이충호
　　옮김, 최재천 감수, 웅진지식하우스, 2012

「6. 단기적 성 전략」, 『진화심리학: 마음과 행동을 탐구하는 새로운 과학(Evolutionary
　　psychology: the new science of the mind)』, 데이비드 버스 지음, 이충호 옮김, 최재천
　　감수, 웅진지식하우스, 2012

「7. Choosing mates」, 『Male, female: the evolution of human sex differences』, David C.
　　Geary, American Psychological Association, 2010(2판)

상폐녀와 영계: 폐경과 노화의 진화

상장폐지는 공식 주식시장에서 퇴출되는 걸 말한다. 그런 주식은 휴지 조각이 되기 쉽다. "상폐녀"는 "상장폐지된 여자"의 줄임말이다. 여자가 나이가 많으면 상장폐지된 주식 신세가 된다는 뜻이다. 왜 상폐남이 아니라 상폐녀인가? 왜 짝짓기 시장에서 남자의 젊음보다 여자의 젊음이 중요한가? 여기에서 짝짓기mating는 섹스, 연애, 결혼을 포괄하는 의미로 썼다.

여자의 나이를 묻는 것은 실례라고들 한다. 왜 실례인가? 여자가 자기 나이를 밝히고 싶어 하지 않기 때문일 것이다. 왜 밝히고 싶어 하지 않나? 나이 많은 여자는 짝짓기 시장에서 인기가 없기 때문일 것이다. 여자의 나이를 묻는 것은 실례라는 점잖은 말과 상폐녀라는 노골적인 말은 이런 면에서 일맥상통한다. 노처녀를 딸로 둔 부모는 딸이 나이가 들수록 인기가 급격히 떨어진다는 점을 걱정한다. 이런 걱정과 상폐녀에 대한 조롱도 일맥상통하는 면이 있다. "나이 많은 여자는 인기가 없다"는 인식이 배경에 깔려 있는 것이다. 남자는 영계를 좋아한다는 말도 마찬가지다.

여자에게는 폐경이 있다. 45~55세에 갑자기 배란을 멈추어서 더 이상 임신할 수 없다. 폐경이 지난 여자와 섹스하는 것은 남자의 번식에 별 도움이 안 된다. 따라서 남자가 짝짓기의 맥락에서는 폐경이 지난 여자를 상장폐지된 주식 보듯하도록 진화했으리라 기대할 만하다. 짝짓기 시장에서 할머니는 인기가 없다. 할머니는 강간당하는 일도 별로 없다.

반면 남자들의 번식 능력은 여자처럼 일정한 시기에 한꺼번에 사라지지 않는다. 80살이 넘었는데도 여자를 임신시킬 수 있는 남자들도 꽤 많다. 이런 생리적 남녀 차이 때문에 남자가 여자보다 상대방의 젊음을 더 중시하도록 진화했으리라 기대할 만하다.

남자의 입장에서 볼 때 폐경 이전의 여자와 짝짓기하기만 하면 상관없는 걸까? 적어도 결혼의 경우에는 40대보다 20대를 선택하는 것이 나아 보인다. 40대 초반과 결혼한 남자와 20대 초반과 결혼한 남자를 비교해 보자. 원시사회에서 40대 초반 여자는 아이를 한두 명 더 낳은 이후에 보통은 폐경이 온다. 반면 20대 초반 여자는 앞으로 아이를 훨씬 더 많이 낳을 수 있다.

남자가 마트에서 물건 사듯이 결혼 상대를 쉽게 구해서 재혼할 수 없다면 20대 초반과 결혼한 남자가 40대 초반과 결혼한 남자에 비해 평균적으로 더 잘 번식할 것이다. 당장 아이를 낳을 수 있는지도 중요하지만 앞으로 몇 명 더 낳을 수 있는지도 중요하다. 따라서 남자가 적어도 결혼 상대를 고를 때는 폐경 이전과 이후를 구분하는 것에 그치지 않고 앞으로 몇 명을 더 낳을 수 있는지에 따라 상대방의 가치를 평가하도록 진화했으리라 기대할 만하다.

이것은 남자가 "이 여자가 앞으로 아이를 몇 명 더 낳을 수 있을까?"라는 질문을 의식적으로 던지고 그 추정치에 따라 결혼할지 여부를 결정하도록 진화했다는 가설이 아니다. 남자가 "이 여자가 40대 초반이니까 앞으로 아이를 한두 명 밖에 못 낳겠군"과 같은 생각을 할 필요는 없다. 원시부족에는 주민등록증이 없으며 자신과 남의 나이를 문명국가에서처럼 정확히 알지도 못한다. 많은 원시부족에서 숫자를 "하나, 둘, 많다"와 같은 식으로 센다. 따라서 얼굴, 몸매, 몸짓, 목소리, 냄새 등을 통해 여자가 얼마나 젊은지 무의식적으로 평가하도록 남자가 진화했으리라 기대할 만하다.

위에 "남자가 마트에서 물건 사듯이 결혼 상대를 쉽게 구해서 재혼할 수 없다면"이라는 구절이 있다. 만약 이혼율과 재혼율이 엄청나게 높다면 40대 여자와 결혼하는 것이 20대 여자와 결혼하는 것에 비해 남자의 번식에 그리 큰 지장을 주지 않을 수 있다. 아내가 폐경이 되면 이혼하고 더 젊은 여자와 재혼하면 되기 때문이다. 일부다처제 사회에서는 젊은 여자를 또 아내로 맞이하는 길도 있다.

여자의 나이와 관련된 남자의 선호에 대한 진화 시나리오를 더 정확히 제시하기 위해서는 과거 원시사회의 이혼율과 재혼율도 알아야 할 것이다. 이것을 정확히 알아내기는 힘들다. 현존 원시사회를 살펴보거나 다른 정보를 통해 대충 추정할 수 있을 뿐이다. 이렇게 과거 환경에 대한 정보가 불확실하면 진화 가설의 신뢰도는 떨어지기 마련이다.

하룻밤 정사의 경우에는 어떨까? 남자가 이런 경우에도 40대보다 20대를 선호해야 할 이유가 있다. 여자의 생리적 능력은 20대 이후로 점점 떨어진다. 임신, 출산, 수유 능력이 나이가 들수록 떨어지게 되는 것이다. 나이 많은 여자가 자식을 낳으면 기형아 등 문제가 생길 확률도 높다. 이 때문에 남자가 결혼 같은 장기 짝짓기 뿐 아니라 하룻밤 정사 같은 단기 짝짓기에서도 40대보다 20대를 선호하도록 진화했을 것이라고 생각하는 사람들이 있다.

그런데 아이를 잘 키우는 데 생리적 능력만 필요한 것은 아니다. 경험도 중요하다. 그리고 40대가 20대보다 경험이 풍부하다. 이것은 남자가 단기 짝짓기의 맥락에서 40대를 20대보다 선호하도록 만드는 요인이 될 수 있다. 우리 조상이 진화하는 과정에서 이와 관련하여 생리적 요인과 경험 요인 중에 어느 쪽이 더 크게 작용했을까? 나는 이것을 그럴 듯하게 정량 분석한 연구를 본 기억이 없다. 이럴 때 나는 "잘 모르겠다"라고 답한다.

어쨌든 남자는 하룻밤 정사의 맥락에서도 40대보다 20대를 좋아하는 것 같다. 남자는 결혼을 위해 맞선을 볼 때도, 나이트 클럽에서 하룻밤 정사를 노리며 부킹을 할 때도 40대보다 30대를 선호하고, 30대보다 20대를 선호하는 패턴을 보인다.

따라서 경험 요인이 생리적 요인보다 덜 중요했기 때문에 남자가 하룻밤 정사에서도 20대를 선호하도록 진화했으리라 짐작해 볼 수는 있을 것이다.

하지만 이런 짐작이 경험 요인과 생리적 요인에 대한 정량 분석을 완전히 대신할 수는 없다. 확실한 해명을 위해서는 그런 정량 분석에 도전해야 한다. 하지만 이것은 미래의 진화심리학자에게 맡길 일이지 이 책을 읽는 초보자가 나설 일은 아니다.

상폐남이 아니라 상폐녀인 이유를 폐경을 끌어들여 설명했다. 그런데 폐경은 왜 오는 걸까? 번식 경쟁에서는 자식을 되도록 많이 낳아서 키워야 유리하다. 폐경은 스스로 자식 낳기를 포기하는 것이다. 뭔가 이상하다. 얼핏 생각해 보면 폐경의 진화는 자연선택 이론과 충돌하는 것 같다.

노화가 어느 정도 이상 진행되면 여자가 임신, 출산, 수유의 부담을 이겨내기 힘들어지는 시기가 온다. 사람에 따라 환경에 따라 다르겠지만 결국 그런 시기가 올 수밖에 없다. 노화가 아주 많이 진행된 상태에서 임신하면 임신, 출산, 수유의 부담을 견뎌내고 자식이 어른이 될 때까지 성공적으로 키울 가능성이 매우 낮다.

하지만 가능성이 낮더라도 시도도 안 해보고 포기하는 것보다는 시도라도 해 보는 것이 더 나은 전략이 아닐까? 밑져야 본전 아닌가? 노화가 많이 진행된 상태에서 임신 했을 때 잃을 것이 전혀 없다면 자식을 성공적으로 낳아서 키울 가능성이 1%밖에 안 되더라도 임신을 하는 것이 합리적이다.

인간사회에서 할아버지가 되면 여자를 임신시킬 확률이 많이 떨어진다. 임신 가능한 나이인 여자가 할아버지와 섹스를 하려는 경우는 드물다. 그래도 남자의 생식 능력은 여자의 폐경처럼 일정한 시기에 사라지지 않는다. 작은 확률이라도 붙잡을 수 있도록 고환과 음경의 생식 능력을 유지했던 할아버지가 그렇지 않았던 할아버지보다 약간이라도 더 잘 번식했기 때문에 그렇게 진화한 듯하다. 엄밀하게 따지려면 고환과 음경의 생식 능력을 유지하는 데 드는 비용과 여자를 임신시킴으로써 얻는 이득을 정량 분석해야 하겠지만 말이다.

나이가 많은 여자가 임신하면 상당히 크게 잃을 것이 있다. 현존 원시사회에서 여자는 3~4년마다 임신을 한다. 임신 기간이 약 9개월이다. 그리고 2~3년 동안 젖을 먹이는데 그 동안에는 임신이 억제된다. 아마 우리 조상도 비슷했을 것이다. 새로 임신할 때가 되면 막내의 나이가 2~3세다. 부모의 도움 없이 스스로 살아가기에는 너무 어린 나이다.

어머니가 새로 임신했는데 임신, 출산, 수유의 부담을 견디지 못하고 죽거나 중병에 걸리면 막내를 비롯한 어린 자식들의 생존이 크게 위협받는다. 현대 복지사회에서는 부모 잃은 어린아이를 국가에서 꽤나 잘 먹여 주지만 원시사회에는 고아원이 없다. 여자는 자기 자식뿐 아니라 손자나 조카를 돌볼 수도 있는데 새로 임신해서 문제가 생기면 그러기 힘들다. 밑져야 본전이 아닌 것이다. 이런 식으로 손해를 보기 때문에 여자가 일정한 나이가 되면 임신을 포기하도록 진화했는지도 모른다.

우리 조상은 마트에서 음식을 쉽게 구할 수 있고, 안락한 집에서 편히 지낼 수 있는 산업사회에서 진화하지 않았다. 언제 맹수를 만날지 모르고, 음식을 구하기도 만만치 않고, 다른 부족과 심각한 갈등이 생길 수도 있고, 늘 이동하면서 살았다. 따라서 새로 자식을 낳는 것보다는 임신을 포기하고 기존 자식이나 손자나 조카를 돌보는 일에 집중하는 편이 번식에 더 유리한 시기가 50세쯤에 온다고 해도 그리 놀랄 일이 아니다.

나이 많은 여자가 새로 임신하는 대신 손자를 돌보는 데 집중할 수 있다는 점에 초점을 맞춘 가설을 "할머니 가설"이라고 하고, 기존 자식을 돌보는 데 집중할 수 있다는 점에 초점을 맞춘 가설을 "어머니 가설"이라고 한다. 조카 돌보기에 초점을 맞춘 가설을 "이모 가설이럴 때는 이모와 고모를 포괄하는 'aunt'라는 단어가 있는 영어가 더 편리하다"이라고 부를 수 있겠지만 "이모 가설"에 대해서는 들어본 기억이 없다.

폐경의 진화에서 어머니로서 한 역할이 더 중요했을까? 할머니로서 한 역할이 더 중요했을까? 이모 또는 고모로서 한 역할은 무시해도 될 정도였을까? 내 느낌으로는 세 가지 역할 모두 무시할 수 없을 정도로 중요했을 것 같다. 한 가지 역할만 강조하는 "할머니 가설"이나 "어머니 가설"은 별로 마음에 들지 않는다.

위에서 제시한 폐경의 진화 시나리오에는 노화가 전제되어 있다. 인간을 포함한 온갖 동물들은 늙기 마련이다. 왜 그럴까?

『마시멜로 이야기』에는 아이들에게 마시멜로를 나누어 주는 이야기가 나온다. 아이에게 마시멜로를 하나 준다. 그것을 바로 먹을 수도 있지만 15분 동안 먹지 않고 기다리면 마시멜로를 하나 더 준다고 이야기해 준다. 당장 먹으면 하나를 먹을 수 있지만 15분을 기다리면 두 개를 먹을 수 있다. 이럴 때는 15분을 기다렸다가 먹는 것이 유리하다. 지금 바로 소비하지 않고 미래를 위해 기다리는 것이 좋은 것이다. 동물이 진화하는 세계에는 이것과는 반대되는 측면이 있다.

우선 "불사"와 "불로장생"부터 구분하자. 불사는 어떤 일이 있어도 죽지 않음을 뜻하는 반면 불로장생은 늙지 않아서 아주 오래 사는 것을 뜻한다. 신화에 등장하는 신들은 불사를 누릴 수 있지만 실제 세상에서는 설사 전혀 늙지 않더라도 죽는 일이 생긴다. 젊고 건강한 동물도 사고, 질병, 포식자 때문에 죽을 수 있다.

어떤 종의 동물이 1년에 한 번씩 자식을 낳는다고 하자. 그리고 젊은 동물도 1년 동안 40% 정도는 이런 저런 이유로 죽는다고 하자. 동물이 쓸 수 있는 자원은 한정되어 있다. 그 자원 중 어느 정도를 현재를 위해 쓰고 어느 정도를 미래를 위해 쓸 것인지 결정해야 한다. 현재의 번식을 위해 쓴다면 올해에 짝짓기를 더 잘 해서 더 우월한 자식을 더 많이 낳을 수 있다. 노화를 줄이기 위한 노력은 미래의 번식을 위한 투자라고 볼 수 있다. 노화를 줄일수록 다음 번식기까지 생존할 확률이 높다. 다음 번식기가 올 때 더 젊고 건강한 상태이기 때문에 더 잘 번식할 수 있다.

그런데 미래를 위해 투자하는 자원 중 일부는 새어 나갈 수밖에 없다. 설사 노화가 전혀 일어나지 않는다 하더라도 어차피 내년까지 살아남을 확률이 60%밖에 안 된다. 다음 번식기가 오기 전에 죽어 버리면 노화 억제를 위해 투자한 자원이 번식을 통해 회수될 수 없다. 이런 요인은 동물이 미래보다는 현재에 투자를 더 많이 하도록 만들 수 있다. 노화를 막는 것보다는 현재 더 잘 번식할 수 있도록 하는 방향으로 진화하게 될 수 있는 것이다. 노화 방지에 덜 투자할수록 더 빨리 늙을 것이다.

노화를 막기 위한 투자를 은행 예금에 비유해 보자. 1년 후에 전체 은행들 중 절반이 망한다고 하자. 그리고 은행이 망하면 예금을 몽땅 날리게 된다고 하자. 은행에 예금하고 싶겠는가? 은행 말고 돈을 보관할 길이 없다고 가정해 보자. 은행이 도산할 확률이 높을수록 "차라리 당장 돈을 써 버리자"라는 심리가 커질 것이다. 여기에서 당장 소비하는 것은 당장의 번식을 위한 투자에 대응하며 은행 예금은 노화를 막기 위한 투자에 대응한다.

1년 동안 죽을 확률이 낮을수록 그런 압력이 작다. 따라서 사고, 질병, 포식자에 의한 사망률이 낮은 종은 사망률이 높은 종에 비해 미래를 위해 더 많이 투자하는 것이 합리적이다. 미래를 위해 더 많이 투자할수록, 즉 노화 방지를 위해 더 많이 투자할수록 장수할 것이다. 실제로 덩치가 커서 포식자에게 잡혀 먹힐 가능성이 낮은 코끼리나 황새가 오래 산다. 등딱지의 보호를 받아서 잡혀 먹힐 확률이 낮은 거북이는 장수로 유명하다. 반면 쥐처럼 포식자에게 상대적으로 쉽게 잡혀 먹는 종은 빨리 늙는다.

〈창녀가 존재하는 이유: 부모 투자 이론〉에 등장했던 조지 윌리엄스는 노화의 진화를 해명하는 데에도 크게 기여했다. 1957년에 발표한 「Pleiotropy, natural selection, and the evolution of senescence 다면발현, 자연선택 그리고 노화의 진화」가 바로 그 논문이다. 어차피 건강하더라도 사고, 질병, 포식자 때문에 죽을 수 있으니까 미래를 위한 투자 중 일부가 소실된다는 아이디어도 이 논문에 나온다. 초보자에게는 쉬운 논문이 없겠지만 그래도 이 논문은 상대적으로 쉬운 편이다.

20세기 초반까지만 해도, 늙어 죽지 않으면 미래 세대가 살아갈 땅이 없어지기 때문에 미래 세대를 위해 노화가 진화했다는 식의 이야기가 판을 치고 있었다. 자연선택 이론에 비추어 볼 때 순진하기 짝이 없는 가설이다. 자연선택은 더 잘 번식하는 쪽이 이기는 경쟁이지 미래 세대를 더 걱정해 주는 쪽이 이기는 경쟁이 아니다. 진화의 방향이 미래 세대를 망치든, 페미니스트에게 걱정거리를 안겨주든 자연선택은 "신경 쓰지" 않는다. 근본적 물리법칙에 따라 돌아갈 뿐이며 보살펴주는 자상한 신이 존재하지 않는 우주의 모습이다.

쥐처럼 한 번에 자식을 많이 낳는 종은 굳이 오래 살아서 더 낳을 필요가 없기 때문에 빨리 죽는다고 주장하는 사람도 있다. 그래도 종은 유지된다는 것이다. 하지만 멸종할 위험이 없다고 자연선택이 멈추는 것은 아니다. 이제 자식을 많이 낳았으니까 더 오래 살 필요가 없다는 생각으로 곧 죽는 쥐가 있다고 하자. 더 오래 살 수 있음에도 불구하고 말이다. 다른 쥐는 계속 살아남아서 악착같이 자식을 더 많이 낳는다고 하자. 누가 번식 경쟁에서 이길 것 같은가?

지금까지 "결혼 시장", "짝짓기 시장"이라는 용어를 여러 번 썼다. 이것은 "부모 투자"만큼이나 페미니스트에게 거부감을 줄 수 있는 말이다. 성과 사랑의 상품화를 암시하기 때문이다. 페미니스트는 성의 상품화를 온몸으로 거부한다.

상품 시장에서는 품질 좋은 상품이 높은 가격에 팔릴 수 있다. 합리적 소비자는 상품의 품질을 꼼꼼히 살펴서 불량품을 사거나 품질에 비해 너무 높은 가격을 내지 않도록 조심한다. 짝짓기에도 비슷한 면이 있다. 남자든 여자든 상대방의 "품질"을 꼼꼼히 살피는 것이 합리적이다. 잘 번식하기 위해서는 상대방이 얼마나 우월한지, 얼마나 착한지, 얼마나 젊은지 따져야 하는 것이다. 따라서 품질 좋은 상품이 상품 시장에서 인기 있듯이 우월하고 착하고 젊은 사람이 짝짓기 상대로서 인기가 있으리라 기대할 수 있다.

품질 좋은 상품이 상품 시장에서 인기 있는 이유는 소비자의 욕망을 더 잘 만족시켜 주기 때문이다. "품질" 좋은 인간이 짝짓기 상대로서 인기 있는 이유는 "소비자"의 번식 또는 유전자 복제에 도움이 되기 때문이다. 우월한 남자는 여자에게 우월한 자식을 안겨줄 수 있다. 우월하고 젊은 남자는 아내와 아내의 자식을 더 잘 돌볼 수 있다. 착한 남자는 바람을 덜 피우며 아내와 아내의 자식을 더 열심히 돌본다.

우월한 사람은 인기가 있기 때문에 상대방에게 더 많은 것을 요구할 수 있다. 이것은 품질 좋은 상품을 가진 판매자가 소비자에게 더 많은 돈을 요구할 수 있는 것과 마찬가지다. 품질 좋은 상품이 높은 가격을 얻는 경향이 있듯이 우월한 남자는 우월한 여자를 얻는 경향이 있다. 이런 점들을 생각해 볼 때 결혼 시장이나 짝짓기 시장이란 용어가 크게 이상할 것은 없다.

페미니스트가 인간의 상품화 또는 성의 상품화를 아무리 반대해도 인간의 욕망이 번식에 유리한 방향으로 진화했다면 짝짓기 시장의 형성을 막기 힘들다. 이것은 공산주의자가 시장에 아무리 반대해도 인간이 되도록 낮은 가격으로 품질 좋은 상품을 사고 싶어 한다면 상품 시장이 사라지기 힘든 것과 마찬가지다. 인간에게 짝짓기의 자유 또는 상품 구매의 자유가 있다면 시장이 생기기 마련이다.

참고문헌

「그리고 남자가 원하는 것」, 『욕망의 진화: 사랑, 연애, 섹스, 결혼. 남녀의 엇갈린 욕망에
　　담긴 진실(The evolution of desire: strategies of human mating)』, 데이비드 버스 지음,
　　전중환 옮김, 사이언스북스, 2007

「5. 남자의 장기적 짝짓기 전략」, 『진화심리학: 마음과 행동을 탐구하는 새로운 과학
　　(Evolutionary psychology: the new science of the mind)』, 데이비드 버스 지음, 이충호
　　옮김, 최재천 감수, 웅진지식하우스, 2012

「2. Life history theory and evolutionary psychology」, Marco Del Giudice, Steven W.
　　Gangestad & Hillard S. Kaplan, 『The handbook of evolutionary psychology: 1.
　　foundations』, David M. Buss 편집, Wiley, 2016(2판)

『마시멜로 이야기(Don't eat the marshmallow...yet!)』, 호아킴 데 포사다 & 엘렌 싱어 지음,
　　공경희 옮김, 21세기북스, 2016(원본 완역)

『인간은 왜 늙는가: 진화로 풀어보는 노화의 수수께끼(Why we age : what science is
　　discovering about the body's journey through life)』, 스티븐 어스태드 지음, 최재천 &
　　김태원 옮김, 궁리, 2005

「3. Life history theory and human development」, Stephen C. Stearns, Nadine Allal
　　& Ruth Mace, 『Foundations of evolutionary psychology』, Charles Crawford &
　　Dennis Krebs 편집, LEA, 2007

「The origin of menopause: why do women outlive fertility?」, Tabitha M. Powledge,
　　『Scientific American』, 2008

「Pleiotropy, natural selection, and the evolution of senescence」, George C. Williams,
　　『Evolution』, 1957

왜 남자가 감옥에 많이 갈까?
: 부모 투자 이론의 재등장

2014년 대한민국 전체 수형자 35,098명 중 여자는 1,783명에 불과했다. 5% 정도 밖에 안 된다. 대한민국만 그런 것이 아니다. 전 세계적으로 감옥에는 주로 남자들이 갇혀 있다. 남자는 과속, 신호 위반, 음주운전도 많이 한다. 싸움도 남자가 많이 한다. 강도, 강간, 성추행도 가해자는 주로 남자다. 살인자도 압도적으로 남자가 많다. 남자는 여자보다 겁이 없고 사납고 규범을 잘 어긴다. 왜 그럴까?

인간은 포유류이며 남자 한 명이 단기간에 여자 여러 명을 임신시킬 수 있다. 그 기간 동안 여자를 임신시키지 못하는 남자들이 그만큼 있다는 뜻이다. 남자와 여자가 태어나는 비율이 대체로 1:1이기 때문에 이것은 수학적으로 불가피하다. 전쟁으로 남자가 여자보다 훨씬 더 많이 죽어서 남녀 비율이 심하게 깨지는 것처럼 예외적인 상황이 아니라면 말이다. 한 남자가 여자 5명을 임신시킨다면 그 동안 여자를 임신시키지 못하는 남자가 4명 정도는 있게 마련이다.

왜 남녀 비율이 1:1 정도인가? 항상 그런 것은 아니지만 동물의 암수 비율은 대체로 1:1이다. 포유류의 경우 임신과 수유를 암컷이 한다. 인간처럼 부성애가 대단해서 아버지도 자식을 위해 많은 일을 하는 종도 있지만 포유류 대다수 종에서는 수컷이 정자 제공 말고 자식을 위해 하는 일이 별로 없다. 그런 종에서는 수컷의 수가 암컷보다 훨씬 적어도 종의 보존이라는 측면에서는 별 문제가 없어 보인다. 그럼에도 불구하고 수컷의 수가 암컷과 비슷하다. 왜 그럴까?

종의 번성이라는 관점에서 보면 암컷만큼이나 많은 수컷은 낭비로 보인다. 온갖 측면에서 서로 비슷한 동물 두 종이 있다고 하자. 한 종 E의 암수 비율은 1:1 정도이고 다른 종 S의 암수 비율은 9:1 정도라고 하자E: equal, S: skewed. S의 경우 수컷 한 마리 당 암컷이 9마리 정도인 것이다. 두 종 모두 수컷이 정자 제공 말고 자식을 위해 하는 일이 거의 없다고 하자. 어느 종이 멸종할 가능성이 높을까?

E도 1만 마리, S도 1만 마리 있다고 하자. E는 암컷이 5천 마리 정도고 수컷이 5천 마리 정도다. S는 암컷이 9천 마리 정도고 수컷이 1천 마리 정도다. 그런데 대재앙이 닥쳐서 90%가 골고루 죽었다고 하자. E는 암컷이 5백 마리 정도 남았고 수컷이 5백 마리 정도 남았다. S는 암컷이 9백 마리 정도 남았고 수컷이 1백 마리 정도 남았다. E는 암컷 5백 마리가 자식을 낳을 수 있고, S는 암컷 9백 마리가 자식을 낳을 수 있다. 따라서 S가 더 빨리 개체수를 회복할 수 있다. E가 S보다 멸종하기 쉬운 것이다.

자연선택의 기준은 번식 또는 유전자 복제지 멸종 확률을 낮추는 것이 아니다. 개체의 입장에서 생각해 보자. 이번에도 수컷이 정자 제공 말고는 자식을 위해 하는 일이 거의 없는 포유류 종이다. 어느 시기에 태어나는 새끼들을 기준으로 볼 때 암컷이 수컷보다 10배 많다고 하자. 부모의 입장에서 볼 때 암컷을 낳는 것이 이득일까, 수컷을 낳는 것이 이득일까? 그 새끼들이 자라서 어른이 될 때 수컷은 평균적으로 암컷 10 마리를 임신시킬 수 있다. 왜냐하면 암컷이 수컷보다 10배나 많기 때문이다. 반면 암컷은 자기 혼자 임신할 수 있을 뿐이다. 평균적으로 수컷이 10배나 더 잘 번식한다. 따라서 암컷이 많을 때에는 수컷을 낳는 것이 유리하다.

이번에는 수컷이 암컷보다 10배 많다고 하자. 평균적으로 수컷은 암컷 0.1마리를 임신시킬 수 있다. 평균적으로 암컷 한 마리를 임신시키기 위해 수컷 10 마리가 경쟁하기 때문이다. 암컷이 수컷보다 10배 더 잘 번식한다. 수컷이 많을 때는 암컷을 낳는 것이 유리하다. 암컷이 많을 때는 수컷을 많이 낳는 것이 유리하고 수컷이 많을 때는 암컷을 많이 낳는 것이 유리하다. 따라서 암수의 숫자가 비슷해지는 방향으로 진화가 일어날 것이다.

더 엄밀하게 따지려면 부모가 암컷 자식 한 마리를 키우는 데 드는 비용과 수컷 자식 한 마리를 키우는 데 드는 비용을 계산해야 한다. 그 비용이 다를 때는 문제가 복잡해진다. 개미의 경우 단수배수성單數倍數性, haplodiploidy 이라는 독특한 유전 방식 때문에 성비와 관련하여 여왕개미와 일개미의 이해관계interest, 이해관심가 다르다. 하지만 이런 것들은 맛보기용 책에서 다루기에는 너무 골치 아프다.

성비가 대체로 1:1에 가깝게 진화하는 이유를 살펴보았다. 로널드 피셔Ronald Aylmer Fisher가 『The genetical theory of natural selection자연선택의 유전 이론』에서 제시한 아이디어다. 로널드 피셔, 존 홀데인John Burdon Sanderson Haldane, 슈얼 라이트Sewall Green Wright는 개체군 유전학population genetics, 집단 유전학의 기반을 닦은 삼총사로 불린다.

〈피는 물보다 진하다: 친족선택 이론 첫걸음마〉에 등장하는 윌리엄 해밀턴이 대학생 시절에 피셔의 이 책을 끼고 살다시피 했다고 한다. 진화심리학계에서 아주 중시하는 책이지만 어렵기로도 유명하다. 대단한 업적을 남긴 해밀턴도 낑낑대면서 읽은 책이다. 집에 책을 모셔 두고 폼을 잡는 것까지만 추천하겠다. 해밀턴만큼 똑똑한 사람이라면 모를까 괜히 읽어 보겠다고 나서다가는 상처만 받기 십상이다.

원래 하던 이야기로 돌아가 보자. 자궁은 정자에 비해 엄청나게 비싼 자원이다. 남자가 자궁을 얻지 못하는 경우는 생기기 쉽지만 여자가 정자를 얻지 못하는 경우는 별로 없다. 다른 말로 하면, 여자가 남자에게 섹스를 해 달라고 하면 상대적으로 쉽게 응하지만 남자가 여자에게 섹스를 해 달라고 할 때에는 거절하는 경우가 상대적으로 많다.

모로코의 왕 이스마일Ismail Ibn Sharif의 자식은 867명이나 되었다고 한다. 원시부족에서 이렇게 터무니없는 숫자는 불가능하다. 하지만 일부다처제인 원시사회에서 크게 성공적이었던 남자는 원시부족 여자의 최고 기록보다 훨씬 많은 자식을 보았을 것이다. 여자도 불임이라면 자식을 한 명도 못 볼 수 있다. 이것은 남자도 마찬가지다. 하지만 일부다처제 사회에서 남자의 경우 여자를 임신시킬 생리적 능력이 있다 하더라도 섹스를 전혀 또는 거의 하지 못해서 자식을 못 보는 경우도 꽤 많이 생길 수 있다. 결국 남자들 사이의 번식 편차가 여자들 사이의 번식 편차보다 훨씬 크다. 이것은 포유류의 일반적 패턴이다.

여기에서 짝짓기 체제도 중요하다. 일처다부제까지 고려해야 온전한 분석이 되겠지만 포유류에서 거의 찾아볼 수 없는 일처다부제는 제쳐 두자. 극단적인 일부일처제에서는 성비가 1:1에서 심하게 벗어나는 것처럼 특별한 이유가 없다면 수컷들 사이의 번식 편차와 암컷들 사이의 번식 편차가 거의 비슷할 것이다. 극단적인 하렘 체제에서는 으뜸 수컷 한 마리가 무리의 모든 암컷들의 섹스를 완전히 독점한다. 수컷들 사이의 번식 성공도가 극단적으로 갈린다. 으뜸 수컷이 되어서 "왕좌"를 오랜 기간 유지하면 막대한 번식 성공을 자랑한다. 반면 으뜸 수컷이 되지 못하고 죽는 수컷은 자식을 하나도 남기지 못한다. 수컷들 사이의 번식 편차가 암컷들 사이의 번식 편차에 비해 무지막지하게 크다.

남방코끼리바다표범southern elephant seal이 하렘 체제의 전형적인 사례다. 암컷 수십 마리로 이루어진 하렘의 절반 정도를 으뜸 수컷이 임신시킨다고 한다. 흰손긴팔원숭이 white handed gibbon 는 일부일처제를 이루며 산다. 고릴라는 그 중간 정도이며 통상적으로 일부다처一夫多妻 또는 이부다처二夫多妻 결혼을 한다. 현존 원시사회는 흰손긴팔원숭이와 고릴라의 중간 정도 된다. 일부다처제이긴 하지만 부인이 두 명 이상인 남자가 그리 많지 않다는 점에서 일부일처제에 꽤나 가깝다. 우리 조상도 비슷한 짝짓기 체제에서 진화했을 것 같다.

수컷들 사이의 번식 편차가 매우 큰 종에서는 짝짓기 경쟁에서 성공한 수컷이 막대한 번식 이득을 챙길 수 있다. 수컷의 입장에서는 짝짓기 경쟁에서 성공하기 위해 크게 투자하는 것이 합리적이다. 남방코끼리바다표범의 경우 으뜸 수컷이 되기 위한 결투가 짝짓기 경쟁의 핵심이다. 결투에서 이기기 위해서는 몸집이 크고 힘이 세야 한다. 실제로 수컷의 몸무게는 암컷의 세 배쯤이나 된다. 으뜸 수컷이 되기 위한 경쟁에서 이기기 위해 몸집에 많이 투자했기 때문일 것이다. 고릴라 수컷들 사이의 번식 편차는 남방코끼리바다표범보다는 작지만 그래도 상당히 큰 편이다. 고릴라 수컷들은 영역을 차지하고 방어하기 위해 몸싸움을 벌인다. 고릴라 수컷의 몸무게는 암컷의 두 배쯤 된다.

극단적인 일부일처제에 꽤나 가까운 흰손긴팔원숭이의 수컷들 사이의 번식 편차는 상대적으로 작다. 그리고 수컷의 몸무게는 암컷과 거의 비슷하다. 인간의 짝짓기 체제는 고릴라와 흰손긴팔원숭이의 중간 정도이며 남자가 여자보다 약간 더 무겁다. 이런 식으로 포유류에서 수컷들 사이의 번식 편차가 클수록 암수의 몸무게 차이가 크다. 수컷들 사이의 번식 편차가 큰 종일수록 수컷들 사이의 경쟁이 치열하다는 뜻이다. 그런 종일수록 수컷이 몸집 불리기에 더 많이 투자하는 경향이 있다.

경쟁에서 이기기 위한 투자에 몸집 불리기만 있는 것이 아니다. 위험 감수도 투자의 한 양상이다. 기업 A와 기업 B가 있다고 하자. 업종의 특성상 A는 법을 어기면서 영업을 하면 막대한 이윤을 얻을 수 있지만 B는 법을 어기더라도 큰 이익을 얻기 힘들다고 하자. 법을 어기다가 걸리면 감옥에 가거나 벌금을 물을 위험이 있다. A와 B중 어느 쪽이 법을 더 많이 어길 것이라고 기대할 수 있을까? 다른 조건이 같다면 A가 더 많이 어길 것이다. 수컷들도 마찬가지다. 위험을 감수함으로써 많은 암컷을 차지할 수 있는 짝짓기 체제에서는 위험을 더 많이 감수하도록 수컷이 진화하리라 기대할 만하다.

짝짓기 시장에서 수컷이 위험을 감수하며 하는 대표적인 행동이 몸싸움이다. 몸싸움에서 몸집과 힘만 중요한 것이 아니다. 공격성도 중요하다. 아무리 힘이 세더라도 너무 순하다면 싸움만 나면 물러설 것이다. 그런 수컷은 몸싸움에서 이기기 힘들다. 따라서 수컷들 사이의 번식 편차가 큰 종일수록 수컷이 더 공격적으로 진화하리라 기대할 만하다. 실제로 포유류는 그런 패턴을 보인다.

인간의 경우에도 남자의 몸집이 여자보다 크게 진화했듯이 남자가 여자보다 더 공격성을 띠도록 진화했으리라 기대할 만하다. 여자들 사이의 번식 편차보다는 남자들 사이의 번식 편차가 더 크기 때문이다. 실제로 남자는 여자보다 겁이 없고 사납다.

남자들 사이의 번식 편차가 여자들 사이의 번식 편차보다 더 크다는 점 말고도 고려할 것이 있다. 여자가 임신을 한다. 임신한 여자는 싸움에서 불리하다. 싸움을 하다가 태아에 문제가 생길 수 있다. 만삭일 때는 몸이 무거워서 싸움 능력이 크게 떨어진다. 원시사회에서는 갓난아기를 주로 어머니가 안고 다닌다. 갓난아기를 안고 있으면 역시 싸움에서 불리하다. 현대사회에는 자식을 아예 안 낳거나 한 두 명만 낳는 여자도 많다. 하지만 효과적인 피임 수단이 없었던 원시사회의 여자의 경우에는 폐경이 될 때까지 임신과 수유가 거의 끊이지 않고 반복될 수밖에 없었다.

임신한 여자가 죽으면 태아도 죽는다. 원시사회에서 여자가 죽으면 갓난아기인 그 여자의 자식도 곧 죽을 가능성이 매우 높다. 분유가 없는 사회에서는 모유가 없으면 갓난아기가 굶어죽기 십상이다. 반면 태아나 갓난아기의 유전적 아버지가 죽는다 해도 태아나 갓난아기의 생존에 그렇게 막대한 악영향을 끼치지는 않는다. 이것도 여자가 남자보다는 몸싸움을 적게 하도록 진화할 만한 이유다.

남자들은 툭 하면 싸운다. 길 가다가 꼬나봤다는 이유로 시비가 붙어서 싸우는 식으로 말이다. 사소한 시비에서 시작하여 대판 싸우다가 폭행죄로 감옥에 가는 일도 있으며 심지어 살인을 하기도 한다. 얼핏 보면 이런 행동은 비합리적으로 보인다. 한 번 꼬나본 것이 뭐가 대수라고 때로는 목숨까지 걸고 싸운단 말인가? 하지만 서열이나 지위의 관점에서 보면 사소한 일이 아닐 수도 있다.

침팬지 사회에서는 서열이 낮은 수컷이 높은 수컷에게 인사를 안 했다는 이유로 대판 싸우기도 한다. 침팬지 사회에서 서열이 낮은 자가 높은 자에게 하는 인사는 인간과 비슷하다. 자기 몸을 낮춤으로써 서열이 낮다는 점을 인정한다. 어떻게 보면 사소한 일이지만 인사를 하지 않는다는 것은 도전장을 던진 것으로 해석될 수 있다.

침팬지 사회에서 으뜸 수컷이 되면 막대한 번식 이득을 얻을 수 있다. 으뜸 수컷의 지위에서 내려오면 막대한 번식 손실로 이어진다. 따라서 서열에 대한 도전은 사소한 일이 아니다. 원시 인간사회에서 높은 지위가 침팬지 사회에서처럼 큰 번식 이득으로 이어졌을 것 같지는 않지만 만만치 않게 중요했을 것이다.

위험 감수에는 몸싸움만 있는 것이 아니다. 남들이 보는 앞에서 높은 나무 위에 올라갈 수도 있고, 위험한 동물을 사냥할 수도 있다. 위에서 언급한 기업의 사례에서처럼 규범을 어기는 것도 위험 감수로 볼 수 있다. 남의 아내를 꼬셔서 섹스를 하거나, 남의 아내를 강간하거나, 물건을 훔치거나, 폭력을 써서 물건을 빼앗는 등의 행위는 인간사회에서 규범 위반으로 여겨진다. 하지만 이런 행위를 통해 번식 이득을 꾀할 수 있다. 물론 남들한테 들키면 처벌을 당할 수 있다.

부상의 위험을 무릅쓰고 몸싸움을 하는 것이나 처벌의 위험을 무릅쓰고 규범을 어기는 것이나 무언가 이득을 얻기 위해 위험을 감수한다는 면에서는 비슷하다. 남자가 번식 경쟁에서 성공하기 위해 위험을 더 많이 감수하도록 진화했다면 규범도 더 많이 어길 것이라고 기대할 수 있다. 이것이 남자가 감옥에 많이 가는 이유인지도 모른다.

지그문트 프로이트Sigmund Freud는 1925년에 「성의 해부학적 차이에 따른 심리적 결과」라는 논문을 발표했다. 프로이트는 이 논문에서 남녀의 해부학적 차이에서 출발한다. 남자에게는 음경이 있고 여자에게는 없다. 위에서 제시한 진화심리학 가설에서도 남녀의 생식기 차이에서 출발한다. 여자에게는 자궁이 있고 남자에게는 없다. 두 가설 모두 남녀의 생식기의 차이가 성격 차이로 이어진다고 분석한다.

진화심리학 가설에서는 〈창녀가 존재하는 이유: 부모 투자 이론〉에서 등장했던 부모 투자 이론이 남녀의 생식기 차이와 남녀의 성격 차이를 연결해 준다. 프로이트의 이론에서는 오이디푸스 콤플렉스Oedipus complex의 핵심인 거세 공포가 그 둘을 연결해 준다. 프로이트는 도덕성 발달도 오이디푸스 콤플렉스로 설명한다. 음경이 잘릴 것이라는 공포 때문에 남자아이가 규범을 받아들이게 된다는 것이다. 그런데 여자아이는 어차피 음경이 없다. 거세 공포와 관련해서 남자아이에 비해 걱정거리가 별로 없다. 따라서 규범을 받아들일 필요도 별로 없다. 그래서 여자의 도덕성 발달은 남자에 비해 지지부진하다는 것이 프로이트의 주장이다.

남자가 위험을 더 많이 감수하도록 진화했기 때문에 더 공격적이고 규범도 더 많이 어기게 된다는 진화심리학의 예측과는 반대다. 남자가 감옥에 훨씬 더 많이 감에도 불구하고 프로이트는 남자가 더 도덕적이라고 생각했다. 도덕성의 기준이 상당히 독특했던 모양이다. 아니면 감옥에 가는 남자가 다 누명을 썼거나 양심수였다고 믿은 걸까?

심지어 지저분한 것도 위험 감수로 볼 수 있다. 인간이 깨끗함을 추구하도록 진화한 이유는 깨끗할수록 대체로 위생적이기 때문일 것이다. 위생적일수록 바이러스, 세균, 기생충 등의 위험에 덜 노출된다. 남자는 여자보다 더 지저분한 것 같다. 이것도 남자가 여자보다 위험을 더 많이 감수하도록 진화했다는 가설로 설명할 수 있다.

남자가 여자보다 온갖 측면에서 위험을 더 많이 감수하도록 진화했다면 남자가 대체로 더 일찍 죽는 것이 그리 이상한 일이 아니다. 더 지저분하기 때문에 병에 걸리기 쉽다. 위험한 행동을 많이 하면 사고를 당하기 쉽다. 남자가 몸싸움을 더 많이 한다면 몸싸움과 관련된 스트레스를 더 많이 받게 된다. 몸싸움에 대비하여 여자보다 더 긴장한 상태에서 살아야 하기 때문이다. 스트레스는 건강에 해롭다. 몸싸움을 위해 생리적 투자를 더 많이 한다면 노화 방지를 위해 투자할 자원이 부족해질 수 있다. 여자가 임신, 출산, 수유라는 엄청난 부담을 지고 살아감에도 불구하고 남자가 더 일찍 죽는 것은 이런 이유 때문인 것 같다.

자연선택을 두고 생존 경쟁이라고 이야기할 때가 많다. 물론 다른 조건이 같다면 더 오래 살수록 진화 경쟁에서 유리하다. 생존을 해야 번식을 할 수 있으니까. 하지만 많은 경우 생존과 짝짓기가 충돌한다. 하렘 체제에서 으뜸 수컷이 되기 위한 싸움에 참여하면 생존 확률이 떨어진다. 그 싸움을 구경만 한다면 생존 확률은 올라가겠지만 짝짓기 기회를 얻기 힘들다.

짝짓기를 전혀 못해서 자손을 남기지 못하면 아무리 오래 살아도 자연선택의 기준으로 보면 완전히 망한 인생이 될 수 있다. 진화 경쟁에서 생존은 번식으로 이어질 때 의미가 있다. 이런 의미에서 자연선택의 핵심을 잘 드러내는 말은 생존 경쟁이 아니라 번식 경쟁이다.

생존 경쟁의 측면에서만 보면 수컷이 자신의 수명을 줄일 만한 일을 많이 하는 것이 비합리적이다. 하지만 번식 경쟁의 측면에서 보면 합리적일 때가 많다. 수명이 짧아지는 대가로 짝짓기 기회를 많이 얻을 수 있다면 수명이 짧아짐에도 불구하고 더 잘 번식할 수 있다.

참고문헌

「10. 공격성과 전쟁」, 『진화심리학: 마음과 행동을 탐구하는 새로운 과학(Evolutionary psychology: the new science of the mind)』, 데이비드 버스 지음, 이충호 옮김, 최재천 감수, 웅진지식하우스, 2012

「성의 해부학적 차이에 따른 심리적 결과(Einige psychische Folgen des anatomischen Geschlechtsunterschieds)」, 『성욕에 관한 세 편의 에세이: 프로이트 전집 7권』, 지그문트 프로이트 지음, 김정일 옮김, 열린책들, 2003

「[한국·한국인 그리고 범죄] 10년간 절도·강도범 6.2%p 줄고 경제사범 7.7%p 늘어나」, 양대근 기자, 『헤럴드경제』, 2016년 5월 18일

「Ismail Ibn Sharif(Wikipedia)」, https://en.wikipedia.org/wiki/Ismail_Ibn_Sharif

「Parental investment and sexual selection」, Robert Trivers, 『Sexual selection and the descent of man 1871-1971』, Bernard Campbell 편집, Aldine, 1972(『Natural selection and social theory: selected papers of Robert Trivers』에도 실려 있다)

「25. Sex differences in aggression」, Anne Campbell, 『The Oxford handbook of evolutionary psychology』, Robin I. M. Dunbar & Louise Barrett 편집, Oxford University Press, 2007

「VI. Sexual reproduction and sexual selection」, 『The genetical theory of natural selection』, Ronald A. Fisher, Oxford University Press, 1999(complete variorum edition)

「7. Sexual selection in relation to mating system and parental roles」, 『Sexual selection』, Malte Andersson, Princeton University Press, 1994

얼굴과 몸매를 보는 남자, 돈을 보는 여자
: 정량 분석의 중요성

성형수술도 여자가 많이 하고, 화장도 여자가 많이 한다. 헤어스타일과 옷에도 여자가 신경을 더 많이 쓴다. 왜 그럴까? 짝짓기 시장에서 남자가 여자에 비해 상대방의 얼굴과 몸매를 더 따지기 때문일 것이다. 왜 남자는 여자의 외모를 그렇게 중시하나? 왜 남자는 예쁜 여자만 보면 환장하나?

남자가 여자의 얼굴과 몸매를 보고 건강, 임신 능력, 수유 능력 등을 알아낼 수 있기 때문에 이런 성차가 생긴다고 이야기하는 진화심리학자들이 있다. 그들의 주장대로 여자의 얼굴과 몸매를 보고 그런 정보를 얻을 수 있다고 하자. 하지만 여자도 남자의 얼굴과 몸매를 보고 건강, 사냥 능력, 싸움 능력 등을 알아낼 수 있지 않을까? 실제로 여자도 남자만큼은 아니지만 상대의 얼굴과 몸매를 따진다.

짝짓기 시장에서 남자가 여자보다 상대방의 외모를 더 따지는 이유를 설명하기 위해서는 남자가 여자의 외모를 통해 알아낼 수 있는 것과 여자가 남자의 외모를 통해 알아낼 수 있는 것을 정량적으로 비교해야 한다. 그런데도 일부 진화심리학자들은 남자가 여자의 외모를 통해 알아낼 수 있는 것을 나열하는 것으로 만족하는 것 같다. 이런 식으로는 남자가 상대방의 외모를 따지는 이유만 해명할 수 있을 뿐이다. 남자가 여자보다 상대방의 외모를 "더" 따지는 이유에 대한 해명은 아니다.

헬륨을 채운 풍선이 위로 올라간다고 하자. 왜 그럴까? 여기에 대한 답변으로 "부력 때문에"라고 답한다고 하자. 이것으로 설명이 끝났다고 볼 수 있나? 공기 중에 쇠구슬을 가만히 놓으면 아래로 내려간다. 쇠구슬에는 부력이 작용하지 않나? 부력이 작용함에도 아래로 내려가는 것이다. 그 이유는 중력이 부력보다 크기 때문이다. 마찬가지로 풍선이 위로 올라가는 이유는 부력이 중력보다 크기 때문이다. 물리학자는 풍선과 쇠구슬의 질량과 부피를 알면 부력과 중력을 계산해서 위로 올라갈지 아래로 내려갈지 예측할 수 있다. 강력한 자석이나 회오리바람 등 문제를 복잡하게 하는 요인이 없다면 말이다.

물리학이 과학으로 크게 존중 받는 이유는 이런 식의 정량 분석을 통한 예측이 매우 정확하기 때문이다. 진화심리학계가 그렇게 존중 받고 싶다면 위와 같은 사례에서 정량 분석을 제시해야 한다. 만약 정량 분석을 제시하지 못한다면 "모른다"라고 답하는 것이 상책이다.

대체로 수컷에 비해 암컷이 자식을 위해 더 많이 투자한다. 그리고 그런 종에서는 수컷보다 암컷이 상대방의 외모를 더 따지는 것이 일반적 패턴이다. 이런 면에서 인간은 일반적 패턴에서 벗어난다. 여자가 남자에 비해 자식을 위해 더 많이 투자하는 종임에도 불구하고 오히려 남자가 여자보다 상대방의 외모를 많이 따진다. 왜 인간이 일반적인 패턴에서 벗어나는지 해명하기 위해서는 남자가 여자의 외모를 보고 이런저런 정보를 얻을 수 있다는 이야기만으로는 부족하다.

인간의 경우 남자도 자식을 위해 투자를 많이 한다. 인간의 부성애가 모성애보다는 작겠지만 침팬지처럼 수컷이 자식을 위해 하는 일이 정자 제공 말고는 별로 없는 종에 비하면 엄청난 수준이다. 이것은 침팬지 수컷이 섹스 상대인 암컷의 외모를 따지는 것에 비해 남자가 결혼 상대인 여자의 외모를 따지는 수준이 훨씬 크도록 만들 수 있을 것이다.

침팬지 수컷은 자식을 위해 투자하는 것이 별로 없기 때문에 열등한 암컷과 섹스를 하더라도 잃을 것이 별로 없다. 어차피 정자는 곧 생산된다. 반면 남자가 열등한 여자와 결혼하면 우월한 여자와 결혼할 기회를 어느 정도는 날리는 셈이다. 하지만 이것은 왜 여자가 남자의 외모를 따지는 것에 비해 남자가 여자의 외모를 더 많이 따지는지에 대한 해명이 되기는 힘들다.

조나단 고트샬Jonathan Gottschall 은 「Greater emphasis on female attractiveness in *Homo sapiens* 여자의 매력이 더 중시되는 *Homo sapiens* 」에서 이 문제를 다룬다. 부제를 "a revised solution to an old evolutionary riddle 오랜 진화적 수수께끼에 대한 수정된 해결책"로 단 것에서도 알 수 있듯이 고트샬은 여자의 외

모가 더 중시되는 현상을 수수께끼로 보고 그것을 풀기 위해 노력한다. 여자의 외모로부터 어떤 정보를 얻을 수 있는지를 나열하고 만족하는 일부 진화심리학자들과는 다르다. 하지만 이 논문의 내용을 여기에서 소개하지는 않겠다. 초보자에게 는 꽤나 골치 아픈 내용이다.

외모 중 적어도 한 가지는 여자가 남자보다 더 따진다. 그 것은 바로 키다. 왜 그럴까? 격투기 경기는 보통 체급을 나누 어서 한다. 헤비급 선수는 헤비급 선수와 싸우고, 라이트급 선수는 라이트급 선수와 싸운다. 기량이 비슷하다면 덩치가 큰 사람이 유리하기 때문이다.

남자 H1과 여자 W1이 부부라고 하자H: husband, W: wife. 그 리고 H2, W2도 부부라고 하자. H1-W1과 H2-W2 사이에 갈등이 심각해져서 몸싸움을 할 지경에 이르렀다고 하자. 이 때 W1, W2의 싸움 능력보다는 H1, H2의 싸움 능력이 더 중 요하다. 왜냐하면 대체로 남자가 여자보다 근력이 훨씬 세기 때문이다. 남자의 싸움 능력이 여자보다 더 중요하기 때문에 여자가 남자보다 짝짓기 시장에서 상대의 싸움 능력을 더 따 지도록 진화했으리라 기대할 만하다. 대체로 키가 클수록 싸 움을 더 잘한다. 따라서 여자가 상대방의 키를 남자보다 더 따지도록 진화했으리라 기대할 만하다.

"예뻐지려는 것은 여자의 본능"이라는 말이 있다. 이것을 적어도 두 가지로 해석할 수 있다. 첫째, 남자가 여자의 외모 에 신경을 많이 쓰는 것을 여자가 경험을 통해 알게 되면서 자신의 외모에 신경을 많이 쓰게 된다는 것으로 해석할 수 있다. 이것은 후천성 가설이며 엄밀히 말해 "본능"이라는 말은 어울리지 않는다. 둘째, 여자가 남자보다 자신의 외모에 더 신경을 쓰고 가꾸도록 진화했다고 해석할 수 있다. 이것은 "본능"이라는 단어를 글자그대로 해석한 것이다.

그런데 원시사회에는 외모를 효과적으로 젊고 예쁘게 보이도록 만드는 성형수술이 없었다. 현존 원시부족들을 보면 얼굴을 손상시키는 방향의 "수술"이 있을 뿐이다. 그렇다면 성형 본능이 여자에게 진화할 수 없었다. 또한 원시사회에는 얼굴을 효과적으로 예쁘게 하는 화장 기술도 없거나 아주 빈약했던 것 같다. 따라서 화장 본능도 진화할 수 없었을 것 같다. 현대사회에서는 보정 속옷 등을 통해 실제보다 몸매를 예쁘게 보이도록 만들 수 있다. 하지만 20만 년 전만 해도 우리의 조상은 아프리카의 더운 지방에서 진화했으며 홀딱 벗고 다녔다.

당시에 여자가 예뻐 보이기 위해 할 수 있는 것이라고는 세수를 열심히 하고 머리카락을 다듬는 정도였을 것 같다. 원시사회에서도 여자가 예뻐진다면 인기를 끌어올릴 수 있었을 것이다. 하지만 예뻐지는 수단이 없다면 예뻐지려는 본능이 진화할 수 없다.

현대 짝짓기 시장에서 여자가 남자에 비해 상대방의 돈과 지위를 더 중시한다. 왜 그럴까? 〈결혼, 매춘 그리고 보슬아치: 자궁과 자원의 교환〉에서 이야기했듯이 결혼을 일종의 교환으로 볼 수 있다. 여자는 자궁을 제공하고 남자는 자원과 보호를 제공하는 교환 말이다. 따라서 짝짓기 시장에서 상대방의 자원이 얼마나 많은지 여자가 남자보다 더 따지도록 진화했으리라 기대할 만하다는 것이 많은 진화심리학자들의 설명이다.

하지만 원시사회에서 개인이 소유할 수 있었던 자원은 보잘것없었다. 따라서 원시사회에서 여자가 남자의 재산을 따지도록 진화했다는 가설은 별로 설득력이 없어 보인다. 자본주의 사회에서 살고 있는 우리 눈에는 극심한 재산 격차가 당연해 보일 수 있다. 하지만 땅을 개인이 소유하게 된 농경사회 이후에나 그런 격차가 나타났다.

농경사회 이후로 지난 1만 년 동안 여자가 재산 많은 남자를 좋아하도록 진화했을 가능성을 완전히 배제할 수는 없다. 그러나 1만 년이라는 짧은 기간 동안 그런 식으로 진화했을 가능성에 대해서는 대다수 진화심리학자들이 회의적으로 생각하는 것 같다. 만약 농경사회 이후에 재산 많은 남자에 대한 여자의 선호가 진화했다면 아직까지 원시사회에서 살고 있는 여자들은 그런 선호를 진화시키지 않았을 것이다. 이런 면에서 현대인과 원시부족민은 상당히 다르게 진화했다고 보아야 하는 것이다.

현대사회에서 여자는 왜 남자의 재산을 그렇게 중시하는 걸까? 여자가 남자에 비해 상대의 지위를 더 따지도록 진화했다는 가설은 여자가 남자에 비해 상대의 재산을 더 따지도록 진화했다는 가설에 비해 더 그럴 듯해 보인다. 침팬지 사회에서는 수컷이 암컷보다 지위에 더 집착한다. 지위를 둘러싼 투쟁은 수컷들 사이에서 더 치열하다. 인간사회도 별로 달라 보이지 않는다. 이 문제는 〈왜 남자가 감옥에 많이 갈까?: 부모투자 이론의 재등장〉에서 다루었다.

만약 남자의 지위가 여자의 지위보다 더 중요하다면 남자가 여자의 지위를 중시해야 할 이유보다 여자가 남자의 지위를 중시해야 할 이유가 더 많을 것이다. 따라서 여자가 남자보다 짝짓기 상대의 지위를 더 중시하도록 진화했을 가능성이 있다. 현대사회에서 재산이 많으면 대체로 지위도 높다. 여자가 남자의 재산을 중시하는 이유는 남자의 지위를 중시하도록 진화했기 때문인지도 모른다.

참고문헌

「여자가 원하는 것」, 『욕망의 진화: 사랑, 연애, 섹스, 결혼. 남녀의 엇갈린 욕망에 담긴 진실(The evolution of desire: strategies of human mating)』, 데이비드 버스 지음, 전중환 옮김, 사이언스북스, 2007

「그리고 남자가 원하는 것」, 『욕망의 진화: 사랑, 연애, 섹스, 결혼. 남녀의 엇갈린 욕망에 담긴 진실(The evolution of desire: strategies of human mating)』, 데이비드 버스 지음, 전중환 옮김, 사이언스북스, 2007

「4. 여자의 장기적 짝짓기 전략」, 『진화심리학: 마음과 행동을 탐구하는 새로운 과학 (Evolutionary psychology: the new science of the mind)』, 데이비드 버스 지음, 이충호 옮김, 최재천 감수, 웅진지식하우스, 2012

「5. 남자의 장기적 짝짓기 전략」, 『진화심리학: 마음과 행동을 탐구하는 새로운 과학 (Evolutionary psychology: the new science of the mind)』, 데이비드 버스 지음, 이충호 옮김, 최재천 감수, 웅진지식하우스, 2012

「12. Physical attractiveness: an adaptationist perspective」, Lawrence S. Sugiyama, 『The handbook of evolutionary psychology: 1. foundations』, David M. Buss 편집, Wiley, 2016(2판)

「Greater emphasis on female attractiveness in *Homo sapiens*: a revised solution to an old evolutionary riddle」, Jonathan Gottschall, 『Evolutionary Psychology』, 2007

「Height and body mass on the mating market: associations with number of sex partners and extra-pair sex among heterosexual men and women aged 18-65」, David A. Frederick & Brooke N. Jenkins, 『Evolutionary Psychology』, 2015

「6. Sharing, exchange, and land tenure」, 『The lifeways of hunter-gatherers: the foraging spectrum』, Robert L. Kelly, Cambridge University Press, 2013(2판)

「13. Two human natures: how men and women evolved different psychologies」, Alastair P. C. Davies & Todd K. Shackelford, 『Foundations of evolutionary psychology』, Charles Crawford & Dennis Krebs 편집, LEA, 2007

김여사: 공간지각력의 성차

운전 미숙으로 민폐를 끼치거나 교통사고를 내는 여자를 김여사라고 한다. 왜 여자를 뜻하는 김여사인가? 여자가 남자보다 운전을 못 하는 걸까? 아니면 남성 우월주의에 빠진 남자들이 그렇게 믿는 것일 뿐일까? 여자가 운전을 못 한다면 그 이유는 무엇인가? 여자가 선천적으로 운전을 못 하는 걸까? 즉, 같은 조건에서 같은 시간 동안 운전을 배우면 여자가 남자보다 운전을 못하는 걸까? 아니면 평균적으로 남자 운전자들이 여자 운전자들보다 운전을 더 많이 했기 때문에 운전에 능숙한 걸까?

운전 미숙으로 교통사고가 나기도 하지만 과속, 신호 위반, 음주운전 때문에 교통사고가 날 때도 많다. 통계학적 조정을 거친 후에 비교하면 즉, 같은 거리를 운전했을 때를 비교하면 남자가 여자보다 교통사고를 더 많이 내는 것이 전세계적 패턴이라고 한다. 〈왜 남자가 감옥에 많이 갈까?: 부모 투자 이론의 재등장〉에서 이야기했듯이 남자가 위험을 더 많이 감수하도록 진화했다면 남자의 운전 기술이 여자보다 낫다 하더라도 사고를 더 많이 낼 가능성이 있다.

1992년에 제롬 바코우Jerome H. Barkow, 리다 코스미디스 &
존 투비가 편집한 『The adapted mind 적응된 마음』이 출간되었다.
이 논문 모음집은 진화심리학의 탄생을 선포한 책이다. 1980
년대에 마틴 데일리Martin Daly, 마고 윌슨Margo Wilson, 도널드
시먼스Donald Symons, 존 투비, 리다 코스미디스, 데이비드 버
스가 의논 끝에 "진화심리학"이라는 명칭을 쓰기로 결정했다
고 한다. 그 전에는 "사회생물학"이라는 명칭이 많이 쓰였다.

사회생물학이 워낙 비난을 많이 받으니까 쫄아서 진화심리
학이라는 이름으로 바꾸었다는 이야기도 있다. 물론 진화심
리학이라는 명칭을 쓰기로 한 사람들은 그렇게 이야기하지
않는다. 그들에 따르면 사회생물학자들이 인지cognition의 측
면, 즉 계산 또는 정보 처리의 측면계산적 수준, 정보 처리의 수준을
제대로 고려하지 않았기 때문에 다시 말해, 인지심리학의 성
과를 제대로 흡수하지 못했기 때문에 다른 이름을 쓰기로 한
것이다. 여기에서 "계산computation"이라는 말에서 휴대용 계
산기가 아니라 튜링 기계Turing machine나 계산 이론theory of
computation을 떠올려야 한다.

『The adapted mind』에는 어윈 실버먼Irwin Silverman & 매리
언 얼스Marion Eals의 「Sex differences in spatial abilities 공간지각
력의 성차」도 실려 있다. 이들의 연구 이전에는 공간지각력은
원래 남자가 우월하다는 주장과 정신적 능력에서 선천적 성
차는 없다는 주장이 맞서고 있었다. 이들은 공간지각력에도
여러 측면이 있으며 일부 측면에서는 남자가 우월하고 일부

측면에서는 여자가 우월하도록 진화했다는 가설을 제시한다.

현존 원시사회에서 사냥과 전쟁은 남자가 주로 하고 채집과 아기 돌보기는 여자가 주로 한다. 먼 옛날 우리 조상도 그런 식으로 살았던 것 같다. 따라서 사냥이나 전쟁과 관련된 능력은 남자가 더 우월하고 채집이나 아기 돌보기와 관련된 능력은 여자가 더 우월하도록 진화했을 가능성이 있다. 표정 등을 보고 아기의 상태를 파악하는 능력은 실제로 여자가 남자보다 낫다고 한다.

"과거 원시사회에서 여자가 남자보다 아기를 더 많이 돌보았기 때문에 아기의 상태를 알아보는 능력이 더 우월하도록 진화했다"는 말은 적어도 두 가지로 해석할 수 있다. 하나는 라마르크Jean-Baptiste Pierre Antoine de Monet, Chevalier de Lamarck의 용불용 이론theory of use and disuse과 획득 형질의 유전inheritance of acquired characteristics을 적용한 것으로 대략 이런 식이다.

피아노를 열심히 치다보면 피아노 연주 능력이 향상된다. 마찬가지로 여자가 남자보다 더 많은 시간 동안 아기를 돌보다 보니 아기 표정을 알아보는 능력이 남자보다 더 향상된다. 여자가 그런 방면에서 경험 또는 학습을 더 많이 하기 때문이다. 그리고 그 능력이 여자의 딸에게 유전되어서 여자가 남자보다 아기 표정을 알아보는 능력이 우월하게 된다.

이런 식의 설명에는 심각한 문제가 있다. 왜 그런 능력이 딸에게만 유전되고 아들에게는 유전되지 않는지 해명해야 한다. 또한 획득 형질이 유전된다는 라마르크의 생각은 기본적으로 틀렸다. 예외가 있을 수 있다고 하지만 전반적으로 볼 때 획득 형질은 유전되지 않는다.

왼손 투수는 왼팔이 오른팔보다 길어진다고 한다. 하지만 그 투수의 자식에게 그런 특성이 유전되는 것은 아니다. 피아노를 열심히 배운 후에 자식을 낳는다고 하자. 그렇다고 해서 자식이 배우지도 않고 피아노를 연주할 수 있는 것은 아니다. 또한 피아노에 대한 재능이 남들보다 뛰어난 자식이 태어나는 것도 아니다. 피아노에 재능이 없는 부모라면 아무리 열심히 피아노를 배운 후에 섹스를 해서 자식을 낳아도 대체로 피아노에 재능이 없는 자식이 태어난다. 피아노에 재능이 있는 부모라면 피아노를 전혀 배우지 않은 상태에서 섹스를 해서 자식을 낳아도 대체로 피아노에 재능이 있는 자식이 태어난다.

이번에는 다윈의 자연선택 이론을 끌어들여 해석해 보자. 여자가 남자보다 아기를 더 많이 돌본다면 아기를 돌보는 것과 관련된 능력이 여자에게 더 쓸모가 있다는 뜻이다. 따라서 여자 입장에서 볼 때 남자보다 그런 능력에 더 많이 투자하는 것이 합리적이다. 그래서 여자가 그런 능력에 더 많이 투자하도록 진화했다는 것이다. 자원을 더 많이 투자하면 능력이 더 나아지기 마련이다.

어떤 유전자 a는 여자의 몸에 있을 때보다 남자의 몸에 있을 때 아기 표정을 알아보는 능력에 더 많이 투자하도록 영향을 끼치고, 다른 유전자 b는 남자의 몸에 있을 때보다 여자의 몸에 있을 때 아기 표정을 알아보는 능력에 더 많이 투자하도록 영향을 끼친다고 가정해 보자. 원시사회처럼 여자가 남자보다 아기를 훨씬 더 많이 돌보는 환경에서 b가 a에 비해 번식에 더 유리한 방향으로 자원을 배분하게 된다. 따라서 b가 더 잘 복제될 것이다. 그래서 결국 여자가 남자보다 아기 표정을 더 잘 알아보는 방향으로 진화할 것이다.

사업을 할 때도 사업에 긴요한 물건에 더 많이 투자하는 것이 합리적이다. 요즘엔 컴퓨터를 이용해서 디자인을 한다. 디자인 회사에서는 컴퓨터가 매우 긴요하다. 반면 식당에서 컴퓨터는 간단한 회계 프로그램을 돌리는 정도로 쓰일 뿐이다. 따라서 식당에 비해 디자인 회사에서 컴퓨터에 더 많이 투자하는 것이 합리적이다. 반면 식당은 디자인 회사에 비해 주방용품에 많은 투자하는 것이 합리적이다. 사업을 할 때 많이 쓰는 물건에 더 투자하는 것이 이윤 창출에 도움이 되듯이 남자와 여자도 많이 쓰는 능력에 더 투자하는 것이 번식에 도움이 된다.

사냥과 전쟁에서는 움직이는 동물과 인간을 제압하거나 그들의 위협으로부터 자신을 방어해야 한다. 반면 채집의 대상은 별로 움직이지 않는다. 원시부족민들은 활이나 화살 같은 무기로 동물이나 인간을 죽이기도 한다. 따라서 남자가 움직이는 물체를 더 잘 다루도록 진화했으리라 기대할 만하다. 그래서 남자가 여자보다 원래 운전을 더 잘 배우는 것일지도 모른다. 운전에서는 물체의 움직임과 관련된 정보 처리가 중요하다.

식물 채집의 경우에는 어느 식물이 어디에 있는지 잘 기억하는 것이 중요하다. 여자가 옛날에 채집을 많이 했기 때문에 채집에 도움이 되는 능력을 남자보다 더 우월하게 진화시켰을 가능성이 있다. 꽃은 먹을 수 있는 열매로 이어지는 경향이 있기 때문에 꽃에 주목하는 것이 채집에 유리하다. 따라서 여자가 남자보다 꽃에 더 주목하도록 진화했을 가능성이 있다. 실제로 여자는 남자보다 꽃을 좋아하는 것 같다. 여자는 쇼핑도 좋아하는데 쇼핑과 채집이 비슷하기 때문인지도 모른다. 마구 움직이는 상품을 쫓아다니도록 쇼핑몰을 개조하면 남자가 더 좋아할지도 모르겠다.

실버먼 & 얼스는 이와 관련된 실험을 했다. 어떤 물체를 회전시킬 때 어떤 모습일지를 머리속에서 상상해서 맞히는 문제들도 내고, 여러 물체들이 널려 있을 때 그 물체들을 얼마나 잘 기억하는지를 가릴 수 있는 문제들도 냈다. 그러자 회전 문제에서는 남자가 우월했고, 여러 물체들을 기억하는 문제에서는 여자가 우월했다. 남자가 사냥과 전쟁을 주로 했기 때문에 움직이는 물체를 더 잘 다루도록 진화했고, 여자가 채집을 주로 했기 때문에 가만히 있는 물체들을 더 잘 기억하도록 진화했다는 가설과 부합하는 결과다.

사냥은 채집에 비해 더 많은 거리를 이동해야 한다. 전쟁을 할 때에도 많은 거리를 이동해야 한다. 거리도 많을 뿐 아니라 움직임도 긴박할 수밖에 없다. 사냥감이나 적대적인 타 부족민에 집중하면서 길을 찾아야 한다. 채집을 할 때처럼 길을 찾기 위해 여유를 부리기 힘들다. 여자에 비해 남자에게 길 찾기 능력이 더 긴요했다. 따라서 남자가 길을 더 잘 찾도록 진화했으리라 기대할 만하다. 실제로 남자가 여자에 비해 길을 더 잘 찾는 것 같다. 남자가 그런 식으로 진화했다면 운전에도 도움이 될 것이다.

능력 문제가 등장하면 페미니스트가 민감해질 수 있다. 남자가 여자보다 우월하다는 온갖 주장들이 예로부터 있어왔으며 페미니스트는 그런 이야기를 무척 싫어한다. 그런데 운전 능력과 관련하여 남자가 여자보다 선천적으로 우월하다는 진화심리학 가설이 등장한 것이다. 페미니스트가 좋아할 리 없다. 하지만 여기에서도 소개했듯이 여자가 남자보다 우월한 능력이 있다는 진화 가설도 있다. 채집과 관련된 공간지각력, 아기의 상태 알아내기 등에서는 여자가 남자보다 우월하도록 진화했을 가능성이 있다는 것이다.

남자의 능력이 여자보다 선천적으로 우월한 측면이 있다는 진화 가설도 있고 여자의 능력이 남자보다 선천적으로 우월한 측면이 있다는 진화 가설도 있으니 진화심리학이 그리 못된 과학은 아니라고 생각할 사람도 있을 것 같다. 하지만 문제가 그렇게 쉽게 무마되지는 않는다.

현대사회에서 큰 상금이 걸린 바둑 대회는 있지만 큰 상금이 걸린 아기 상태 알아내기 대회는 없다. 남자 프로 기사들의 실력이 여자보다 압도적으로 강하다. 이 글을 쓰고 있는 현재 한국 바둑 랭킹 100위 안에 여자 기사는 최정 7단밖에 없다. 만약 선천적으로 남자가 바둑을 잘 두고, 프로그래밍을 더 잘 하고, 수학을 더 잘 하고, 과학을 더 잘 하고, 개념적 사고를 더 잘 하고, 작곡을 더 잘 한다면 여자가 물건들의 위치를 더 잘 기억하고, 아기의 표정을 더 잘 알아본다 하더라도 큰 위안거리가 되기는 힘들어 보인다.

만약 사회적 지위나 돈벌이에 도움이 되는 능력에서 남자가 여자보다 선천적으로 우월하다면 다른 측면에서 여자가 선천적으로 우월하다 하더라도 사회적 성공이 남자의 선천적 우월성 때문이라는 설명이 가능하다. 그렇다면 페미니스트의 입장에서 볼 때 진화심리학은 역시 못된 과학이다.

참고문헌

「3. 자연의 적대적 힘들과 맞서 싸우기: 사람의 생존 문제」, 『진화심리학: 마음과 행동을 탐구하는 새로운 과학(Evolutionary psychology: the new science of the mind)』, 데이비드 버스 지음, 이충호 옮김, 최재천 감수, 웅진지식하우스, 2012

「8. Spatial navigation and landscape preferences」, Irwin Silverman & Jean Choi, 『The handbook of evolutionary psychology: 1. foundations』, David M. Buss 편집, Wiley, 2016(2판)

「8. Men, women, and foraging」, 『The lifeways of hunter-gatherers: the foraging spectrum』, Robert L. Kelly, Cambridge University Press, 2013(2판)

「Sex differences in driving and insurance risk: an analysis of the social and psychological differences between men and women that are relevant to their driving behaviour」, The Social Issues Research Centre, 2004

「14. Sex differences in spatial abilities: evolutionary theory and data」, Irwin Silverman & Marion Eals, 『The adapted mind: evolutionary psychology and the generation of culture』, Jerome H. Barkow, Leda Cosmides & John Tooby 편집, Oxford University Press, 1992

유리 천장은 얼마나 두꺼울까?
: 진화심리학과 여성의 사회적 지위

유리 천장은 잘 보이지 않는 유리처럼 은밀하게 차별해서 위로 더 올라가지 못하도록 막는 것을 말한다. 흑인이나 동성애자에 대한 차별에 적용되기도 하지만 주로 여성 차별에 대해 쓰는 말이다. 이전에는 단지 여자라는 이유만으로 학교에 가지 못하게 하는 것처럼 노골적으로 차별했는데 이제 선진 산업국에서는 그런 노골적 차별이 사라졌다. 이제 남자들이 여자를 은밀하게 차별하고 있다고 페미니스트는 주장한다.

여전히 선진 산업국에서도 정계와 재계의 고위급 인사들은 대부분 남자다. 평균 임금을 비교해 보아도 남자가 여자보다 훨씬 많다. 페미니스트는 은밀한 차별, 즉 유리 천장 때문에 이런 결과가 나타난다고 본다.

여자의 출세와 고소득을 막는 유리 천장은 존재하는가? 존재한다면 어느 정도로 강력한가? 만약 정신적인 능력이나 성격 면에서 남녀의 선천적 차이가 없다면 지위와 소득의 남녀 차이는 유리 천장 때문이거나 가정이나 학교에서 남녀를 다르게 키우기 때문일 것이다. 따라서 법적 남녀평등이 보장된 사회에서 남녀를 구별 없이 기르고 유리 천장을 없애면 남녀의 지위와 소득은 사실상 같아질 것이다. 근력이 중요한 일부 직종 같은 예외가 있겠지만 말이다.

진화심리학계에서는 남녀의 육체뿐 아니라 정신도 선천적으로 다른 면이 많다고 주장한다. 그리고 그런 남녀 차이가 지위와 소득에 영향을 끼칠 수 있다. 남자가 여자보다 더 높은 지위나 소득을 얻도록 만들 수 있는 선천적 남녀 차이들을 살펴보자.

첫째, 남자가 여자보다 덩치가 크고 힘이 세다. 〈왜 남자가 감옥에 많이 갈까?: 부모 투자 이론의 재등장〉에서 살펴보았듯이 거기에는 진화론적 이유가 있어 보인다. 인간은 일부다처제 사회에서 진화한 듯하며 그런 짝짓기 체제에서는 수컷이 암컷보다 덩치가 크고 힘이 세도록 진화하는 경향이 있다.

노가다판에서 남자가 벽돌 1천 장을 나를 때 여자가 6백 장을 나른다고 하자. 이때 남자에게 돈을 더 많이 주는 것을 두고 부당한 차별이라고 이야기하는 힘들다. 여전히 많은 직종에서 근력이 꽤나 중요하며 그런 직종에서는 같은 시간에 남자가 여자보다 일을 더 많이 할 수 있다. 따라서 남자가 돈을 더 많이 벌 수 있다.

어려운 일을 많이 함으로써 높은 소득과 지위를 얻는 길도 있지만 폭력을 쓰는 길도 있다. 노골적으로 폭력을 휘둘러서 돈을 빼앗거나 지위를 강탈하기도 하지만 폭력을 쓸 수 있음을 은근히 암시함으로써 이득을 얻는 길도 있다. 물론 힘이 세면 그런 식으로 이득을 얻기 쉽다. 남자는 여자보다 센 힘을 이용해서 온갖 방면에서 부당 이득을 얻을 수 있다.

둘째, 남자가 여자보다 위험을 더 많이 감수하는 경향이 있다. 〈왜 남자가 감옥에 많이 갈까?: 부모 투자 이론의 재등장〉에서 소개한 가설에 따르면 이것은 결국 여자가 임신을 하기 때문이다. 어쨌든 남자가 여자보다 위험한 일을 더 많이 한다면 위험수당 등의 형태로 월급을 더 많이 받을 수 있다. 또한 승진에도 도움이 될 것이다.

남자는 여자보다 더 사납다. 이것도 위험 감수 경향의 한 양상이다. 사나운 사람은 폭력을 쓰거나 암시함으로써 돈이나 지위를 얻을 수 있다. 물론 그러다가 다치거나 죽을 수도 있지만 말이다.

셋째, 남자가 여자보다 지위에 더 집착한다. 높은 지위를 통해 남자가 여자보다 짝짓기의 측면에서 얻을 것이 더 많기 때문에 그렇게 진화한 듯하다. 많은 포유류 종에서 으뜸 수컷이 되면 막대한 짝짓기 이득을 얻을 수 있으며 수컷들은 으뜸 수컷이 되기 위해 피 터지게 싸운다.

인간 남자가 높은 지위를 통해 얻을 수 있는 짝짓기 이득이 〈왜 남자가 감옥에 많이 갈까?: 부모 투자 이론의 재등장〉에 등장했던 남방코끼리바다표범 수컷처럼 크지는 않다. 그리고 남자들은 그들만큼 치열하게 싸우지도 않는다. 어쨌든 남자가 여자보다는 지위를 위해 더 많이 투자하도록 진화한 듯하다. 다른 조건이 같다면 지위에 더 집착하는 쪽이 더 높은 지위를 얻을 것이다.

넷째, 〈이모네 떡볶이: 부성 불확실성〉에서 살펴보겠지만 모성애가 부성애보다 더 강하도록 진화한 듯하다. 그렇다면 직장 일과 자식 돌보기가 충돌할 때 여자는 남자보다 자식을 선택할 때가 상대적으로 많을 것이다. 즉 상대적으로 직장 일을 소홀히 할 것이다. 이런 차이 때문에 남자가 돈을 많이 벌고 승진을 빨리 할 수 있다.

다섯째, 남자가 여자보다 천재도 많고 바보도 많은 것 같다. 여기에 대해서도 그럴 듯한 진화 가설이 존재한다.

매우 뛰어난 남자는 짝짓기 시장에서 대성공을 거둘 수 있으며 매우 열등한 남자는 자식을 한 명도 못 남기고 죽을 수 있다. 반면 여자의 경우에는 번식 편차가 그렇게 크지 않다. 어떤 유전자가 발현되면 천재가 될 확률도 높이지만 바보가 될 확률도 높다고 하자. 설명의 편의를 위해 아주 극단적인 경우를 따져보겠다. 그 유전자 때문에 바보가 되면 너무나 무능해서 어른이 될 때까지 생존할 가능성이 아예 없다고 하자. 그 유전자 때문에 남자가 천재가 되면 막대한 번식 이득을 얻을 수 있다고 하자. 천재성 때문에 부족 내의 수많은 여자들을 임신시킬 수 있는 것이다. 그 유전자 때문에 여자가 천재가 되어도 그렇게 막대한 번식 이득을 얻을 수는 없다. 어차피 여자는 짝짓기 시장에서 아무리 성공해도 자기 혼자 임신할 수 있을 뿐이다.

그 유전자 때문에 보는 손해는 남녀가 비슷한 반면 그 유전자 덕분에 얻는 이득은 남자의 경우에 훨씬 크다. 따라서 그 유전자가 여자에게서는 발현되지 않고 남자에게서만 발현되도록 진화할 가능성이 그 반대일 가능성보다 더 클 것이다. 이런 식으로 남자가 여자보다 천재도 많고 바보도 많도록 진화할 수 있다. 실제로 그런 식으로 남녀가 진화했다고 가정해 보자. 그러면 여자가 전혀 차별받지 않는 사회에서도 전문직의 최상위층에는 남자가 더 많을 것이다.

여자가 남자보다 더 높은 지위나 소득을 얻도록 만들 수 있는 선천적 남녀 차이는 없을까? 있기는 하다.

첫째, 남자는 여자보다 사납고 위험을 더 많이 감수하려 한다. 이 때문에 남자가 부도덕한 짓을 더 많이 하며 그 결과 감옥에 훨씬 더 많이 간다. 감옥에 가면 큰돈을 벌기도 힘들고 지위도 추락한다.

둘째, 〈결혼, 매춘 그리고 보슬아치: 자궁과 자원의 교환〉에서 살펴보았듯이 남자가 특히 젊고 예쁜 여자에게 아부를 할 만한 이유가 있다. 이것은 젊고 예쁜 여자가 출세하는 데 도움이 될 수 있다.

법으로 남녀평등을 보장하는 사회에서 남녀의 지위와 소득이 다르다면 그 이유는 무엇인가? 세 가지 요인을 고려해 볼 수 있다. 남녀의 선천적 차이 때문일 수도 있고, 남녀가 가정과 학교에서 다른 식으로 교육받기 때문일 수도 있고, 유리천장 때문일 수도 있다. 만약 위에서 제시한 진화론적 설명들이 꽤나 정확하다면 설사 남녀평등이 완벽하게 보장되더라도 선천적 남녀차이 때문에 남자가 더 출세하기 쉬울 것 같다.

청렴결백과 비폭력을 지극히 중시하며, 어린이집, 유치원, 초등학교 교사의 수가 엄청나게 많고 그들에게 엄청나게 많은 월급을 주며, 자기 자식을 돌보는 이에게 국가에서 엄청난 금전적 혜택을 주는 사회라면 다를지도 모른다. 그런 사회에서는 남자들이 범죄성향과 폭력성향 때문에 지위가 추락할 가능성이 높다. 상당수 여성이 어린이집, 유치원, 초등학교 교사로 일하면서 고소득을 올릴 것이다. 그런 사회에서는 남자를 가로막는 유리 천장이 없더라도 선천적 남녀 차이 때문에 여자의 지위와 소득이 남자보다 높을지도 모른다. 하지만 그런 사회는 존재한 적도 없고 앞으로 생길 것 같지도 않다.

유리 천장이 완전히 사라졌을 것 같지는 않다. 한국이든 미국이든 불과 100년 전까지만 해도 여자는 온갖 방면에서 차별과 억압을 노골적으로 당했다. 여자에 대한 차별과 억압이 100년 만에 완전히 사라졌을 리 없다. 실제로 "여자는 집에서 빨래나 해야 한다", "어디 감히 여자가 나서나?"라고 노골적으로 이야기하는 남자들을 주변에서 가끔 볼 수 있다. 설거지는 여자가 하도록 하늘이 정해주었다고 방송에 나와 당당하게 이야기하는 홍준표 대통령 후보가 24%를 득표하는 나라에서 우리는 살고 있다.

하지만 유리 천장이 소득이나 지위의 남녀 차이 중 어느 정도를 만들어내는지는 순전히 실증적으로 검증할 문제다. 남녀의 소득과 지위에 상당한 차이가 있을 때 그것이 전적으로 또는 주로 유리 천장 때문이라고 단정해서는 안 된다. 유리

천장이 없더라도 남녀의 선천적 차이 때문에 남녀의 소득과
지위에 격차가 생길 수 있기 때문이다.

참고문헌

「13. Contest competition in men」, David A. Puts, Drew H. Bailey & Philip L. Reno, 『The
handbook of evolutionary psychology: 1. foundations』, David M. Buss 편집, Wiley,
2016(2판)

「9. Gender equity issues in evolutionary perspective」, Bobbi S. Low, 『Applied
evolutionary psychology』, S. Craig Roberts 편집, Oxford University Press, 2012

「13. Women in the workplace: evolutionary perspectives and public policy」, Kingsley
R. Browne, 『Evolutionary psychology, public policy and personal decisions』,
Charles Crawford & Catherine Salmon 편집, LEA, 2004

보적보와 삼일한: 여성 억압의 기원

페미니즘 이론에 따르면 가부장제 사회에서는 페미니즘을 뼈 속까지 받아들이는 일부를 제외하면 남자들 전체가 여자들을 억압하기 위해 단결한다. 자본가 계급 전체가 노동자들을 착취하기 위해 단결한다고 보는 마르크스주의 이론과 비슷하다. 페미니스트는 남자들에게 억압당하는 여자들의 단결을 외치고, 마르크스주의자는 자본가들에게 착취당하는 노동자들의 단결을 외친다. 다른 한편으로 일베에서는 "보적보"에 대해 떠든다. 여자의 생식기를 가리키는 "보"는 여자를 뜻한다. 점잖게 말하면 "여적여 여자의 적은 여자"다.

여성 억압을 위해 남자들이 대동단결할 만큼 남자들 사이의 이해관계가 일치할까? 진화심리학자들은 아주 회의적으로 생각한다. 일베식 표현을 쓰자면 "자적자 남적남"의 측면도 강하기 때문이다. 번식의 측면에서 볼 때 한 남자와 다른 남자의 이해관계는 온갖 방면에서 충돌한다.

남자가 여자를 강간한다고 하자. 강간이 임신으로 이어질 가능성이 있으며 그러면 강간한 남자가 큰 번식 이득을 얻을 수 있다. 반면 강간당한 여자는 번식 손해를 보기 쉽다. 남자의 이해관계와 여자의 이해관계가 충돌하는 것이다. 하지만 강간이 일어날 때 한 남자의 이해관계와 다른 남자의 이해관계가 충돌하기도 한다.

〈왜 남자는 여자를 강간할까?: 적응 가설과 부산물 가설〉에서 살펴보았듯이 여자가 강간당하면 여자의 남자 친족들과 남편도 손해를 본다. 강간한 남자의 이해관계와 강간당한 여자의 남자 친족의 이해관계가 충돌하며, 강간한 남자의 이해관계와 강간당한 여자의 남편의 이해관계가 충돌한다. 따라서 남자들이 마음을 모아 강간한 남자를 응원해주리라 기대하기 힘들다.

페미니스트는 여성 억압이 대단했던 시절에 강간한 남자가 제대로 처벌 받는 경우가 거의 없었다는 점을 근거로 들면서 강간한 남자를 보호하려는 남자들의 암묵적 동맹이 있었다고 주장한다. 하지만 여성 억압과 여성 차별이 대단했던 시절은 신분, 계급, 권력에 따른 착취, 억압, 차별이 대단했던 시절이기도 하다.

그 시절에는 남자 노예주가 여자 노예를 마음 놓고 강간할 수 있었으며, 남자 영주가 여자 농노를 마음 놓고 강간할 수 있었다. 처벌당할 가능성이 거의 없었기 때문이다. 남자 자본가가 여자 노동자를 별 위험 없이 강간할 수 있었던 시절도 있었다. 남자 노예주, 남자 영주, 남자 자본가가 그럴 수 있었던 것은 남자였기 때문인가? 아니면 노예주, 영주, 자본가였기 때문인가?

당시에 남자 노예가 노예주의 아내나 딸을 마음 놓고 강간할 수 있었을까? 남자 농노가 영주의 아내나 딸을 마음 놓고 강간할 수 있었을까? 남자 노동자가 자본가의 아내나 딸을 마음 놓고 강간할 수 있었을까? 만약 모든 남자들의 강력한 동맹이 강간을 용인하는 문화를 만들었다면 하극상 방향으로 강간을 할 때도 처벌당할 가능성이 거의 없었을 것이다. 하지만 그렇지 않았다. 지위가 아주 낮은 남자가 지위가 아주 높은 남자의 딸과 서로 눈이 맞아서 섹스를 해도 무사하지 못할 때가 많았던 시절이었다. 나는 지위가 낮은 남자가 지위가 높은 여자를 강간할 때 거의 처벌당하지 않는 문화권이 있었다는 이야기를 들어본 적 없다.

증거불충분으로 강간 혐의가 있는 남자가 무죄 판결을 받는 경우가 많다. 페미니스트는 이것이 남자들 사이의 야합 때문이라고 주장하기도 한다. 하지만 설사 섹스를 한 사실이 객관적으로 밝혀진다 하더라도 강간에 대한 증거는 아니다. 강간을 객관적으로 입증하기가 매우 힘들 때가 많다. 강제성까지 입증해야 하기 때문이다.

"진범 열 명을 풀어주더라도 무고한 시민 한 명을 감옥에 가둬서는 안 된다"라는 법철학 정신이 선진 산업국에서 널리 통하고 있다. 이 정신이 강간 고소 사건에도 적용되어 확실한 증거가 없을 때는 강간 혐의를 받는 남자에게 무죄를 선고한다고 해서 남자 판사들의 농간이라고 보기는 힘들다.

부부 사이에 온갖 갈등이 발생할 수 있다. 남편이 바람을 피워서 싸우기도 하고, 아내가 바람을 피워서 싸우기도 한다. 아내에게 폭력을 휘둘러 자기 뜻대로 통제하려는 남편도 있다. 아내가 바람을 피우면 남편은 막대한 번식 손실을 볼 수 있다. 하지만 그 아내와 섹스를 한 외간 남자는 번식 횡재를 얻을 수 있다. 따라서 남자와 여자 사이의 이해관계도 충돌하지만 남자와 남자 사이의 이해관계도 충돌한다.

남편이 폭력을 써서 아내를 통제하면 아내가 손해를 본다. 이때에도 친족선택의 논리에 따라 아내의 가까운 친족들도 손해를 보는데 절반 정도는 남자다. 따라서 아내 구타의 경우에도 남자와 여자 사이의 이해관계도 충돌하지만 남자와 남자 사이의 이해관계도 충돌한다. 영화 〈대부 The Godfather〉의 써니 Santino "Sonny" Corleone 는 여동생을 구타한 여동생의 남편을 밟아버린다. 페미니스트가 상정하는 남자들 사이의 공모가 있었더라도 여동생에 대한 사랑이 더 컸던 것이다. 써니의 그런 행동은 작가의 터무니없는 상상력의 산물인가? 아니면 실제 남자들의 행태를 반영하는 것인가?

여자들 사이의 이해관계도 일치하지 않는다. 강간당한 여자가 손해를 볼 때 강간한 남자의 여자 친족들은 이득을 본다. 남편이 아내를 구타해서 자기 뜻대로 통제하면 아내가 손해를 본다. 이때 남편뿐 아니라 남편의 여자 친족들도 이득을 본다.

여자 두 명이 남자 한 명을 두고 경쟁하기도 한다. 당장 남자 한 명이 걸려 있지 않더라도 짝짓기 시장에서 어떤 여자의 인기가 올라가면 다른 여자의 인기가 상대적으로 떨어지기 마련이다. 따라서 자신의 짝을 빼앗아 가는 자에 대한 질투jealousy와 자신보다 잘난 자에 대한 시기envy를 여자들 사이에서 흔히 볼 수 있으리라 기대할 만하다. 이것이 일베에서 이야기하는 보적보다.

짝짓기 시장에서 인기를 얻는 것이 왜 여자에게 중요할까? 만약 짝짓기에서 여자가 남자로부터 얻는 것이 정자밖에 없다면 그런 인기가 여자에게 별로 중요하지 않을 것이다. 왜냐하면 남자들이 인기 없는 여자에게도 정자 정도는 기꺼이 제공해 줄 것이기 때문이다.

하지만 남자가 여자에게 정자만 제공하는 것이 아니다. 인간은 결혼을 하는 종이다. 남편이 아내와 아내의 자식에게 아주 많은 것을 제공한다. 결혼을 하면 아주 많은 자원을 투자해야 하기 때문에 정자를 제공할 때와는 달리 신중하게 여자를 고르는 것이 합리적이다. 따라서 여자에게도 인기가 중요하다.

그렇다면 인기 있는 여자에 대한 다른 여자의 시기가 존재하리라 기대할 수 있다. 인간사회에서 여자의 인기는 외모와 젊음에 많이 의존한다. 바람기 많은 여자는 결혼 시장에서 인기가 없다. 여자는 다른 여자의 외모를 깎아내리거나 헤픈 여자라고 소문내는 식으로 시기를 표출할 때가 많다.

결혼을 하는 종에서는 남편을 다른 암컷에게 빼앗기는 것이 큰 문제가 될 수 있다. 그 남편이 미래에 제공해 줄 수 있는 엄청난 자원을 다른 암컷에게 빼앗기기 때문이다. 만약 수컷이 암컷에게 정자만 제공한다면 그런 걱정을 할 필요 없다. 따라서 결혼하는 종에서는 암컷도 질투를 하리라 기대할 만하다.

그렇다면 시기와 질투 같은 보적보의 양상은 결혼의 진화 때문에 나타나는 것이다. 결혼하지 않는 종에서도 먹을 것을 두고 암컷끼리 경쟁하겠지만 짝짓기와 관련된 시기와 질투는 없거나 훨씬 작을 것이다.

그런데 자적자가 보적보보다 더 강할 만한 이유가 있다. 〈왜 남자가 감옥에 많이 갈까?: 부모 투자 이론의 재등장〉에서 살펴보았듯이 짝짓기 시장에서 남자들 사이의 경쟁이 여자들 사이의 경쟁보다 더 치열하다. 여자가 남자의 정자를 못 얻어서 망할 가능성은 거의 없지만 남자가 여자의 자궁을 못 얻어서 망할 가능성은 상당히 크다. 우리 조상이 진화한 것으로 보이는 일부다처제에서는 여자가 남편을 못 얻을 가능성보다 남자가 아내를 못 얻을 가능성이 훨씬 크다.

적어도 한국에서는 "시기와 질투" 하면 여자를 떠올린다. 하지만 진화론의 논리를 적용했을 때 남자가 동성에 대한 시기와 질투를 더 많이 하리라 기대할 만하다. 왜냐하면 짝짓기 시장에서 남자들 사이의 경쟁이 더 치열하기 때문이다. 나는 "상폐녀"가 여자의 젊음이 더 중시되도록 진화한 인간 본성을 반영한 말이라고 본다. 반면 "여자의 질투"는 그런 것 같지 않다. 오히려 남자가 여자보다 질투를 더 많이 할 것으로 기대되며 실제로 폭력이나 살인 등의 형태로 질투를 훨씬 더 많이 표출하는 쪽도 남자다. 왜 "여자의 질투"라는 말이 통용되고 있는지 밝히기 위해서는 "상폐녀"의 경우보다 더 복잡한 설명이 필요해 보인다.

상황에 따라 남자와 여자의 번식 이해관계도 충돌하지만 남자와 남자의 이해관계도 충돌하며 여자와 여자의 이해관계도 충돌한다. 따라서 남녀 갈등자적보, 남남 갈등자적자, 여여 갈등보적보이 온갖 양상으로 벌어질 것이라고 기대할 수 있다. 진화심리학자들은 성별과 관련된 이런 세 가지 갈등 양상에 모두 주목한다. 반면 페미니스트는 남녀 갈등에만 초점을 맞추는 경향이 있다.

세 가지 갈등 양상 중에 남녀 갈등만 연구하겠다면 그걸 가지고 비과학적이라고 비판할 수는 없다. 하지만 다른 갈등 양상을 무시함으로써 연구 결과가 왜곡된다면 문제가 다르다. 남자들끼리 공모하여 강간을 부추기거나 용인한다는 가설이 그런 사례로 보인다. 남자들은 어머니, 누나, 여동생, 딸, 아내, 친한 친구처럼 자신이 사랑하는 여자가 강간당할 때 강간당한 여자의 편에 서는 경향이 있다. 이것은 진화론의 논리에서 출발할 때 기대할 수 있는 결과이며 남자들의 대동단결을 가정하는 가부장제 이론과는 정면으로 충돌한다.

일베에서 자주 볼 수 있는 말 중에 "삼일한"이 있다. 북어처럼 여자를 3일에 한 번씩 두들겨 패야 한다는 말이다. "남자는 하늘"이라는 말과 일맥상통한다. 여성 차별 또는 여성 억압을 상징하는 이 말에 대해 페미니스트는 "여성 혐오"라는 딱지를 붙인다.

여성 혐오란 무엇인가? 여성 혐오를 "일부 여성을 싫어하는 것"이라고 정의한다면 사실상 모든 남자들이 여성 혐오를 보인다고 말할 수 있다. 짝짓기의 맥락에서 남자는 늙고 못생기고 인간성 더러운 여자를 싫어한다. 짝짓기의 맥락이 아니라도 남자는 인간성 더러운 여자를 싫어한다. 하지만 이런 식이라면 여자들도 여성 혐오를 보인다고 말할 수 있다. 왜냐하면 사실상 모든 여자들이 인간성이 아주 더러운 여자를 싫어하기 때문이다.

이런 식이라면 누구나 싫어하는 음식이 몇 가지는 있으니까 사람들에게 음식 혐오가 있다고 말할 수도 있다. 물론 누구나 싫어하는 남자가 몇 명은 있으니까 사람들이 남성 혐오를 보인다고 이야기할 수도 있다. "음식 혐오", "남성 혐오", "여성 혐오"를 이런 식으로 정의해서 쓰는 거야 자기 맘이다. 하지만 무슨 쓸모가 있나?

남자가 나이 많은 여자를 "상폐녀"라고 부르면서 조롱한다면 여자이기 때문에 싫어하는 것이 아니라 나이가 많기 때문에 싫어하는 것이다. 그것은 곧 젊은 여자에 대한 선호다. 남자가 못생긴 여자를 싫어한다면 여자이기 때문에 싫어하는 것이 아니라 못생겼기 때문에 싫어하는 것이다. 그것은 곧 예쁜 여자에 대한 선호다. 사람이 맛없는 음식을 싫어한다면 음식이기 때문에 싫어하는 것이 아니라 맛이 없기 때문에 싫어하는 것이다.

많은 페미니스트들이 여성 혐오를 여성 깔보기 또는 여성 비하와 동일시한다. 여자를 존중하지 않는 것을 볼 때마다 그들은 여성 혐오라고 이야기한다. "존중하지 않음", "깔보기", "비하"와 "혐오"를 동일시한다면 국어사전이 땅을 치고 통곡할 일이다. 어른들은 대체로 다섯 살배기 아이의 의견을 존중하지 않는다. 그렇다고 어린이 혐오인가? "혐오"와 "깔보기"를 동의어로 쓰겠다고 박박 우긴다면 나도 어쩔 수 없다. 하지만 그런 식으로 기존 언어와 매우 다른 의미로 "혐오" 개념을 써서 얻는 것이 무엇인가?

"여자를 성적 대상으로 보는 것"을 두고 여성 혐오라고 이야기하기도 한다. 성적 대상화 자체가 여성 혐오라고 보는 것일 수도 있고, 성적 대상으로만 보고 여자의 인격을 존중하지 않기 때문에 여성 혐오라고 보는 것일 수도 있다. 어떤 식이라도 이상하다. 여성 혐오를 여성 깔보기_{인격을 존중하지 않는} 것과 동일시하는 것에 대해서는 바로 위에서 살펴보았다.

성적 대상화란 성적 욕망의 대상으로서 좋아한다는 말이다. 우리는 맛있어 보이는 음식을 볼 때 먹는 대상으로 본다. "식적 대상화"를 하는 셈이다. 그것이 음식 혐오인가? 남자는 늙고 얼굴 못 생기고 몸매도 별로인 여자를 볼 때보다는 젊고 얼굴 예쁘고 몸매 잘 빠진 여자를 볼 때 성적 대상화를 더 많이 하는 경향이 있다. 성적 대상화 자체가 여성 혐오라면 남자가 젊고 예쁜 여자보다 늙고 못생긴 여자를 더 좋아한단 말인가?

나는 여성 혐오를 "여성에 대한 일반적 혐오" 또는 "여자라는 이유만으로 혐오하는 것"으로 정의하고 싶다. 이런 의미로 볼 때 열혈 일베 회원들이 여성 혐오를 보인다고 이야기할 수 있을까? 여성 혐오에 빠진 남자라면 여자라면 꼴도 보기 싫을 텐데 왜 일베 회원들은 젊고 예쁜 여자가 나오는 야동이나 젊고 예쁜 여자 연예인에 열광하는 걸까?

남자는 여자와 짝짓기를 해야 번식에 성공할 수 있다. 남자가 단지 여자라는 이유만으로 싫어한다면 제대로 번식하기 힘들다. 이것은 인간이 단지 음식이라는 이유만으로 싫어한다면 제대로 번식하기 힘든 것과 마찬가지다. 따라서 남자가 여자를 싫어하기는커녕 대체로 좋아하도록 진화했을 것이 뻔하다.

천관율 〈시사IN〉 기자가 일베 현상을 분석한 적 있다. 그의 분석 중에 "데이트의 좌절은 여성 혐오의 원체험이다"이라는 문장이 눈에 띈다. 어떤 일베 회원이 예쁜 여자와 술자리를 같이 했다고 하자. 그런데 키도 작고, 못 생기고, 돈도 못 벌고, 차도 없는 그 일베 회원이 그 여자에게 개무시당하는 경험을 했다고 하자. 그 날 그는 집에 와서 일베에 "보험 충전"이라는 제목을 단 글에서 여자에 대해 온갖 악담을 퍼부었다고 하자. 여기에서 "보험"은 "여혐여성 혐오"을 뜻한다. 이런 걸 두고 여성 혐오라고 할 수 있을까?

이솝우화에 나오는 여우는 포도를 따 먹으려고 기를 쓰다

실패하자 신 포도에 불과하다며 포도에 악담을 퍼붓는다. 이 것이 포도 혐오인가? 어떤 사람이 술을 진탕 마시고 엄청나게 고생한 후에 술에 대해 악담을 퍼붓고는 다시는 술을 마시지 않겠다고 선언한다. 하지만 고작 3일 후에 술이 땡겨서 또 진탕 마신다. 그리고는 또 술에 대해 악담을 퍼붓는다. 이 사람은 알코올 혐오에 빠진 것인가, 알코올 중독에 빠진 것인가?

질투에 빠진 남편이 아내에게 악담을 퍼붓거나 아내를 구타한다고 하자. 이런 공격성에 여성 혐오라는 딱지를 붙이기도 한다. 분노 또는 공격성 와 혐오를 구분하지 않는 것이다. 〈결혼, 매춘 그리고 보슬아치: 자궁과 자원의 교환〉에서 살펴보았듯이 남편의 입장에서는 사랑하는 아내일수록 더 소유하려는 것이 합리적이다. 왜냐하면 아내를 사랑할수록 아내와 아내의 자식에게 더 많이 투자하기 때문이다. 만약 아내가 바람을 피워서 남의 자식을 임신하면 그런 헌신이 남의 유전적 자식에게로 돌아간다. 따라서 남편이 아내를 사랑할수록 질투로 인한 분노도 커지리라 기대할 만하다. 그렇다면 질투로 인한 분노와 공격성은 어떤 면에서는 혐오가 아니라 오히려 사랑을 가리킨다.

어떤 사람을 공격하면 그 사람이 육체적으로, 정신적으로, 사회적으로 망가질 수 있다. 사랑하는 사람이 아니라면 그렇게 망가져도 알 바 아니다. 따라서 사랑하지 않을수록 더 마음 편하게 공격할 수 있다. 이런 측면만 보면 사랑과 공격성은 반비례한다. 페미니스트는 이런 측면을 염두에 두고 공격성과 혐오를 동일시하는 것 같다.

하지만 부부 사이처럼 사랑할수록 상대를 통제해야 할 필요가 더 커지는 관계도 있다. 그럴 때는 사랑과 공격성이 어느 정도 비례관계를 보일 수도 있다. 영화나 드라마에서 가끔 들을 수 있는 "사랑이 없으면 미움도 없다"는 말을 이런 식으로 해석할 수 있다.

위에서 강간을 용인하거나 장려하기 위해 남자들이 대동단결하기 힘든 이유를 살펴보았다. 더 넓게 본다면 여성 억압, 여성 차별, 여성 착취를 위해 남자들이 대동단결하기는 힘들다. 왜냐하면 남자들은 가까운 여자 친족이나 아내를 사랑하기 때문이다.

"여자를 억압하거나 차별하거나 착취해도 된다"를 "삼일한 규범"이라고 부르자. 위에서 살펴보았듯이 삼일한 규범을 위해 남자들이 똘똘 뭉치기는 힘들어 보인다. 하지만 남자들이 삼일한 규범의 정립을 위해 어느 정도 뭉칠 만한 이유가 있긴 하다.

삼일한 규범은 남자와 여자 사이에 갈등이 발생했을 때 남자에게 도움이 된다. 하지만 여자는 어떤 남자의 딸이자, 누이이자, 어머니이다. 삼일한 규범 때문에 그 여자의 아버지, 오빠, 아들이 손해를 볼 수 있다. 따라서 남자가 인류 평등이라는 고매한 이상을 품지 않더라도 자신의 이해관계 때문에 삼일한 규범에 반대할 만하다.

그런데 좀 더 깊이 따져 보면 이야기가 좀 달라진다. 남자의 입장에서 볼 때 여자 친족들과 남자 친족들이 평균적으로 비슷하게 존재한다. 어머니가 있다면 아버지도 있다. 누나가 있다면 형도 있다. 여동생이 있다면 남동생도 있다. 딸이 있다면 아들도 있다. 따라서 삼일한 규범 때문에 그 남자의 남자 친족들이 얻는 이득은 여자 친족들이 입는 손해로 상쇄되는 경향이 있다.

그런데 이 계산에서 아직 고려하지 않은 중요한 사람이 한 명 있으니 바로 그 남자 자신이다. 물론 삼일한 규범은 남자 자신에게 유리하다. 따라서 남자 자신, 남자의 남자 친족들, 남자의 여자 친족들을 모두 고려해 볼 때 평균적으로 삼일한 규범은 남자의 이해관계에 도움이 된다. 이런 이유 때문에 남자들이 삼일한 규범을 위해 약간은 뭉칠 수 있는지도 모른다.

여성에 대한 차별과 억압의 기원은 무엇인가? 여러 학파들이 그 기원을 사적 소유에서 찾았다. 그들에 따르면 원시 공산주의라고도 불리는 사냥채집사회에서는 사람들이 평등하게 살았다. 그 후 농경과 목축이 생기면서 문명사회로 이행했는데 사적 소유의 발달과 함께 계급간 불평등과 남녀간 불평등이 시작되었다는 것이다.

인간보다 무소유의 삶에 가까운 침팬지 사회는 얼마나 평등한가? 수컷들 사이에는 엄격한 서열이 있어서 서열이 높은 자가 낮은 자를 착취하고 억압하는 일이 흔하다. 통상적으로 어른 암컷들의 지위는 지위가 가장 낮은 어른 수컷의 아래쪽에 있다. 암컷은 수컷에게 두들겨 맞기 일쑤다.

현존 사냥채집사회는 침팬지 사회보다는 평등하고 평화로워 보인다. 이것은 일부일처제에 상당히 가까운 결혼 때문인 듯하다. 〈왜 남자가 감옥에 많이 갈까?: 부모 투자 이론의 재등장〉에서 살펴보았듯이 일부일처제에 가까울수록 수컷들 사이의 경쟁이 덜 치열하다. 이것은 서열 질서가 덜 엄격해짐을 뜻한다. 더 평등해지는 것이다. 일부일처제에 가까울수록 수컷과 암컷의 덩치 차이가 작아진다. 또한 수컷과 암컷의 성격 차이도 줄어든다. 즉 수컷이 암컷보다 사나운 정도가 덜하다.

　　암수의 덩치 차이가 작고 수컷이 암컷보다 사나운 정도가 작다면 암컷이 덜 억압받기 마련이다. 페미니스트는 결혼을 여성 억압의 원흉으로 본다. 하지만 여기에서 제시한 가설이 옳다면 오히려 결혼 덕분에 남자들 사이의 불평등과 남녀 사이의 불평등이 완화되었다.

　　어쨌든 인간은 일부다처제 결혼을 하는 짝짓기 체제에서 진화한 듯하며 남자가 여자보다 덩치가 약간 더 크며 더 사납다. 특별한 이유가 없다면 덩치가 크고 사나운 동물이 덩치가 작고 온순한 동물을 지배하기 마련이다. 덩치가 크고 사나운 남자들이 공자가 이야기한 군자나 성경 속의 예수만큼 착하지 않다면 여자를 억압하고 착취하리라 기대할 만하다. 실제로 현존 사냥채집사회에서도 때로는 남자들이 여자들을 무시하거나, 때리거나, 강간한다.

　　하지만 수백 년 전까지 여러 문명국에서 유지되었던 여성

차별과 여성 억압은 현존 사냥채집사회에서 드러나는 양상과는 비교도 할 수 없을 정도로 심했다. 이런 식의 변화는 사적 소유가 발달하게 된 농업 혁명과 관련 있어 보인다. 〈얼굴과 몸매를 보는 남자, 돈을 보는 여자: 정량 분석의 중요성〉에서 살펴보았듯이 사냥채집사회에서는 물질적 소유가 보잘것 없었는데 농경사회가 되면서 소유와 관련하여 엄청난 변화가 일어났다. 개인이 땅, 농작물, 가축 등을 대규모로 소유할 수 있는 사회가 된 것이다.

농경사회 초기에는 어땠을지 모르겠지만 결국 그 소유권이 사실상 모두 남자들에게로 넘어갔다. 그리하여 많은 재산을 소유하게 된 남자들이 여자들에게 막강한 지배력을 발휘할 수 있었다. 물론 부자인 남자들은 가난한 남자들도 지배하게 되었으며 극단적으로는 노예로 부리기도 했다.

왜 남자가 재산을 사실상 몽땅 소유하게 되었을까? 여기에도 남자가 여자보다 덩치가 크고 사납다는 점이 한몫 했을 것 같다. 분쟁이 생겼을 때 인간도 결국 몸싸움에 의존하게 될 때가 많으며 몸싸움에서는 남자가 여자보다 훨씬 유리하다.

짝짓기 시장에서 남자의 인기는 지위에 많이 의존한다. 반면 여자의 인기는 외모와 젊음에 많이 의존한다. 〈얼굴과 몸매를 보는 남자, 돈을 보는 여자: 정량 분석의 중요성〉에서 살펴보았듯이 왜 그렇게 되었는지에 대해서는 이야기할 거리가 많다. 어쨌든 이것이 인간사회에서 보편적으로 나타나는 패턴이다. 농경사회나 자본주의 사회에서 재산이 지위의 지표로 통한다. 짝짓기 시장에서 인기를 얻는 데 여자보다 남자에게 재산이 더 중요한 것이다.

그렇다면 남자가 여자보다 재산을 얻기 위해 더 애를 쓸 것이라고 기대할 만하다. 이것은 남자가 재산을 더 많이 차지하도록 만드는 요인이 될 수 있다. 부모의 입장에서 볼 때 딸보다 아들에게 재산을 더 많이 물려주는 것이 자식들의 전체적인 짝짓기 성공을 높이는 길이다. 따라서 부모가 그런 식으로 재산을 분배할 때가 많았을 것이라고 기대할 만하다.

참고문헌

「9. 암수의 전쟁」, 『이기적 유전자(The selfish gene)』, 리처드 도킨스 지음, 홍영남 & 이상임 옮김, 을유문화사, 2010(개정판)

「성적 갈등」, 『욕망의 진화: 사랑, 연애, 섹스, 결혼. 남녀의 엇갈린 욕망에 담긴 진실(The evolution of desire: strategies of human mating)』, 데이비드 버스 지음, 전중환 옮김, 사이언스북스, 2007

「11. 이성 간 갈등」, 『진화심리학: 마음과 행동을 탐구하는 새로운 과학(Evolutionary psychology: the new science of the mind)』, 데이비드 버스 지음, 이충호 옮김, 최재천 감수, 웅진지식하우스, 2012

「13. Contest competition in men」, David A. Puts, Drew H. Bailey & Philip L. Reno, 『The handbook of evolutionary psychology: 1. foundations』, David M. Buss 편집, Wiley, 2016(2판)

「27. Women's competition and aggression」, Anne Campbell, 『The handbook of evolutionary psychology: 2. integrations』, David M. Buss 편집, Wiley, 2016(2판)

「여자를 혐오한 남자들의 '탄생'」, 천관율 기자, 『시사IN』, 418호, 2015

4

친족
선택

피는 물보다 진하다: 친족선택 이론 첫걸음마

월급을 타면 주로 자신과 가족을 위해 쓴다. 전재산을 사회에 기부하는 사람도 없는 건 아니지만 대다수는 가족에게 유산을 물려준다. 가족이 없다면 가까운 친척에게 유산이 돌아갈 때가 많다. 가족에게는 콩팥이나 간도 훨씬 쉽게 떼어 준다. 기도를 할 때도 가족이나 가까운 친척이 잘 되길 빈다. 뇌물도 자신을 위해서가 아니라면 보통은 가족이나 가까운 친척을 위해서 바친다. 왜 그럴까? 왜 피는 물보다 진할까?

이타성altruism은 대체로 촌수와 상관관계가 있다. 4촌 형제보다는 2촌인 친형제에게 더 잘해준다. 5촌 조카보다는 3촌인 친조카에게 더 잘해준다. 친조카보다는 1촌인 자식에게 더 잘해준다. 왜 그럴까?

존 홀데인이 이 문제와 관련하여 했다는 말이 전설처럼 전해 내려오고 있다. 물에 빠져 죽어가는 형brother 1명을 위해 목숨을 희생하겠느냐는 질문에 홀데인은 아니라고 답했다고 한다. 하지만 형 2명을 구하거나 사촌 8명을 구하기 위해서는 자신의 목숨을 희생하겠다는 말을 덧붙였다고 한다. 친족선택 이론kin selection theory 또는 포괄 적합도 이론inclusive fitness theory의 핵심 아이디어를 제시한 것이다. 친족선택 이론과 포괄 적합도 이론을 구분하는 것이 중요하지만 이 책에서는 초보자용답게 거기까지 파고들지는 않겠다.

친족선택에 대해 논할 때 진화생물학자들은 홀데인보다는 윌리엄 해밀턴을 언급한다. 해밀턴이 수학적 정식화를 통해 홀데인이 제시했다는 아이디어를 체계화했기 때문이다. 해밀턴은 대학원생 시절에 완성한 논문 「The genetical evolution of social behaviour 사회적 행동의 유전적 진화」에서 친족선택 이론의 수학적 모형을 제시했다.

나중에 조지 프라이스 George R. Price 의 「Selection and covariance 선택과 공분산」의 영향을 받은 해밀턴은 「Innate social aptitudes of man 인간의 선천적인 사회적 소질」에서 친족선택의 수학적 모형을 바꾼다. 처음에는 슈얼 라이트의 관련 계수 coefficient of relationship 를 썼는데 나중에는 관련 회귀 계수 regression coefficient of relationship 를 쓴 것이다. 대체 뭔 소리 하는 겨?

여기에서 이런 것들에 대해 제대로 다루기 위해 관련 회귀 계수 같은 용어를 언급한 것은 아니다. 초보자에게는 너무나 어려운 수리 진화생물학의 세계가 있으며 그 세계를 어느 정도 이해하지 못하면 친족선택에 대해 심각하게 오해하기 십상이라는 이야기를 해 주고 싶을 뿐이다.

수학에 자신 있다면 해밀턴과 프라이스의 논문들을 직접 읽어 보면 된다. 핸디캡 원리를 다룰 때 등장했던 앨런 그레이픈의 논문들도 친족선택을 정확하고 깊이 있게 이해하는

데 큰 도움이 될 것이다.

해밀턴의 삶과 업적을 다룬 『Nature's oracle 자연의 신탁』에서는 수식에 대한 언급을 최소화하면서 친족선택 이론에 대해 꽤나 자세히 다룬다. 골치 아픈 수식은 피하고 싶은데 친족선택에 대해 『이기적 유전자』보다는 더 깊이 공부하고 싶은 사람에게 도킨스의 「Twelve misunderstandings of kin selection 친족선택에 대한 12가지 오해」과 함께 추천하고 싶다.

친족선택 이론에 따르면, 가까운 친족끼리는 유전자를 많이 공유하기 때문에 즉 똑같게 생긴 유전자"똑같음"의 기준이 매우 깐깐한 물리학의 기준으로 보면 똑같지 않을 수도 있다를 양쪽 모두 가지고 있는 경우가 많기 때문에 서로에게 이타적으로 행동하도록 진화하는 경향이 있다. 예컨대 "어머니와 자식은 유전자를 50% 공유하기 때문에 서로에게 매우 이타적으로 행동하도록 진화하는 경향이 있다"는 식의 이야기가 친족선택을 소개하는 대중서에 흔히 등장한다. 이런 말을 들을 때 몇 가지 의문이 들 수 있다.

첫째, 어머니와 자식이 유전자를 50% 공유한다는 것이 말이 되나? 인간과 침팬지가 유전자를 96% 공유한다는 이야기가 있다. 정확한 수치에 대해서는 논란이 있지만 인간과 침팬지가 유전자를 90% 넘게 공유한다는 점에는 의심의 여지가 없어 보인다. 인간과 인간은 서로 남남이라 하더라도 그보다 더 많은 유전자를 공유할 것이다. 매우 가까운 친족 사이인 어머니와 자식은 그보다도 더 많은 유전자를 공유할 것이다.

그런데도 50%만 공유한다고 말하는 것으로 보아 진화심리학자들은 바보인 것 같다.

둘째, 유전자를 더 많이 공유한다고 해서 왜 서로에게 이타적이어야 하나? 신이 "유전자를 더 많이 공유할수록 더 이타적으로 행동하라"라고 명령이라도 했으며, 동물이 그런 명령을 알아듣고 따르기라도 한단 말인가? 이것은 〈창녀가 존재하는 이유: 부모 투자 이론〉에서 언급했던 목적론 논란과 관련이 있다. 얼핏 생각해 보면 친족을 돕는다는 목적이 인과 사슬과는 상관없이 허공에 떠 있는 것 같다. 왜 동물이 그런 목적을 추구해야 한단 말인가?

셋째, 가까운 종일수록 유전자를 더 많이 공유하는 경향이 있다. 그렇다면 가까운 종일수록 서로에게 더 이타적으로 행동하도록 진화할까?

진화심리학자들이 "어머니와 자식은 유전자를 50% 공유한다"라고 이야기하는 것을 흔히 볼 수 있는데 오해의 소지가 있다. "어머니와 자식 사이의 관련도degree of relationship, 근친도는 50% 또는 0.5다"라고 말해야 정확하다. 전문가들끼리는 개떡같이 말해도 찰떡같이 알아들을 수 있지만 초보자에게는 혼동을 주기 십상이다. 유전자를 공유하는 정도를 측정하는 기준은 여러 가지인데 친족선택의 맥락에서는 관련도가 그 기준이다. 침팬지와 인간이 유전자를 96% 공유한다고 말할 때와는 기준이 다른 것이다. 관련도는 "common by descent 혈통 때문에 공통되는 것" 또는 "identical by descent 혈통 때문에 똑같은 것"와 연관이 있다.

"common by descent"란 무엇인가? 이것도 정확히 이해하려면 아주 골치 아프다. 결국 위에서 언급한 "슈얼 라이트의 관련 계수"나 "관련 회귀 계수"가 무엇인지 수학적으로 접근해야 한다. 하지만 초보자 수준에서 직관적으로 대충 이해할 수 있는 길이 없는 것은 아니다.

두 사람이 어떤 유전자 g를 공유한다면 그 이유는 무엇인가? 모든 인간이 g를 공유하기 때문일 수 있다. 즉 모든 인간에게 g가 있기 때문일 수 있다. 또는 많은 인간에게 g가 있기 때문일 수 있다. 하지만 두 사람이 g를 어머니나 외할아버지나 고조할아버지 같은 가까운 공동 조상으로부터 물려받았기 때문일 수도 있다. 이때 그 공동 조상이 한 사람에게는 어머니이지만 다른 사람에게는 외할머니일 수도 있을 것이다예컨 대 "한 사람"이 "다른 사람"의 이모인 경우.

가까운 공동 조상으로부터 물려받았기 때문에 유전자를 공유하는 것을 두고 "common by descent"라고 한다. 어머니를 "조상ancestor"이라고 부르는 것이 일상 대화에서는 좀 우습게 들리지만 진화생물학적 맥락에서는 그런 식으로 "조상"이라는 용어를 정의해서 써야 편리하다.

『이기적 유전자』에서 도킨스는 아주 희귀한 유전자에 대해 이야기한다. 그런 유전자를 두 사람이 공유한다면 그 이유는 "common by descent" 때문일 것이다. 물론 지극히 희귀한 유전자라 하더라도 기가 막힌 우연의 일치 때문에 두 사람이 그 유전자를 공유할 가능성도 있지만 희박한 확률이기 때문에 무시해도 큰 지장은 없다. 아주 희귀한 유전자에 대해 살펴보면 관련도와 친족선택을 이해하기 쉽다. 위에 등장하는 "모든 인간이 g를 공유하기 때문일 수 있다. 즉 모든 인간에게 g가 있기 때문일 수 있다. 또는 많은 인간에게 g가 있기 때문일 수 있다"라는 요인이 사실상 사라지기 때문이다.

인간의 경우 한 유전자자리locus, 유전자좌에 유전자가 두 개 있다. 여자 M의 어떤 유전자자리에 매우 희귀한 유전자 g가 있다고 하자. M의 자식에게 g가 있을 확률은 얼마일까? F는 M의 남편이다M: mother, F: father. F에게도 g가 있을 가능성이 있긴 하다. 하지만 g는 매우 희귀한 유전자다. F에게 g가 있을 확률은 매우 낮아서 0%라고 보아도 무방하다. F와 M이 가까운 친족이라면 이야기가 달라지겠지만 근친결혼의 가능성은 배제하겠다.

자식에게 g가 있다면 그것을 M에게서 물려받은 것이라고 봐도 무방하다. M에게 g가 두 개 있을 가능성도 있긴 하지만 매우 희귀한 유전자이기 때문에 그럴 확률은 지극히 작다. 따라서 M에게 g가 하나만 있다고 가정해도 무방하다. M에게 g가 하나만 있으므로 자식에게 g가 있을 확률은 50%또는 0.5다. 이 0.5라는 수치가 어머니와 자식 사이의 관련도다.

이해가 잘 안 가는 사람도 있을 것이다. 친족선택을 이 책에서 다루는 만큼이라도 이해하고 싶다면 정자와 난자가 만들어질 때 감수분열meiosis이 어떻게 일어나는지, 정자와 난자가 결합해서 수정란이 만들어질 때 유전자 수준에서는 어떤 일이 일어나는지 알려주는 고등학교 생물 교과서를 우선 들춰 봐야 할 것이다.

이번에는 완전형제full sibling, 완전동기同氣, 어머니와 아버지가 모두 같은 경우를 말한다. "형제"라고 썼지만 자매나 남매도 포함된다. 인 S1과 S2를 살펴보자. S1에게 매우 희귀한 유전자 g가 있다고 하자. S1과 완전형제 사이인 S2에게 g가 있을 확률은 얼마일까? S1과 S2의 어머니는 M이고 아버지는 F라고 하자. 편의상 그냥 "어머니", "아버지"라고 썼지만 "유전적 어머니"와 "유전적 아버지"라는 뜻이다. S1이 g를 어머니로부터 물려받았을 확률이 50%이고 아버지로부터 물려받았을 확률 역시 50%다. S1에게 g가 두 개 있을 가능성도 있지만 희박하기 때문에 무시해도 큰 문제가 되지는 않는다. 미토콘드리아의 경우에는 어머니로부터만 물려받는데 그런 예외적인 유전자는 무시하기로 하자.

만약 어머니에게 g가 있어서 S1에게 물려주었다면 그것을 S2에게도 물려주었을 확률은 50%다. 결국 어머니로부터 S2가 g를 물려받았을 확률은 50%×50% 즉 25%다. 아버지로부터 S2가 g를 물려받았을 확률도 마찬가지로 25%다. 두 수를 더하면 S2에게 g가 있을 확률 50%가 나온다. 이것이 완전형제 사이의 관련도인 0.5다.

이번에는 절반형제half sibling, 절반동기, 배다른 형제나 씨다른 형제인 S3와 S4를 살펴보자. S3과 S4의 어머니는 같은 사람이지만 아버지는 다르다. 씨 다른 형제인 것이다. S3에게 매우 희귀한 유전자 g가 있다고 하자. S4에게 g가 있을 확률은 얼마일까? S3가 g를 어머니로부터 물려받았을 확률은 50%다. 어머니에게 g가 있어서 S3에게 물려주었다고 가정해 보자. 이때 그것을 S4에게도 물려주었을 확률은 50%다. 결국 어머니로부터 S4가 g를 물려받았을 확률은 25%다.

이번에는 S3가 g를 아버지로부터 물려받은 경우를 따져보자. 이번에도 그 확률은 50%다. 그런데 S3의 아버지는 S4의 아버지가 아니다. 따라서 S3의 아버지에게 g가 있다 하더라도 S4에게 물려줄 수는 없다. 그리고 g가 매우 희귀한 유전자이기 때문에 S4의 아버지에게 그 유전자가 있을 확률은 무시해도 좋을 정도로 작다. 결국 S4에게 g가 있을 확률은 25%다. 이것이 절반형제 사이의 관련도인 0.25다.

다음은 주요 친족관계의 관련도다. 일란성 쌍둥이는 1, 부모와 자식 사이는 0.5, 완전 형제는 0.5 일란성 쌍둥이가 아닌 경우, 절반 형제는 0.25, 조카 조카의 어머니나 아버지와 내가 완전형제일 때는 0.25, 조부모와 손자 사이는 0.25, 사촌 형제 나의 어머니나 아버지가 사촌의 어머니나 아버지와 완전형제일 때 는 0.125, 절반조카 half niece, 조카의 어머니나 아버지와 내가 절반형제일 때 는 0.125.

이 책에서 "친족"은 "kin"의 번역어다. 이론 kin selection에서 "kin"은 혈족 blood relative 을 뜻한다. 근친결혼이 아니라면 배우자는 친족이 아니다. 이모부나 고모부 같은 인척 혼인에 의하여 맺어진 친척도 친족이 아니다. 물론 이모와 이모부가 근친

결혼을 했다면 문제가 달라지지만 말이다. 따라서 일상적으로 쓰는 "친족" 또는 "kin"과는 의미가 다르다.

엄밀히 말해 "친족이 아니다"라는 말은 옳지 않다. 왜냐하면 아주 먼 조상으로 거슬러 올라가면서 따져 보면 모든 인간은 혈족관계이기 때문이다. 한 집에 사는 개와 주인도 따지고 보면 혈족이다. 개와 인간의 최근 공동 조상까지 거슬러 올라가면서 따진다면 말이다. 친족선택 이론의 맥락에서 "친족이 아니다"의 의미는 너무나 먼 친족이어서 친족선택 이론의 수식을 적용할 때에는 친족이 아니라고 보아도 무방하다는 뜻이다.

관련된 형제가 모두 완전형제이며 관련된 부부 중 근친결혼을 한 사람이 없다고 가정해 보자. 바람을 피운 여자도 없어서 친아버지가 곧 유전적 아버지라는 전제도 필요하다. 그럴 때 사촌 형제의 관련도는 형제의 관련도의 4분의 1이다. 육촌 형제의 관련도는 사촌 형제의 관련도의 4분의 1이다. 팔촌 형제의 관련도는 육촌 형제의 관련도의 4분의 1이다. 물론 십촌 형제의 관련도 역시 팔촌 형제의 관련도의 4분의 1이다. 십촌 형제의 관련도는 0.001953125이다. 형제의 관련도 0.5에 비해 아주 작으며 0에 꽤나 가깝다. 따라서 친족선택의 수식을 놓고 따질 때는 십촌 형제나 그보다 먼 친족의 경우에는 친족이 아니라고 봐도 별 지장이 없다.

관련도는 촌수와 비슷하다. 하지만 차이가 있다. 형제 사이라면 완전형제든 절반형제든 2촌이다. 하지만 관련도에서는 두 배나 차이가 난다. 어머니와 자식은 1촌 사이이며 형제 사이는 2촌이다. 부모 자식 사이가 형제 사이보다 촌수로는 더 가깝다. 하지만 부모 자식 사이의 관련도는 완전형제 사이와 같다. 바로 위 문단에서 촌수는 등차수열을 이루고 관련도는 등비수열을 이룬다는 점도 주목할 만하다. 따라서 친족선택을 "촌수로 따졌을 때 가까울수록 더 이타적으로 행동하도록 진화하는 경향이 있다"라고 이해하면 심각한 문제가 생길 수 있다.

왜 유전자를 더 많이 공유할수록 더 이타적으로 행동하도록 진화하는 경향이 있을까? 진화생물학자들이 "신의 명령이니까"라는 식의 설명을 받아들일 리 없다. 아래 내용을 잘 곱씹으면서 읽어보면 목적론 문제가 어떻게 해결되는지 감을 잡을 수 있을 것이다.

이타성 조절과 관련된 매우 희귀한 유전자 a와 s가 있다고 하자a: altruistic, s: selfish. a와 s는 같은 유전자자리에 있다. 유전자 a를 품고 있는 사람을 A, 유전자 s를 품고 있는 사람을 S라고 하자. A의 완전형제 2명 이상의 목숨이 걸려 있을 때 a는 A가 자신의 목숨을 바쳐서 그들을 구하도록 만든다. s는 S의 목숨을 바쳐 S의 완전형제를 아무리 많이 구할 수 있는 상황이어도 도와주지 않도록 만든다고 하자. 여기에 등장하는 사람들의 나이, 성별, 외모, 능력 등이 모두 똑같다고 가정하자. 여기에서는 사람에 대해 이야기하고 있지만 다른 동물의 경우에도 마찬가지로 적용할 수 있다.

a와 s중 어느 쪽이 더 잘 복제될까? 유전자 a를 하나 품고 있는 사람 A가 자신의 목숨을 바쳐서 완전형제 2명을 구했다고 하자. 형제들을 돕다가 A는 죽었다. 따라서 a가 하나 사라졌다. 완전형제 사이의 관련도는 0.5다. 따라서 A의 완전형제 1명에게 a가 있을 확률은 0.5다. 2명이니까 a가 1개 있을 것으로 기대할 수 있다. A의 희생 덕분에 완전형제 2명 속에 있는 a가 1개 살아남을 수 있었던 것이다. 사건 이전에는 A와 형제 2명 속에 유전자 a가 2개 있었는데 1개가 되었다.

유전자 s를 하나 품고 있는 사람 S가 자신의 목숨을 바쳐서 완전형제 2명을 구할 수 있음에도 불구하고 그냥 내버려 두었다고 하자. 여기에서도 마찬가지 계산법으로 그 사건 이전에는 S와 형제 2명 속에 유전자 s가 2개 있었다. 그런데 S는 형제를 돕지 않았으며 살아남을 수 있었다. 하지만 형제 2명은 모두 죽었다. 따라서 그 사건 이후에는 s가 1개가 되었다.

이번에는 완전형제 3명의 목숨이 걸려 있을 상황을 살펴보자. 유전자 a를 하나 품고 있는 사람 A가 자신의 목숨을 바쳐서 완전형제 3명을 구했다고 하자. 형제들을 돕다가 A는 죽었다. 따라서 a가 1개 사라졌다. A의 완전형제 1명에게 a가 있을 확률은 0.5다. 3명이니까 a가 1.5개 있을 것으로 기대할 수 있다. 물론 기대값이 그렇다는 얘기다. 실제로는 유전자가 1.5개 존재할 수는 없다. 평균적으로 1.5개가 될 뿐이다. A의 희생 덕분에 a가 1.5개 살아남을 수 있었다. 사건 이전에는 A와 형제 3명 속에 유전자 a가 2.5개 있었는데 1.5개가 되었다.

유전자 s를 하나 품고 있는 사람 S가 자신의 목숨을 바쳐서 완전형제 3명을 구할 수 있음에도 불구하고 그냥 내버려 두었다고 하자. 여기에서도 마찬가지 계산법으로 그 사건 이전에는 S와 형제 3명 속에 유전자 s가 2.5개 있었다. 그런데 S는 형제를 돕지 않았으며 살아남을 수 있었다. 하지만 형제 3명은 모두 죽었다. 따라서 그 사건 이후에는 s가 1개가 되었다.

　완전형제 2명의 목숨이 걸려 있는 상황에서는 a의 경우에도 s의 경우에도 2개에서 1개로 줄었다. 완전형제 2명의 목숨이 걸려 있는 상황에서는 a와 s의 경쟁력이 같다. 완전형제 3명의 목숨이 걸려 있는 상황에서는 a는 2.5개에서 1.5개로 줄었는데 s는 2.5에서 1개로 줄었다. 완전형제 3명의 목숨이 걸려 있는 상황에서는 a가 s에 비해 경쟁력이 있는 것이다.

　완전형제 4명의 목숨이 걸려 있는 상황이라면 a는 3개에서 2개로 줄어드는데 s는 3개에서 1개로 줄어든다. 완전형제 5명의 목숨이 걸려 있는 상황이라면 a는 3.5개에서 2.5개로 줄어드는 s는 3.5개에서 1개로 줄어든다. 전반적으로 볼 때 a가 s보다 경쟁력이 있다. a와 s가 복제 경쟁을 벌인다면 결국 a가 이길 것이다. a가 s에 비해 점점 더 많아지는 방향으로 진화하는 것이다. 친족에게 어느 정도 이타성을 보이도록 만드는 유전자가 친족을 나 몰라라 하도록 만드는 유전자보다 더 잘 복제되는 것이다.

　이번에는 다른 사례를 살펴보자. 이타성 조절과 관련된 매우 희귀한 유전자 a와 u가 있다고 하자a: altruistic, u: ultraaltruistic . 유전자 a를 품고 있는 사람을 A, 유전자 u를 품고 있는 사람을 U라고 하자. a는 위의 사례와 같은 효과를 발휘한다. 즉 완전형제 2명 이상의 목숨이 걸려 있을 때 자신의 목숨을 바쳐서 그들을 구하도록 만든다. u는 완전형제 1명 이상의 목숨이 걸려 있을 때 자신의 목숨을 바쳐서 그들을 구하도록 만든다. u가 a보다 형제에게 더 이타적으로 행동하도록 만드는 것이다. 이번에도 같은 유전자자리에서 a와 u가 경쟁한다.

완전형제 2명 이상의 목숨이 걸려 있는 상황에서는 U와 A의 행동이 똑같다. 두 사람의 행동이 다른 경우는 완전형제 1명의 목숨이 걸려 있는 상황이다. 유전자 u를 하나 품고 있는 사람 U가 자신의 목숨을 바쳐서 완전형제 1명을 구했다고 하자. 형제를 돕다가 U는 죽었다. 따라서 u가 1개 사라졌다. U의 완전형제에게 u가 있을 확률은 0.5다. U의 완전형제 1명 속에 u가 0.5개 있을 것으로 기대할 수 있다. U의 희생 덕분에 u가 0.5개 살아남을 수 있었다. 사건 이전에는 U와 형제 1명 속에 유전자 u가 1.5개 있었는데 0.5개가 되었다.

유전자 a를 하나 품고 있는 사람 A가 자신의 목숨을 바쳐서 완전형제 1명을 구할 수 있음에도 불구하고 그냥 내버려 두었다고 하자. 여기에서도 마찬가지 계산법으로 그 사건 이전에는 A와 형제 1명 속에 유전자 a가 1.5개 있었다. 그런데 A는 형제를 돕지 않았으며 살아남을 수 있었다. 하지만 형제 1명은 죽었다. 따라서 그 사건 이후에는 a가 1개가 되었다.

a의 경우에는 1.5개에서 1개로 줄었다. 반면 u의 경우에는 1.5개에서 0.5개로 줄었다. a가 u에 비해 경쟁력이 있는 것이다. 따라서 a와 u가 복제 경쟁을 벌인다면 a가 이길 것이다. 만약 a가 u보다 더 잘 복제된다면 결국 a의 방향으로 진화가 일어난다. 즉 친족에게 어느 정도까지만 이타적으로 행동하도록 만드는 유전자가 친족을 무작정 돕도록 만드는 유전자보다 더 잘 복제된다. 친족에게 전혀 이타적이지 않도록 만드는 유전자도 경쟁력이 떨어지지만 지나치게 이타적이도록 만드는 유전자도 경쟁력이 떨어지는 것이다.

이번에는 더 골 때리게 인위적인 사례를 살펴보자. 이타성 조절과 관련된 매우 희귀한 유전자 a, s, u가 있다고 하자. 완전형제 2명을 초과하는 목숨이 걸려 있을 때 a는 자신의 목숨을 바쳐서 그들을 구하도록 만든다. s는 완전형제 2.02명을 초과하는 목숨이 걸려 있을 때 자신의 목숨을 바쳐서 형제들을 구하도록 만든다. u는 완전형제 1.98명을 초과하는 목숨이 걸려 있을 때 자신의 목숨을 바쳐서 형제들을 구하도록 만든다.

s는 a에 비해 친족들에게 미세하게 더 이기적으로 행동하도록 만들고 u는 a에 비해 친족들에게 미세하게 더 이타적으로 행동하도록 만든다. 완전형제 2.02명을 초과하는 목숨이 걸렸을 때는 세 유전자 모두 자신의 목숨을 희생하면서 형제들을 구하도록 만든다. 완전형제 1.98명 이하의 목숨이 걸렸을 때는 세 유전자 모두 이기적으로 행동하도록 만든다.

완전형제 2.01명의 목숨이 걸렸을 때를 따져 보자. 물론 사람이 2.01명 존재할 수는 없다는 면에서 정말로 골 때리게 인위적인 상황이다. 그래도 그냥 따라가 보자. a는 자신과 완전형제 2.01명 속에 2.005개1+0.5×2.01 있다. s와 u도 마찬가지로 2.005개 있다. a와 u의 경우에는 자신을 희생해서 형제를 구한다. 자신은 죽고 형제들은 살기 때문에 사건 이후에는 1.005개가 남게 된다. 반면 s의 경우에는 자신은 살고 형제들은 죽기 때문에 사건 이후에는 1개가 남게 된다. s보다는 a와 u가 경쟁력이 있는 것이다.

이번에는 완전형제 1.99명의 목숨이 걸렸을 때를 따져 보자. a는 자신과 완전형제 1.99명 속에 1.995개1+0.5×1.99 있다. s와 u도 마찬가지로 1.995개 있다. u의 경우에는 자신을 희생해서 형제들을 구한다. 자신은 죽고 형제들은 살기 때문에 사건 이후에는 0.995개가 된다. 반면 s와 a의 경우에는 자신은 살고 형제들은 죽기 때문에 사건 이후에는 1개가 된다. u보다는 a와 s가 경쟁력이 있는 것이다.

전체적으로 볼 때 a가 s와 u보다 경쟁력이 있다. 완전형제 2명을 초과하는 목숨이 걸려 있을 때 구하는 a가 그보다 친족에게 약간 더 이타적인 u보다도 경쟁력이 있고 그보다 약간 더 이기적인 s보다도 경쟁력이 있는 것이다. 여기에서 "2명"의 "2"가 완전형제 사이의 관련도 0.5의 역수라는 점에 주목할 필요가 있다. 즉 "1 / 0.5=2"이다. 좀 더 파고들고 싶다면 절반형제나 다른 친족관계의 경우에도 비슷한 계산을 해 보시

라. 관련도의 역수가 중요한 역할을 한다는 점을 깨닫게 될 것이다.

이해의 편의를 위해 아주 인위적인 상황을 만들었다. 현실 세계에서는 자신의 목숨을 바쳐서 형제 3명의 목숨을 구할 수 있을 만한 상황은 거의 생기지 않는다. 형제들의 나이, 성별, 외모, 능력 등이 모두 똑같을 리가 없다. 우성 유전자dominant gene 나 열성 유전자recessive gene 와 관련된 온갖 골치 아픈 문제들도 그냥 무시했다.

여기에서 제시하는 조잡한 산수에서만 그런 것이 아니라 논문에 등장하는 골치 아픈 수학적 모형에서도 온갖 단순화가 전제된다. 따라서 복잡미묘한 현실에 잘 적용되지 않는 경우도 있다. 이것은 뉴턴의 중력 이론과 운동 법칙을 적용하여 물체가 떨어지는 속도를 계산할 때와 비슷하다. 그럴 때 보통 진공 상태를 가정한다. 만약 쇠구슬을 공기 중에서 10m 높이에서 떨어뜨린다면 진공 상태를 가정하고 계산한 것과 거의 일치한다. 여기에도 주변에 강력한 자석이나 회오리바람이 없다는 가정이 필요하지만 말이다.

종이비행기나 헬륨을 채운 풍선을 공기 중에서 떨어뜨릴 때는 진공 상태를 가정했을 때의 계산과 엄청나게 달라진다. 쇠구슬을 성층권에서 떨어뜨리는 경우에도 잘 들어맞지 않는다. 어떤 경우에는 꽤나 정확하게 운동을 예측하고 어떤 경우에는 그렇지 않은지 알고 싶다면 물리학을 깊이 공부할 필요가 있다. 마찬가지로 진화생물학자가 제시하는 친족선택의 수학적 모형이 어떤 경우에 잘 적용되지 않을지 알고 싶다면 수학적 모형에 어떤 가정들이 깔려 있으며 그 가정 때문에 어떤 문제가 생길 수 있는지를 정확히 알아야 한다. 물론 이 책의 수준을 훨씬 뛰어넘는 이야기다.

여기에서는 홀데인이 남겼다는 말에서 힌트를 얻어 목숨이 왔다갔다 하는 상황만 다루었다. 친족선택으로 진화하는 이타성이 그런 극단적인 상황에서만 적용되기 때문에 그런 것은 아니다. 그냥 설명의 편의를 위한 것이었다. 설명의 편의를 위해 매우 희귀한 유전자의 경우만 다루었다는 점도 상기하자. 동생에게 빵을 하나 주는 상황까지 포함하도록, 희귀하지 않은 유전자의 경우도 포함하도록 해야 온전한 이론이 된다.

친족선택 이론을 정확히 이해하려면 왜 희귀하지 않은 유전자에도 적용되는지를 알아야 한다. 사실 이것이 바로 해밀턴의 업적이다. 해밀턴은 희귀한 유전자뿐 아니라 흔한 유전자에도 적용되는 일반적 수식을 제시했다. 물론 해밀턴의 업적을 제대로 이해하려면 해밀턴이나 다른 수리 진화생물학자들이 제시한 수학적 모형을 이해해야 한다. 다른 말로 하면 골때리는 논문들을 읽어야 한다.

여기에서 제시한 조잡한 산수를 잘 살펴보면 여러 사례들을 관통하는 어떤 원리가 어렴풋이 보일 것이다. 그것이 바로 친족선택의 원리다. 여기에서 제시한 사례들을 열심히 곱씹어 보면 친족을 돕는다는 목적 또는 유전자를 복제한다는 목적을 상정하는 것이 어떻게 인과론과 조화를 이룰 수 있는지도 감을 잡을 수 있을 것이다. 그런 목적들이 천상에 떠 있으면서 동물의 행동을 조종하는 것이 아니다. 특정한 방향으로 행동하도록 만드는 유전자가 다른 유전자보다 더 잘 복제될 뿐이다. 그런 유전자가 잘 복제된다는 뜻은 그런 방향으로 진화가 일어난다는 뜻이다.

해밀턴의 규칙 Hamilton's rule 은 다음과 같다:

rB 〉C

여기에서 r은 행위자 시혜자와 수혜자 사이의 관련도다. B는 이타적 행동으로 수혜자가 얻는 이득이다. C는 이타적 행동을 하면서 행위자가 치르는 비용이다 r: relatedness, B: benefit, C: cost .

완전형제의 경우 r이 0.5다. 따라서 수혜자가 얻는 이득에 0.5를 곱한 값이 행위자가 치르는 비용보다 커야 이타적 행동이 나타날 것이라고 기대할 수 있다. 비용과 이득의 기준이 정확히 무엇인지를 따져야 하겠지만 여기에서는 그냥 넘어가겠다. 위 부등식을 "B 〉C × 1 / r"로 바꾸어 보면 이해가 쉬울지도 모르겠다. 왜 위의 사례들에서 r의 역수가 등장했는지 이해가 될 것이다. 완전형제의 경우 "1명의 목숨에 2를 곱한 값"보다 커야 즉 "2명을 초과하는 형제들의 목숨"이어야 이타성이 발현될 것이라고 기대할 수 있다. "2를 곱한 값"에서 "2"

는 "1 / r = 1 / 0.5"다.

유전자를 더 많이 공유할수록 서로에게 더 이타적으로 행동하는 경향이 있다는 정도로만 친족선택을 이해하면 가까운 종일수록 서로에게 더 이타적으로 행동하는 경향 있다고 생각할 수도 있을 것이다. 이런 식으로 채식주의를 설명하고 싶은 유혹이 들지도 모른다. 동물이 식물보다 인간과 계통학적으로 더 가깝다. 따라서 동물이 식물보다 인간과 유전자를 더 많이 공유한다. 그래서 인간이 식물보다 동물에게 더 이타적으로 행동하도록 진화했으리라 기대할 만하다고 생각할 수도 있을 것이다. 그런 이유 때문에 일부 인간들이 채식주의자가 되는 것은 아닐까?

엄격한 채식주의자들은 동물을 아예 먹지 않는다. 그보다 느슨한 채식주의자들은 포유류는 먹지 않지만 생선 등은 먹는다. 이것도 친족선택으로 설명할 수 있겠다는 생각이 들지도 모르겠다. 예컨대 연어에 비해 돼지가 인간과 가까운 종이기 때문에 인간과 유전자를 더 많이 공유한다. 그래서 인간이 연어보다 돼지에게 이타성을 더 발휘하는 것은 아닐까? 그래서 돼지는 먹지 않고 연어는 먹는 사람들이 있는 것은 아닐까?

하지만 친족선택 이론에서는 한 개체군population의 유전자풀gene pool, 유전자급원給源에서 어떤 유전자가 더 잘 복제되는지를 따진다. 개체군은 상호 짝짓기가 가능한 개체individual, 동물 한 마리, 인간 한 명들로 이루어진 집단이다. 유성 생식을 하는 생물의 경우 종 개념은 상호 짝짓기가 가능한 집단으로 정의된다. 서로 짝짓기를 해서 자손을 남기는 일이 사실상 일어날 수 없다면 서로 다른 종이다. 따라서 친족선택 이론은 서로 다른 종 사이의 이타성에는 적용되지 않는다. 아예 서로 독립된 개체군들을 형성하기 때문에 친족선택이 적용될 수 없는 것이다.

친족선택을 지극히 조잡하게 단순화해서 설명했다. 그럼에도 불구하고 상당히 골치 아프다고 느꼈다면 그것이 내가 이 글에서 전달하고 싶은 것 중 하나였다. 물론 수리 진화생물학자들이 제시하는 훨씬 덜 조잡한 수학적 모형들을 훨씬 더 골치 아프다. 친족선택 이론은 초보자에게는 엄청나게 어렵다. 『이기적 유전자』만 읽고 친족선택에 대해 어디 가서 아는 척하다가는 큰 코 다칠 수 있다.

참고문헌

「6. 유전자의 행동방식」, 『이기적 유전자(The selfish gene)』, 리처드 도킨스 지음, 홍영남 & 이상임 옮김, 을유문화사, 2010(개정판)

「8. 친족 문제」, 『진화심리학: 마음과 행동을 탐구하는 새로운 과학(Evolutionary psychology: the new science of the mind)』, 데이비드 버스 지음, 이충호 옮김, 최재천 감수, 웅진지식하우스, 2012

「19. Kin selection」, Raymond Hames, 『The handbook of evolutionary psychology: 1. foundations』, David M. Buss 편집, Wiley, 2016(2판)

「3. Altruism & inclusive fitness」, 『Mathematical models of social evolution: a guide for the perplexed』, Richard McElreath & Robert Boyd, The University Of Chicago Press, 2007

「6. Altruism through the looking glass」, 『Nature's oracle: the life and work of W. D. Hamilton』, Ullica Segerstrale, Oxford University Press, 2013

「The genetical evolution of social behaviour I, II」, William D. Hamilton, 『Journal of Theoretical Biology』, 1964(『Narrow roads of gene land: the collected papers of W. D. Hamilton: volume 1. evolution of social behaviour』에도 실려 있다)

「A geometric view of relatedness」, Alan Grafen, 『Oxford surveys in evolutionary biology: volume 2』, Richard Dawkins & Mark Ridley 편집, Oxford University Press, 1985

「How not to measure inclusive fitness」, Alan Grafen, 『Nature』, 1982

「Innate social aptitudes of man: an approach from evolutionary genetics」, William D. Hamilton, 『Biosocial anthropology』, Robin Fox 편집, Malaby Press, 1975(『Narrow roads of gene land: the collected papers of W. D. Hamilton: volume 1. evolution of social behaviour』에도 실려 있다)

「5. Kinship and social behavior」, Stuart A. West, Andy Gardner & Ashleigh S. Griffin, 『Foundations of evolutionary psychology』, Charles Crawford & Dennis Krebs 편집, LEA, 2007

「Optimization of inclusive fitness」, Alan Grafen, 『Journal of Theoretical Biology』, 2006

「10. The Price effect」, 『Nature's oracle: the life and work of W. D. Hamilton』, Ullica Segerstrale, Oxford University Press, 2013

「Selection and covariance」, George R. Price, 『Nature』, 1970

「Twelve misunderstandings of kin selection」, Richard Dawkins, 『Zeitschrift für Tierpsychologie』, 1979

「William Donald Hamilton」, Alan Grafen, 『Narrow roads of gene land: the collected papers of W. D. Hamilton: volume 3. last words』, William Hamilton 지음, Mark Ridley 편집, Oxford University Press, 2005

이모네 떡볶이: 부성 불확실성

형, 누나, 오빠는 원래 가족관계일 때 쓰는 말이다. 하지만 친근함을 표현하기 위해 가족이 아닌 사이일 때도 쓰인다. 그런 말 중에 이모도 있다. 그런데 왜 고모가 아니라 이모라고 하는 걸까? 왜 "이모네 떡볶이"가 "고모네 떡볶이"보다 훨씬 많은가?

이모와 고모를 비교하기 전에 어머니와 아버지부터 비교해 보자. 이모와 고모는 다 여자인데 왜 여자인 어머니와 남자인 아버지를 비교하는지 좀 이상해 보일지도 모른다. 하지만 진화론적으로 보면 연결이 된다. 여자는 약하지만 어머니는 강하다는 말이 있다. 모성애의 위대함을 표현한 말이다. 왜 모성애는 부성애보다 강한가?

"친자 확인 검사"에서 "친자"는 유전적 자식을 뜻한다. 하지만 이 책에서 "친자식"을 "유전적 자식"과는 다른 의미로 쓸 것이다. 친자식은 결혼을 유지하는 상태에서 태어난 자식을 뜻한다. 그 아이가 친아버지의 유전적 자식일 가능성이 상당히 높다. 하지만 그 아이의 어머니가 바람을 피웠다면 친아버지와 유전적으로는 남남일 수 있다. 이것이 일상적으로 쓰이는 친자식의 뜻이기도 하다. 유전자 검사해서 유전적 자식임을 확인한 이후에만 아버지가 그 아이를 친자식이라고 부르지는 않는다.

인공수정을 통한 대리모가 존재할 수 없었던 과거 원시사회에서 여자의 자궁 속에서 자라서 태어난 아이는 그 여자의 유전적 자식임이 확실했다. 반면 아내의 자식이 남편의 유전적 자식인지는 그렇게 확실하지 않았다. 옛날에는 유전자 검사가 없었기 때문에 그것을 확실히 알아내는 것이 사실상 불가능했다. 영어권에는 "Mama's baby, papa's maybe 엄마의 아기, 아빠의 아마도"라는 농담이 있다. 사냥도 해야 하고 전쟁도 해야 하고 바람도 피워야 하는 남편이 아내와 떨어져 있는 경우가 많았기 때문에 아내를 24시간 감시할 수는 없는 노릇이었다.

인간은 포유류이며 체내수정으로 임신이 된다. 평균적으로 볼 때 어머니와 친자식이 유전자를 공유하는 정도가 아버지와 친자식이 유전자를 공유하는 정도보다 크다. 어머니와 친자식의 경우에는 관련도가 0.5지만 아버지와 친자식의 평균 관련도는 0.5보다 낮다. 친족선택 이론에 따르면 유전자를 더 많이 공유할수록 이타성이 강하게 진화하는 경향이 있다. 따라서 모성애가 부성애보다 더 강하게 진화하리라 기대할 만하다.

아내의 바람기가 많을수록, 아내가 바람을 피웠다는 증거나 정황이 많을수록 아내의 자식이 남편의 유전적 자식이 아닐 가능성이 크다. 따라서 그럴수록 친자식을 덜 사랑하도록 남자가 진화했으리라 기대할 만하다. 반면 남편이 아무리 바람을 피우고 다녀도 여자가 낳은 자식이 여자의 유전적 자식이라는 점은 바뀌지 않는다. 이런 면에서 볼 때 여자의 자식 사랑은 남편의 바람기와 별로 상관이 없으리라 기대할 만하다.

〈창녀가 존재하는 이유: 부모 투자 이론〉에서 살펴보았듯이 남자는 여러 여자와 섹스를 함으로써 자식 수를 늘릴 수 있다. 다른 여자의 꽁무니를 따라다니게 되면 자식 돌보기에 투자할 시간이 줄어들 수밖에 없다. 자식 돌보기를 소홀히 하면 자식의 생존과 번식에 지장이 생긴다. 결국 이것은 자식의 아버지에게도 손해다. 하지만 다른 여자와 바람을 피우면 자식 수를 늘림으로써 막대한 번식 이득을 얻을 수 있다. 여자의 경우에는 바람을 피움으로써 남자만큼 막대한 번식 이득을 얻을 수 없다. 이런 요인 때문에 부성애가 모성애보다 더 약하게 진화할 수 있다.

여자가 임신한 상태에서 남녀가 헤어지면 결국 여자가 아이를 키울 수밖에 없는 상황이 된다. 여자의 뱃속에 아이가 있다는 사실 때문이다. 젖먹이 상태에서 부모가 이혼할 때에도 상황은 비슷하다. 원시사회에는 분유가 없었다. 따라서 남자 혼자 갓난아기를 키우는 것은 사실상 불가능했다.

어차피 남자의 경우에는 태아와 갓난아기를 혼자 키우는 것이 불가능하거나 매우 어렵다. 따라서 애인 또는 부부 사이가 깨졌을 때 남자는 자식 키우기의 부담을 면제받을 가능성이 높다. 반면 여자는 그런 상황에서 자식이 죽도록 내버려 둘 것인지 자신이 키울 것인지 결정해야 하는 처지에 빠지게 된다. 이런 요인 때문에 모성애가 부성애보다 강하게 진화할 수 있다.

강렬한 모성애는 자식을 위한 엄청난 자기희생으로 이어질 수 있다. 하지만 자식을 위해 남들을 희생시키는 길도 있다. 교사에게 촌지를 줘서 자기 자식을 더 챙겨주도록 만든다면 다른 학생들에게 갈 관심이 희생된다. 맘충mom蟲은 어린 자식을 위해 민폐를 끼치는 여자를 뜻한다. 자식이 소중할수록 자식을 위해 더 쉽게 남들에게 민폐를 끼칠 것이다. 강렬한 모성애는 봉준호 감독의 〈마더〉에서처럼 맘충을 훨씬 뛰어넘는 일을 벌이도록 만들 수도 있을 것이다.

만약 모성애가 부성애보다 더 강하도록 진화했다면 여자가 남자보다 자식을 위해 자신을 더 많이 희생하려 할 수도 있지만 남들을 더 많이 희생시키려 할 수도 있다. 이런 요인은 남자가 대드충dad蟲이 되기보다 여자가 맘충이 되기 쉽도록 만들 수 있다. 물론 맘충, 대드충 현상과 관련된 다른 요인들도 고려해야 하기 때문에 문제가 그리 단순하지는 않다. 어쨌든 강렬한 모성애라는 동전에 숭고한 모성애라는 앞면이 있다면 맘충과 치맛바람이라는 뒷면도 존재할 수밖에 없다. 모성애가 유전적 이해관계를 위해 진화했다면 이런 뒷면은 불가피하다.

이모는 어머니의 여동생또는 언니이며 고모는 아버지의 여동생또는 누나다. 조카에 대한 이모의 이타성과 고모의 이타성을 비교해 보자. 누가 더 이타적일 것이라고 기대할 수 있나?

이모의 입장에서 볼 때 조카는 언니또는 여동생의 유전적 자식이다. 언니의 의붓자식도 조카라고 하지만 여기에서는 그런 경우는 무시하기로 하자. 자신과 언니 사이의 관련도는 얼마인가? 완전형제인 경우에는 0.5이지만 배다른 형제나 씨다른 형제의 경우에는 0.25다. 배다른 형제로 사람들이 알고 있지만 유전적으로는 남남일 수도 있다. 여기에서 "배다른 형제"를 사회적 의미가 아니라 유전적 의미로 썼다. 재혼 가정의 경우에는 자매가 유전적으로는 남남일 수도 있지만 그런 경우도 무시하겠다. 언니와 언니의 친자식 사이의 관련도는 0.5다. 따라서 이모와 조카 사이의 관련도는 0.25 또는 0.125이다. 자매가 완전형제인 경우에는 0.5에 0.5를 곱한 값이고, 절반형제인 경우에는 0.25 자신과 조카의 어머니 사이의 관련도에 0.5 조카와 조카의 어머니 사이의 관련도를 곱한 값이다.

고모의 입장에서 볼 때 조카는 오빠또는 남동생의 친자식이다. 여기에서도 자신과 남자 형제 사이의 관련도는 0.5 또는 0.25이다. 이것은 이모의 경우나 고모의 경우나 마찬가지이기 때문에 둘 사이를 비교할 때에는 무시해도 된다. 오빠와 오빠의 친자식 사이의 관련도는 얼마인가? 만약 오빠의 아내가 바람을 피웠다면 오빠와 오빠의 친자식이 유전적으로는 남남일 수 있다. 오빠와 오빠의 친자식 사이의 평균 관련도는 0.5보다 작다. 따라서 고모와 조카 사이의 평균 관련도는 0.25

보다 작은 어떤 값이거나 0.125보다 작은 어떤 값이다.

결국 평균적으로 볼 때 이모와 조카 사이의 관련도가 고모와 조카 사이의 관련도보다 크다. 그 이유는 어머니와 친자식 사이의 관련도가 아버지와 친자식 사이의 평균 관련도보다 크기 때문이다. 따라서 이모가 고모보다 조카에게 더 이타적으로 행동하도록 진화했으리라 기대할 만하다. 이런 이유 때문에 고모보다 이모가 더 친숙하게 느껴지며, 친근함을 표현하기 위해 고모가 아니라 이모라고 부르는 것인지도 모른다.

이번에는 조부모의 경우를 살펴보자. 외할머니의 입장에서 볼 때 손자와 자신 사이의 관련도는 0.25임이 확실하다. 자신의 친딸은 자신의 유전적 딸이다. 또한 그 딸의 친자식도 그 딸의 유전적 자식이다. 이번에는 친할머니의 입장에서 생각해 보자. 자신의 친아들은 확실히 자신의 유전적 자식이다. 하지만 아들의 친자식이 아들의 유전적 자식인지는 그리 확실하지 않다. 따라서 평균적으로 볼 때 친할머니와 손자 사이의 관련도는 0.25보다 낮다.

친할아버지는 이런 면에서 최악이다. 자신의 친아들이 자신의 유전적 자식인지도 확실하지 않고 친아들의 친아들이 친아들의 유전적 자식인지도 확실하지 않다. 이 두 단계의 불확실성 때문에 평균적으로 볼 때 친할아버지와 손자 사이의 관련도는 0.25보다 낮을 뿐 아니라 친할머니와 손자 사이의 관련도보다도 낮다. 외할아버지의 경우에는 친할머니와 사정이 비슷하다.

따라서 손자에 대한 사랑은 외할머니가 가장 크고, 친할아버지가 가장 작고, 그 중간 어딘가에 외할아버지와 친할머니가 있다고 기대할 만하다. 물론 이것은 다른 조건이 같다고 가정했을 때 이야기다. 한국처럼 주로 아들이 부모를 모시고 사는 나라에서는 경향이 바뀔 수도 있다. 친할머니는 손자를 매일 보고 외할머니는 명절 때만 본다면 친할머니의 사랑이 외할머니의 사랑보다 훨씬 더 클 수 있는 것이다. 실제로 다른 조건을 같도록 하고 연구를 해 보았더니 외할머니의 사랑이 가장 크고, 친할아버지의 사랑이 가장 작다는 결과가 나왔다.

어머니와 친자식 사이의 유전적 관계는 확실한 반면 아버지와 친자식 사이의 유전적 관계는 불확실하다는 점은 한편으로 모성애가 부성애보다 더 크도록 만들 수 있다. 그리고 다른 한편으로 고모보다 이모의 사랑이 더 크도록 만들 수 있고, 친할아버지보다 외할머니의 사랑이 더 크도록 만들 수 있다. 이 원리를 사촌간의 이타성에도 적용할 수 있다. 다른 조건이 같다면 이종사촌간의 이타성이 가장 크고, 친사촌 간의 이타성이 가장 작고, 외사촌과 고종사촌 간의 이타성은 그 중간 어디쯤이라고 기대할 수 있다.

물론 같은 원리를 5촌 당숙과 당고모에게도 적용할 수도 있고, 6촌 형제 사이에도 적용할 수 있고, 7촌 재당숙과 재당고모에게도 적용할 수 있고, 8촌 형제 사이에도 적용할 수 있고, 9촌 재재당숙과 재재당고모에게도 적용할 수 있고, 10촌 형제 사이에도 적용할 수 있다. 친족선택의 수학 공식을 이런 식으로 무한히 적용할 수 있다. 하지만 인간이 그런 식으로 무한히 친족들을 구분해서 이타성을 조절하도록 진화했을 리 없다.

촌수가 멀어질수록 관련도는 급격히 떨어진다. 따라서 아주 먼 친척의 경우에는 관련도에 바탕을 둔 이타성 조절이 번식에 거의 도움이 안 된다. 또한 원시사회에서 6촌을 넘어서면 친족인지 여부를 알아내기도 만만치 않았을 것이다. 인간이 어느 정도까지 친족을 구분하고 이타성을 조절하도록 진화했는지는 순전히 실증적으로 검증할 문제다.

참고문헌

「7. 양육 문제」, 『진화심리학: 마음과 행동을 탐구하는 새로운 과학(Evolutionary psychology: the new science of the mind)』, 데이비드 버스 지음, 이충호 옮김, 최재천 감수, 웅진지식하우스, 2012

「8. 친족 문제」, 『진화심리학: 마음과 행동을 탐구하는 새로운 과학(Evolutionary psychology: the new science of the mind)』, 데이비드 버스 지음, 이충호 옮김, 최재천 감수, 웅진지식하우스, 2012

「20. Evolution of paternal investment」, David C. Geary, 『The handbook of evolutionary psychology: 1. foundations』, David M. Buss 편집, Wiley, 2016(2판)

내리사랑과 치사랑: 비용/이득 분석의 중요성

효도하라는 설교는 많지만 자식을 사랑하라는 설교는 듣기 힘들다. 군이 자식을 사랑하라고 설교하지 않더라도 특별한 예외를 제외하면 부모는 자식을 몹시 사랑한다. 반면 고려장 같은 극단적 사례를 비롯하여 자식이 부모를 저버리는 경우가 꽤 있다. "내리사랑은 있어도 치사랑은 없다"고 하는데 윗사람의 아랫사람에 대한 사랑내리사랑이 아랫사람의 윗사람에 대한 사랑치사랑보다 크다는 말이다. 왜 내리사랑인가? 왜 부모의 자식 사랑이 자식의 부모 사랑보다 큰가?

사랑이라는 말은 연애감정이란 뜻으로도 쓰이지만 연애감정, 우정, 가족애또는 친족애 등을 포괄하는 의미로도 쓰인다. 이런 넓은 의미의 사랑은 "자신을 희생하여 남에게 도움을 주는 것"으로 정의되는 이타성 개념과 대충 비슷하다. 인간은 사랑하는 애인, 친구, 가족에게 이타적으로 행동하는 경향이 있다.

"자신을 희생하여 남에게 도움을 주는 것"에서 희생되는 것이 무엇이냐에 따라 "이타성"은 여러 가지 의미로 쓰인다. 만약 희생되는 것이 "유전자 복제" 또는 "포괄 적합도"라면 〈피

는 물보다 진하다: 친족선택 이론 첫걸음마〉에 등장했던 해밀턴의 규칙에 부합하도록 친족을 돕는 것은 이타성에 포함되지 않는다. 하지만 여기에서는 이타성 개념을 그런 식으로 정의하지 않을 것이다. 그냥 애매한 상태로 내버려 두고 논의를 진행할 생각이다. 물론 애매한 개념이 과학 발전에 도움이 되기 때문이 아니라 맛보기용 책에서 너무 깊이 파고들지 않는 것이 독자의 부담을 덜어주는 길이기 때문이다. 예민한 독자라면 이타성 개념이 애매하기 때문에 생기는 문제점에 대한 불안감을 품고 이 책을 읽을 수밖에 없을 것이다.

친족선택 이론에 따르면 이타성은 유전자를 공유하는 정도에 비례하도록 진화하는 경향이 있다. 그런데 자식이 부모와 유전자를 공유하는 정도는 부모가 자식과 유전자를 공유하는 정도와 똑같다. 그런데도 내리사랑이 치사랑보다 크다면 그 이유는 무엇인가? 친족선택 이론에서 유전자를 공유하는 정도만 따지는 것은 아니다. 해밀턴의 규칙을 소개하면서 살펴보았듯이 돕는 자가 치르는 비용손해, 희생과 도움을 받는 자가 얻는 이득의 크기도 따진다.

자식은 20세이고 어머니는 60세라고 하자. 자식의 목숨이 걸려 있는 위급한 상황이 닥쳤다. 어머니가 자식을 구하려면 자신의 목숨을 걸어야 한다. 자식 구하기에 나서면 자식을 구할 확률이 60%이며 그러다가 어머니가 죽을 확률이 50%라고 하자. 이때 친족선택 이론은 어머니가 자식을 구할 것이라고 예측할 것인가?

이제 반대 경우를 생각해 보자. 마찬가지로 자식은 20세이고 어머니는 60세다. 어머니의 목숨이 걸려 있는 위급한 상황이 닥쳤다. 자식이 어머니를 구하려면 자신의 목숨을 걸어야 한다. 어머니 구하기에 나서면 어머니를 구할 확률이 60%이며 그러다가 자식이 죽을 확률이 50%라고 하자. 이때 친족선택 이론은 자식이 어머니를 구할 것이라고 예측할 것인가?

해밀턴의 규칙에 숫자를 대입하는 어려운 길 대신 두 사례를 상대적으로 비교하는 쉬운 길로 가 보자. 자식이 어머니와 유전자를 공유하는 정도는 어머니가 자식과 유전자를 공유하는 정도와 같다. 따라서 유전자를 공유하는 정도의 측면에서 볼 때 두 사례는 같다.

하지만 비용과 이득의 측면에서는 많이 다르다. 어머니는 60세다. 더 이상 자식을 낳을 수 없다. 따라서 어머니가 자식을 구하다 죽더라도 번식 손해는 그리 크지 않다. 자식은 20세다. 앞으로 자식을 여러 명 볼 수 있다. 자식이 어머니를 구하다 죽으면 번식 손해가 상대적으로 훨씬 크다. 마찬가지 이유로 자식이 죽지 않아서 얻는 번식 이득이 어머니가 죽지 않아서 얻는 번식 이득보다 훨씬 크다.

어머니가 자식을 살려내고 자기 목숨을 희생하는 경우에는 상대적으로 손해는 작게 보고 이득은 많이 얻는다. 그에 비해 자식이 어머니를 살려내고 자기 목숨을 희생하는 경우에는 상대적으로 손해는 많이 보고 이득은 조금 얻는다. 따라서 어머니가 자식을 살리기 위해 목숨을 바칠 확률이 자식이 어머니를 살리기 위해 목숨을 바칠 확률보다 높으리라 기대할 만하다. 더 일반적으로 말하자면, 자식의 나이가 20세이고 어머니의 나이가 60세일 때에는 부모의 자식 사랑이 자식의 부모 사랑보다 더 클 것이라 기대할 만하다. 내리사랑이 치사랑보다 큰 것이다.

사망률 패턴이 아주 특이하지 않다면 여자가 앞으로 낳을 것으로 기대할 수 있는 자식 수는 초경 직후일 때가 가장 많고 그 이후로 점점 줄어든다. 얼핏 생각해 보면 갓난아기일 때에도 초경 직후일 때와 마찬가지로 최대값일 것 같지만 그렇지 않다. 초경에 이를 때까지 생존해야 한다는 문제가 있기 때문이다. 현존 사냥채집사회에서는 갓난아기 중 절반 정도만 어른이 될 때까지 살아남는다. 과학적 의학이 발달하기 전까지만 해도 절반 정도는 어른이 되지 못하고 죽었다. 아마 우리 조상이 살던 원시시대의 사망률 패턴도 그리 다르지 않았을 것이다.

만약 갓난아기 중 50%가 초경 이전에 죽는다면 갓난아기가 나중에 커서 낳을 것으로 기대할 수 있는 자식 수는 초경 직후의 여자가 앞으로 낳을 것으로 기대할 수 있는 자식 수의 절반이다. 남자의 경우에도 비슷하다. 앞으로 볼 것으로 기대할 수 있는 자식 수는 갓난아기일 때부터 청년기의 어느 시점에 이르기까지 증가하다가 그 때부터 점점 줄어든다.

앞에 "사망률 패턴이 아주 특이하지 않다면"이라는 단서가 있었다. 왜 이런 단서가 필요한지 알아보기 위해 사망률 패턴이 아주 특이한 가상의 종에 대해 이야기해 보겠다. 그 종의 암컷은 20세부터 자식을 낳을 수 있다. 그리고 5년에 한 번씩 자식을 1마리 낳는데 48세가 되면 자식을 낳을 수 없다. 장수하면 6마리까지 자식을 낳는 셈이다. 아직 자식을 하나도 낳지 않은 20세와 이미 자식을 둘 낳은 29세 암컷을 비교해 볼 때 앞으로 누가 더 많이 낳을 수 있으리라 기대할 수 있나?

당연히 20세인 암컷일 수밖에 없을 것이라고 생각할지도 모르겠다. 하지만 사망률 패턴이 아주 특이하면 그렇지 않을 수도 있다. 20세인 암컷이 22세가 될 때까지 생존할 확률이 10%에 불과하다고 하자. 그 2년 동안 90%나 죽는 것이다. 그리고 22세인 암컷이 50세까지 생존할 확률이 99%라고 하자. 설명의 편의를 위해 현실성이 없는 사망률 패턴을 가정했다.

20세인 암컷이 앞으로 낳을 수 있는 자식 수를 계산해 보자. 일단 당장 1마리를 낳을 수 있다. 20세인 암컷이 첫 자식을 낳기 전에 죽을 가능성도 있지만 계산의 편의를 위해 무시하자. 그 암컷이 5년 후까지 살아남을 확률이 약 10%다. 만약 그 10%의 확률을 뚫고 살아남는다면 그 이후로 50세까지는 죽을 가능성이 거의 없다. 25세부터 5마리 정도를 낳을 수 있다. 따라서 대략 $1 + 0.1 \times 5 = 1.5$마리를 앞으로 낳으리라 기대할 수 있다.

29세 암컷의 경우 50세까지 죽을 가능성이 거의 없다. 그동안 약 4마리를 낳으리라 기대할 수 있다. 오히려 평균적으로 볼 때 29세 암컷이 20세 암컷보다 앞으로 자식을 더 많이 낳는다.

아주 예외적인 사망률 패턴을 보이지 않는다면, 부모와 자식이 모두 성인인 경우에는 번식의 측면에서 볼 때 평균적으로 자식이 부모보다 가치가 크다. 나이에 따라 번식 가치가 변화하는 패턴을 볼 때 부모와 자식이 모두 성인인 경우에는 내리사랑이 치사랑보다 크도록 진화가 일어나리라 기대할 만하다. 그리고 이것은 실제로 성인인 부모와 성인인 자식 사이에서 일어나는 패턴과 부합하는 것 같다. 친족선택 이론은 둘 모두 성인인 경우에 왜 내리사랑이 치사랑보다 큰지에 대한 그럴 듯한 설명을 제공한다.

늦둥이에 대한 부모의 사랑이 지극하다는 이야기가 있다. 늦둥이는 부모의 나이가 많을 때 태어난 자식이다. 부모의 나이가 많을수록 부모의 가치는 떨어진다. 자식을 위해 희생하더라도 잃을 것이 상대적으로 작다. 따라서 늦둥이일수록 자식을 위해 더 희생하도록, 즉 자식을 더 사랑하도록 진화하리라 기대할 만하다. 친족선택 이론은 늦둥이에 대한 특별한 사랑에 대해서도 그럴 듯한 설명을 제공한다.

자식에 대한 사랑과 손자에 대한 사랑을 비교하면 어떨까? 평균적으로 조부모와 손자가 유전자를 공유하는 정도는 부모와 자식이 유전자를 공유하는 정도에 비해 훨씬 작다. 이런 면만 고려해 볼 때에는 손자에 대한 사랑이 자식에 대한 사랑보다 훨씬 작아야 말이 된다. 하지만 위에서도 살펴보았듯이 비용과 이득도 고려해야 한다.

갓난아기인 자식 C가 있다고 하자. P는 C의 부모이며, G는 C의 조부모이다C: child, P: parent, G: grandparent. 평균적으로 G의 나이가 P보다 훨씬 많다. 그리고 인간이 늙으면 번식의 측면에서 가치가 떨어진다. C를 위해 G가 목숨을 희생할 때 보는 손해가 C를 위해 P가 목숨을 희생할 때 보는 손해보다 훨씬 작다. 이것은 C에 대한 G의 이타성이 C에 대한 P의 이타성보다 크도록 만드는 요인이다. 물론 위에서 살펴보았듯이 관련도라는 요인은 C에 대한 P의 이타성이 C에 대한 G의 이타성보다 크도록 만든다. 두 요인이 반대 방향을 향하고 있는 것이다.

이럴 때 나이 요인이 큰 영향을 발휘하여 관련도 요인을 거의 상쇄하거나 상쇄하고도 남는 일이 발생한다고 해도 이상할 것이 없다. 즉 손자에 대한 사랑이 자식 사랑에 버금가거나 자식 사랑보다 큰 경우가 생길 수 있다. 예컨대 P는 20세인데 G가 90세라고 하자. P는 앞날이 창창한 반면 G는 당장 죽어도 번식의 측면에서 잃을 것이 거의 없다. 이런 경우에는 오히려 손자 사랑이 자식 사랑보다 더 클 것이라고 기대할 만하다.

부모와 조부모의 나이가 같을 때에는 자식 사랑이 손자 사랑보다 훨씬 클 것이라고 친족선택 이론은 예측한다. 어떤 여자 F1은 40세에 자식을 낳았으며 다른 여자 F2는 40세에 손자를 보았다고 하자. 이때에는 40세에 낳은 자식에 대한 F1

의 사랑이 40세에 본 손자에 대한 F2의 사랑보다 훨씬 클 것이라는 예측으로 이어진다.

친족선택 이론을 적용할 때에는 관련도뿐 아니라 비용과 이득도 따져야 하는데 위에서 살펴보았듯이 나이가 매우 중요하다. 하지만 나이만 중요한 것은 아니다.

남자 형제가 있다고 하자. 나이 요인을 같도록 만들기 위해 이란성 쌍둥이라고 가정해 보자. 형이 동생과 유전자를 공유하는 정도는 당연히 동생이 형과 유전자를 공유하는 정도와 같다. 그리고 나이도 같다. 이런 경우에 형에 대한 동생의 사랑이 동생에 대한 형의 사랑과 같을 것이라고 친족선택 이론은 예측하는가?

형이 동생보다 훨씬 우월하다고 하자. 현대사회에서는 오히려 지위가 높은 사람들이 자식을 덜 보는 경향이 발견되기도 하지만 콘돔이 없었던 사냥채집사회에서는 우월한 사람들이 대체로 자식을 더 많이 보았을 것이다.

열등한 동생이 우월한 형을 구하려고 자신의 목숨을 희생하는 경우를 생각해 보자. 이때는 상대적으로 손해는 작고 이득은 크다. 열등한 동생이 죽으니까 번식 손해가 작다. 어차피 열등한 동생은 살아남는다 해도 자식을 많이 볼 수 없다. 우월한 형이 살아남았으니까 번식 이득이 크다. 반대로 우월한 형이 열등한 동생을 구하려고 자신의 목숨을 희생하는 경우를 생각해 보자. 이때에는 상대적으로 손해는 크고 이득은 작다.

따라서 열등한 쪽이 우월한 쪽을 사랑하는 정도가 우월한 쪽이 열등한 쪽을 사랑하는 정도보다 클 것이라고 기대할 만하다. 나는 이런 현상과 관련된 상식도 진화심리학 연구도 접한 기억이 없다.

만약 상식이나 기존 지식에 없던 현상이 진화심리학 이론에서 출발하여 발굴되어 검증된다면 진화심리학 이론의 강력함이 큰 인상을 남길 것이다. 반면 이미 알려진 현상을 설명할 때는 끼워 맞추기식 설명이라는 조롱을 받을 때가 많다. 그러나 만약 형제 중 우월한 자에 대한 열등한 자의 사랑이 열등한 자에 대한 우월한 자의 사랑보다 크다는 점이 실증적으로 발굴된다면, 끼워 맞추기식 설명이라고 조롱하기는 힘들 것이다. 나는 이미 알려진 현상을 설명하는 경우에도 훌륭한 과학적 성과라고 생각하지만 여기에서 과학철학에 대해 파고들지는 않겠다.

비슷한 논리가 적용되는 다른 사례는 상식과 잘 부합한다. 이번에는 위에서 제시한 쌍둥이 형제 사례를 부모의 입장에서 생각해 보자. 어머니가 우월한 형을 구하려고 목숨을 희생하는 경우와 열등한 동생을 구하려고 목숨을 희생하는 경우를 비교해 보자. 이때 희생되는 것은 똑같다. 왜냐하면 같은 어머니가 희생되기 때문이다. 반면 이득은 다르다. 우월한 형을 구할 때 얻을 수 있는 이득이 열등한 동생을 구할 때 얻을 수 있는 이득에 비해 더 크다. 따라서 부모가 우월한 자식을 열등한 자식보다 더 사랑하리라 기대할 만하다.

실제로 부모는 자식들 중에서 잘난 쪽을 편애하는 경향이 있다. 그리고 자식들은 자신이 얼마나 잘났는지 부모에게 자랑하기 바쁘다. 부모에게 인정받지 못한 자식은 큰 상처를 받는다.

자식의 나이가 다른 경우를 따져보자. 부모에게 갓난아기와 이제 막 어른이 된 자식이 있다. 사냥채집사회에서는 갓난아기의 가치가 막 어른이 된 사람의 가치보다 훨씬 작다. 왜냐하면 갓난아기 중 절반 정도만 어른이 될 때까지 생존하기 때문이다. 따라서 이제 막 어른이 된 자식에 대한 부모의 사랑이 더 클 것이라고 예측할 수 있다. 하지만 부모는 주로 갓난아기를 돌본다. 부모가 주로 누구를 돌보는지만 보면 갓난아기인 자식을 다 큰 자식보다 더 사랑하는 것 같다.

어른이 된 자식은 누가 도와주지 않아도 스스로 살아갈 능력이 어느 정도는 있다. 반면 갓난아기는 누군가가 돌보지 않으면 곧 죽는다. 통상적으로, 부모가 같은 비용을 들일 때 갓난아기의 경우에는 목숨을 구할 수 있고 어른이 된 자식의 경우에는 약간 도움이 될 뿐이다. 이런 면에서 볼 때 대체로 갓난아기의 경우에 비용 대비 이득이 훨씬 큰 것이다.

윌리엄 스타이런William Styron 의 소설 『소피의 선택』은 영화로도 만들어졌는데 나치가 주인공 소피에게 두 자식 중 한 명을 고르라고 강요한다. 한 명만 살려주겠다는 것이다. 부모가 평소에는 어른이 된 자식보다 갓난아기인 자식을 주로 돌보더라도 소피의 선택과 비슷한 상황에 처할 때에는 갓난아기가 아니라 어른이 된 자식을 선택할 가능성이 높으리라 기대할 만하다.

열등한 자식과 우월한 자식의 경우에도 비슷한 논리를 적용할 수 있다. 두 자식의 나이가 같다고 하자. 열등한 자식은 부모의 도움이 많이 필요하다. 반면 우월한 자식은 부모의 도움이 없어도 혼자서 잘 할 때가 많다. 이런 면에서 열등한 자식은 갓난아기인 자식과 비슷하고 우월한 자식은 어른이 된 자식과 비슷하다. 따라서 소피의 선택과 같은 상황에서는 우월한 자식을 선택하는 것이 합리적이겠지만 평소에는 오히려 열등한 자식을 더 많이 도와주는 것이 합리적일 수도 있다.

이번에는 자식이 갓난아기이고 어머니가 20세인 경우를 따져보자. 유전자를 공유하는 정도는 자식의 입장에서 보든 어머니의 입장에서 보든 똑같다. 비용과 이득을 따져보자. 갓난아기가 어머니를 구하고 죽는 경우에는 상대적으로 손해는 작고 이득은 크다. 이에 비해 어머니가 갓난아기를 구하고 죽는 경우에는 상대적으로 손해는 크고 이득은 작다. 따라서 이럴 때는 내리사랑에 대한 이야기와는 반대가 될 것이라고 예측할 수 있다. 부모가 자식을 사랑하는 정도보다 자식이 부모를 사랑하는 정도가 더 크리라 예측할 수 있는 것이다.

수정란이나 태아의 경우에는 그 차이가 더 클 것이다. 수정란이나 태아 중 일부는 자연유산 등으로 태어나기도 전에 죽는다. 따라서 수정란이나 태아가 앞으로 낳을 것으로 기대할 수 있는 자식 수는 갓난아기의 경우보다 더 작다. 따라서 부모가 아주 젊을 경우에는 부모가 수정란을 사랑하는 정도에 비해 수정란이 부모를 사랑하는 정도가 훨씬 클 것이라고 기대할 수 있다.

하지만 여기에서 고려하지 않은 요인이 있다. 수정란, 태아, 갓난아기가 부모를 위해 할 수 있는 일이 별로 없다는 점이다. 갓난아기가 목숨을 걸고 불 속에서 부모를 살리는 장면은 상상하기 힘들다. 능력이 안 되는 것이다.

그렇다고 태아가 자신을 희생해서 부모에게 무언가를 할 수 있는 경우가 전혀 없는 것은 아니다. 태아가 자신의 건강에 심각한 문제가 있다는 것을 알고 있는 경우 자살을 하는 방식으로 어머니를 위해 희생할 수 있다. 친족선택 이론으로부터 출발해서 부실한 태아가 어머니를 위해 자살할 수도 있다는 예측으로 이어지는 것이다.

물론 이때 태아가 탯줄에 목을 매달아 자살하는 장면을 떠올리기보다는 자살을 위한 모종의 생리적 기제에 대한 가설을 세워야 할 것이다. 기괴해 보이지만 고려해 볼 만한 가설이라고 생각한다. 어머니에게 자신의 건강이 아주 나쁘다는 사실을 자발적으로 알려줌으로써 어머니에 의한 "청부 살인"을 유도하는 길도 있다.

이 가설에 따르면 자연유산 중 일부는 태아의 자살이다. 나는 이런 방향의 연구를 본 기억이 없다. 이 가설을 내가 생각해 냈다고 믿고 있다. 어머니를 위해 태아가 자살한다는 가설은 친족선택 이론이 없었다면 상상해내기도 힘들었을 것이다. 물론 검증이라는 엄청난 과업이 앞에 놓여 있다.

자식이 5세이고 어머니가 아주 젊다면 어머니의 가치가 자식보다 크다. 따라서 자식의 부모 사랑이 부모의 자식 사랑보다 클 것이라고 예측할 수 있다. 또한 자식이 부모를 위해 자살 말고도 무언가를 할 수 있는 나이가 되었기 때문에 행동으로 그 사랑을 표출할 수도 있다. 이것은 상식과는 거의 정반대되는 예측이다. 상식에 따르면 5세 자식에 대한 어머니의 사랑은 거의 무한대에 가깝고, 5세 자식은 매우 이기적이어서 어머니의 사랑만 받고 싶어 할 뿐 어머니를 위해 자신을 별로 희생하지 않으려 한다.

친족선택 이론이 항상 "내리사랑은 있어도 치사랑은 없다"라는 예측으로 이어지는 것은 아니다. 부모의 나이와 자식의 나이에 따라 다른 예측으로 이어진다. 물론 부모와 자식 중에 누가 우월한지도 중요한 요인이 될 수 있을 것이다.

조카와 이모또는 고모, 삼촌, 외삼촌의 경우에도 마찬가지 논리가 적용된다. 양쪽의 나이가 어떠냐에 따라 내리사랑이 치사랑보다 크리라는 예측으로 이어지기도 하고, 오히려 치사랑이 내리사랑보다 크리라는 예측으로 이어지기도 한다.

정보의 비대칭성도 어떤 역할을 할지 모른다. 부부와 자식이 있는데 아내가 바람둥이라고 하자. 그렇다면 아버지와 자식이 유전적으로는 남남일 가능성이 꽤 높다. 그런데 남편은 아내가 바람둥이라는 점을 잘 알고 있고, 자식은 어머니의 바람기를 잘 모른다고 하자. 남편은 자식이 유전적 자식이 아닐 가능성이 꽤 높다는 점을 "알고" 있는 반면 자식은 아버지가 유전적 아버지가 아닐 가능성이 꽤 높다는 점을 "모르는" 셈이다. 자식에 대한 아버지의 사랑이 작아지게 할 만한 요인은 있는 반면 아버지에 대한 자식의 사랑이 작아지게 할 만한 요인은 없는 것이다.

이모와 조카 사이에는 다른 식으로 정보의 비대칭성이 존재할 수 있다. 이모는 조카의 어머니가 자신의 언니임을 잘 알고 있지만 조카는 그 사람(이모)이 어머니의 여동생임을 잘 모를 수 있다. 어른의 입장에서 볼 때 누가 어떤 여자의 자식인지 알아내기는 쉽다. 반면 어린아이의 입장에서 볼 때 누가 어떤 여자의 여동생인지 알아내기는 만만치 않다. 만약 자매(어머니와 이모)가 서로 다른 부족에서 살게 되었다면 정보의 비대칭성이 더 클 것이다.

참고문헌

「8. 세대 간의 전쟁」, 『이기적 유전자(The selfish gene)』, 리처드 도킨스 지음, 홍영남 & 이상임 옮김, 을유문화사, 2010(개정판)

「7. 양육 문제」, 『진화심리학: 마음과 행동을 탐구하는 새로운 과학(Evolutionary psychology: the new science of the mind)』, 데이비드 버스 지음, 이충호 옮김, 최재천 감수, 웅진지식하우스, 2012

「8. 친족 문제」, 『진화심리학: 마음과 행동을 탐구하는 새로운 과학(Evolutionary psychology: the new science of the mind)』, 데이비드 버스 지음, 이충호 옮김, 최재천 감수, 웅진지식하우스, 2012

「21. Parental investment and parent-offspring conflict」, Catherine Salmon, 『The handbook of evolutionary psychology: 1. foundations』, David M. Buss 편집, Wiley, 2016(2판)

『소피의 선택 1, 2(Sophie's choice)』, 윌리엄 스타이런 지음, 한정아 옮김, 민음사, 2008

땡깡(버둥떼): 비합리적 행동에 숨어있는 합리성

영어의 "tantrum" 또는 "temper tantrum"에 해당하는 말로 우리나라에서 널리 쓰이는 것은 "땡깡" 또는 "뗑깡"이다. 아이가 주로 부모를 상대로 무언가를 얻어내기 위해 떼를 쓰는데 발버둥 치며 울고불고 난리를 피우는 것을 말한다. 심하면 벽에 머리를 부딪치는 것과 같은 자해 행동까지 보인다.

"땡깡"이 일상 대화에서 널리 쓰임에도 국어사전에는 등재되지 못했다. 그럴 만한 이유가 있다. 땡깡은 전간癲癇, 간질, 지랄병을 뜻하는 일본어 텐칸てんかん에서 유래한 말이라고 한다. 땡깡 부리는 모습이 간질 발작과 비슷한 면이 있기 때문에 그런 식으로 부르기 시작한 것 같다. 많은 사람들이 일본어에서 유래했으며 그것도 간질을 뜻하는 말에서 유래했기 때문에 땡깡이라는 단어를 쓰면 안 된다고 주장한다.

대신 짜증, 억지, 생떼, 막무가내, 행패, 응석 등으로 순화해서 표현해야 한다는 것이다. 짜증, 억지, 생떼, 막무가내, 행패, 응석 모두 "temper tantrum"과 연관성이 있는 단어지만 의미가 상당히 다르다. "짜증"에는 떼를 쓴다는 의미가 없고, "억지"와 "막무가내"는 전혀 다른 상황에도 많이 쓴다. 또 "행패"는 어른이 힘을 믿고 다른 어른에게 저지르는 행동도 포함되고, "생떼"는 발버둥 치며 울고불고 소동을 피우지 않은 경우에도 적용되며, "응석"은 어리광을 부리는 것에도 적용된다.

한국에서 흔히 쓰는 말 중에 "temper tantrum"에 정확히 대응하는 것은 "땡깡" 밖에 없는 것 같다. 그래서 나는 아예 단어를 하나 만들어내기로 했다. 그것은 "버둥떼"다. "버둥거리다"와 "떼쓰다"를 합쳐 놓았다. "발버둥"과 "생떼"를 떠올려도 될 것이다. "떼쓰다"처럼 "버둥떼 쓰다"라고 표현하면 된다.

TV 프로그램 〈우리 아이가 달라졌어요〉에는 심하게 떼를 쓰면서 말을 잘 듣지 않는 아이들이 나온다. 육아 전문가가 출동하여 일주일 동안 개입한다. 단 일주일 만에 아이가 놀라울 정도로 달라진다. 그렇게 말을 안 듣고 말썽을 부리던 아이가 착한 아이로 돌변하는 기적이 일어난다. 프로그램 제작자가 조작을 한 것으로 의심이 들 정도다. 왜 아이들의 못된 행동이 짧은 기간 안에 그렇게 180도 바뀌는 걸까?

양말을 아무 곳에나 팽개쳐 놓는 남편에게 아내가 빨래 바구니에 넣으라고 한 마디 하는 것에서 시작하여 부부싸움을 대판 벌이기도 한다. 남자들끼리 술집에서 사소한 일로 시비가 붙어서 결국 살인으로 이어지는 경우도 있다. 그런 사소한 일로 대판 싸우거나 심지어 살인까지 하다니 아주 이상하다. 이런 현상이 인간의 비합리성을 잘 보여준다고 생각하는 사람도 있을 것이다.

하지만 서열 또는 권력의 측면에서 접근하면 그런 신경전에 많은 것을 투자하는 것이 그리 비합리적이지 않다. 양말의 행방은 사소한 문제지만 부부 사이의 권력 문제는 결코 사소하지 않다. 모욕적으로 들릴 수도 있는 말이나 눈빛 그 자체만 보면 사소한 문제지만 남자들 사이의 서열 관계는 결코 사소한 문제가 아니다.

침팬지 사회에서 서열의 지각 변동은 사소해 보이는 일에서 시작되는 경우가 많다. 서열이 낮은 수컷이 자신보다 서열이 높은 수컷에게 인사를 안 하는 것처럼 말이다. 이런 작은 일에서 시작하여 결국 엄청난 육탄전을 벌인다. 서열이 높았던 수컷이 항복 선언을 하는 일이 몇 번 반복되면 서열이 바뀐다. 서열이 바뀌면 둘 사이의 관계가 180도 바뀐다. 침팬지들이 인사와 같은 사소한 문제로 싸운다기보다는 서열을 두고 싸우는 것이라고 보는 편이 옳을 것 같다. 사소한 문제는 발단일 뿐이다.

버둥떼는 아이스크림을 사 달라는 것처럼 아주 사소한 문제에서 시작될 때가 많다. 아이스크림을 사 달라고 했는데 안 사주면 아이는 조르기 시작한다. 그냥 졸라서 안 사주면 버둥떼가 시작된다. 심한 아이는 아이스크림을 사 줄 때까지 몇 시간 동안 난리를 피운다. 그러면 많은 부모들이 "이번이 마지막이야. 다음에는 땡깡 부리면 절대 안 사 줘"라고 경고한 후에 아이스크림을 사 준다. 그러면 버둥떼는 끝난다.

자전거처럼 대단한 물건도 아닌데 아이스크림 하나가 뭐라고 몇 시간 동안 난리를 피운단 말인가? 몇 시간 동안 난리를 피우는 중노동을 해서 아이스크림 하나를 얻는 것은 "인건비"도 안 나오는 비합리적인 행동처럼 보인다.

하지만 아이스크림이 아니라 권력이 걸려 있다면 아이의 그런 행동이 합리적일 수도 있다. "버둥떼를 쓰면 결국은 부모가 항복하고 아이가 원하는 것을 해 준다"는 관례가 부모와 자식 사이에서 확립되면 아이는 앞으로 많은 것을 얻어낼 수 있다. 반면 "부모가 일단 안 해 준다고 선언하면 버둥떼를 아무리 써도 절대 안 해 준다"는 관례가 일단 확립되면 아이는 많은 것을 잃을 수 있다.

부모가 "아무리 떼 써 봐야 안 사줘"라고 선언할 때가 많다. 하지만 버둥떼를 쓸 때마다 결국 사 준다면 협박이 뻥카bluff, 포커 같은 게임에서 쥐뿔도 없는 패를 들고 허세 부리는 것임이 드러난 셈이다. 이것은 아이의 입장에서도 마찬가지다. 버둥떼를 시작하면서 아이는 암묵적으로 "사 줄 때까지 떼를 쓸 거야"라고 선언하는 셈이다. 하지만 몇 분 또는 몇 십 분 동안 버둥떼를 쓰다가 포기하면 아이가 뻥카를 친 것이 드러난 셈이다.

착한 일을 하면 뭔가를 사 주겠다는 약속이든, 버둥떼를 쓰면 절대 안 사 주겠다는 협박이든, 사 줄 때까지 버둥떼를 멈추지 않겠다는 협박이든, 이걸 사 주면 앞으로 착하게 행동하겠다는 약속이든 상대가 믿어줘야 통한다. 허풍만 치는 사람의 말은 무시당하기 쉽다. 이런 점을 생각해 볼 때 아이스크림 하나를 두고 몇 시간 동안 버둥떼를 쓰는 아이의 행동을 비합리적이라고 단정할 수 없다. 뻥카가 아님을 입증하기 위해서는 무대뽀 정신을 보여줄 필요가 있다.

권력과 서열의 측면에서 버둥떼를 바라보면 왜 일주일 만에 아이가 180도 달라지는지도 설명할 수 있다. 육아 전문가가 개입해서 부모가 "아무리 떼 써 봐야 안 사줘"라는 협박을 끝까지 관철시키는 일이 몇 번 벌어졌다고 하자. 부모의 협박이 뻥카가 아님을 보여준 것이다. 그렇다면 그 후부터는 버둥떼 작전을 쓰는 것이 비합리적이다. 권력관계가 뒤바뀐 후에는 아주 다르게 행동하는 것이 합리적이다. 서열이 낮아진 침팬지가 그 전과는 달리 비굴하게 행동하는 것이 합리적인 것과 마찬가지다.

전략적인 방식으로 버둥떼를 쓰도록 아이가 진화했는지도 모른다. 이런 식이다. 떼를 쓰면 절대로 안 해준다고 어머니가 협박할 때 몇 시간 동안이나 버둥떼를 써 본다. 만약 어머니가 항복하고 원하는 것을 해 주면 다음에도 버둥떼를 쓴다. 만약 아무리 떼를 써도 어머니가 너무나도 단호하게 행동한다면 다음부터는 떼를 쓰지 않는다.

부모가 일관성이 없거나 어머니와 아버지 사이에 또는 부모와 조부모 사이에 의견이 충돌하면 아이가 혼란에 빠지기 때문에 버둥떼를 더 쓴다는 주장도 있다. 아이가 버둥떼를 효과적으로 쓰도록 진화했다고 가정해 보자. 그렇다면 아이가 혼란에 빠졌기 때문에 떼를 더 쓰는 것이라기보다는 상대의 약점을 파악하고 그에 알맞은 전략을 선택하는 것이라고 볼 수 있다.

만약 아이가 아무리 떼를 써도 부모와 조부모가 단결하여 항상 단호하게 대처한다면 버둥떼 전략은 쓸모가 없다. 왜냐하면 아무리 울고불고 용을 써도 얻는 것이 하나도 없기 때문이다. 반면 어머니 자신이 오락가락할수록, 어머니와 아버지의 의견이 충돌할수록, 할아버지가 어머니 편이 아니라 아이 편을 들어줄수록 버둥떼의 성공률은 높다. 이럴 때에는 버둥떼 전략을 더 쓰는 것이 합리적이다.

사랑과 관심이 부족해서 버둥떼를 통해 관심을 얻으려 한다는 설명도 있다. 아이가 긍정적 관심 칭찬이든 부정적 관심 비난이든 관심이라면 무엇이든 좋아한다는 전제가 깔려 있는 설명이다. 이것은 인간이 맛없는 음식이든 맛있는 음식이든 음식이라면 무엇이든 좋아하도록 진화했다는 이야기만큼이나 이상해 보인다. 무의식이 강간이나 근친상간도 즐긴다고 본 프로이트를 떠올려도 될 것이다.

통증 같은 부정적 느낌도 좋아한다면 제대로 생존하기 힘들다. 조롱이나 비난 같은 부정적 관심도 좋아한다면 사회생활을 제대로 하기 힘들다. 그러면 잘 번식하기 힘들다. 강도는 도덕적 비난이라는 부정적 관심이 좋아서 강도질을 하는 것이 아니다. 자신이 원하는 돈을 얻기 위해 부정적 관심에도 불구하고 강도질을 하는 것이다.

관심 부족 가설과 여기에서 제시한 진화심리학 가설 중 어느 쪽이 옳은지 그럴 듯하게 검증할 수 있는 길이 있다. 그것이 도덕적인 이유 때문에 실제로 할 수 없는 실험이라도 말이다. 버둥떼를 쓸 때 별 관심을 기울이지 않다가 결국은 아이가 원하는 물건을 사 주는 경우와 큰 관심을 기울이지만 끝까지 물건을 사 주지 않는 경우를 비교해 보면 된다. 만약 관심을 얻는 것이 목적이라면 전자의 경우에는 버둥떼가 줄어들 것이고 후자의 경우에는 늘어날 것이다. 반면 권력이 목적이라면 전자의 경우에는 늘어날 것이고 후자의 경우에는 줄어들 것이다.

어머니의 입장에서는 자식이 잘 생존하고 번식해야 자신이 잘 번식할 수 있다. 이것이 강력한 모성애가 진화한 이유일 것이다. 자식이 잘못 되기를 바라는 어머니는 거의 없다. 물론 어머니도 인간인 이상 전지전능하지는 않기 때문에 때로는 오판을 할 수는 있다. 자식이 잘 되길 바라면서 하는 행동이 오히려 자식에게 해를 끼칠 수 있는 것이다.

하지만 원시시대에 어린아이가 어머니보다 상황 판단을 더 정확히 하는 일은 거의 없었을 것 같다. 따라서 어머니가 전지전능하지 않더라도 어머니의 말에 따르는 것이 좋아 보인다. 적어도 자신보다는 아는 것도 많고 할 줄 아는 것도 많기 때문이다. 그렇다면 어머니를 상대로 버둥떼를 쓰는 것은 아이의 번식에 해로운 것은 아닐까? 아이가 어머니를 대상으로 버둥떼를 쓰도록 진화하기가 어려운 것 아닐까?

참고문헌

「32. The evolutionary foundations of status hierarchy」, Mark van Vugt & Joshua M. Tybur, 『The handbook of evolutionary psychology: 2. integrations』, David M. Buss 편집, Wiley, 2016(2판)

「15. Dominance」, 『The chimpanzees of Gombe: patterns of behavior』, Jane Goodall, Belknap Press, 1986

공갈젖꼭지
: 부모 자식 사이에도 있는 유전적 이해관계의 충돌

젖을 떼기가 만만치 않다. 아기는 이유식 대신 젖을 먹으려고 악착같이 달려든다. 그래서 어머니가 아기에게 공갈젖꼭지pacifier, 고무젖꼭지를 물릴 때가 많다. 왜 아기는 어머니가 주는 이유식 대신 어머니 젖을 먹으려고 기를 쓰는 걸까?

사냥채집사회에서는 보통 2~3년 동안 젖을 먹이는데 현대 사회에서는 그보다 훨씬 이전에 젖을 떼려고 한다. "자연 상태"에서 벗어나서 사는 문명사회의 패턴 때문에 아기가 젖을 더 먹으려고 기를 쓰는 것은 아닐까? 아직 젖을 뗄 때가 안 되었기 때문이 아닐까?

하지만 현존 사냥채집사회에서도 이유기에는 어머니와 자식 사이에 갈등이 있다. 침팬지의 경우에도 그렇다. 침팬지 아기는 젖을 떼려는 어머니에 맞서 버둥떼를 쓴다. 왜 자식은 어머니가 주려는 것보다 젖을 더 오래 먹으려고 기를 쓰는 걸까? 많은 동물이 일정한 나이가 되면 부모의 곁을 떠난다. 이 때 보통은 부모는 나가라고 떠밀고 자식은 부모와 같이 더 있으려고 버티는 식으로 갈등이 일어난다. 젖을 더 오래 먹는 것이든 부모의 곁에 더 오래 머무는 것이든 부모의 사랑을 더 많이 받으려는 것이다.

자식이 부모의 사랑을 더 많이 받으면 자식이 더 잘 생존하고 번식할 것이다. 부모가 주는 먹이를 먹고 더 잘 자랄 수 있다. 부모가 사냥 기술을 가르쳐 주면 커서 사냥을 더 잘할 수 있게 된다. 그렇다면 자식이 원하는 대로 사랑을 듬뿍 주는 것이 부모의 입장에서 합리적인 것이 아닐까?

응석받이로 자라면 오히려 자식의 인생을 망칠 수 있기 때문에 부모가 때로는 자식에게 단호해진다는 반론을 펼 사람도 있을 것 같다. 하지만 이건 진화론적으로 볼 때 좀 이상하다. 아이의 입장에서 생각해 보자. 응석을 부리거나 버둥떼를 써서 자신의 인생을 망치기 십상이라면 왜 응석이나 버둥떼가 진화한단 말인가? 자신의 번식을 망치도록 만드는 유전자라면 당연히 복제 경쟁에서 밀릴 것이다.

어머니와 두 자식 C1, C2가 있다고 하자C: child . C1과 C2는 완전형제다. 두 자식의 나이, 성별, 우월한 정도 등이 모두 같다고 가정해 보자. 어머니의 입장에서 생각해 볼 때 두 자식은 똑같이 소중하다. 따라서 두 자식에게 똑같이 잘 해 주는 것이 어머니의 입장에서는 최적 행동이다.

이번에는 C1의 입장에서 보자. C1의 입장에서 볼 때 C1자신이 C2보다 소중하다. C1과 C1은 같은 사람이기 때문에 관련도가 1인 셈이다. 반면 C1과 C2의 관련도는 0.5다. 따라서 어머니가 C2보다 C1 자신에게 더 잘 해 주는 것이 C1의 입장에서는 이상적이다. 물론 C2의 입장에서는 어머니가 C2 자신을 편애해 주는 것이 이상적이다. 이런 식으로 C1의 이해관계가 C2의 이해관계가 충돌한다. 또한 어머니의 이해관계가 자식의 이해관계도 충돌한다. 어머니의 입장에서는 두 자식을 똑같이 사랑하는 것이 최적인데 자식의 입장에서는 자신을 편애해주는 것이 최적이기 때문이다.

친족선택 이론에 비추어 볼 때, 이것은 결국 어머니와 자식 사이의 관련도가 1이 아니라 0.5라는 점에서 기원한다. 0.5는 0에 비해 상당히 큰 숫자이기 때문에 상당한 수준의 이타성이 진화할 것이라고 기대할 만하다. 하지만 0.5는 1에 비해 상당히 작은 숫자이기 때문에 상당한 수준의 갈등도 존재할 것이라고 기대할 만하다. 특히 형제는 부모의 사랑을 더 차지하려고 다툴 수밖에 없다. 어머니의 이해관계와 자식의 이해관계가 다르다면 자식이 때로는 어머니의 말을 듣지 않는 것이 자신의 번식에 도움이 될 것이다. 그리고 이런 상황에서 자식이 때로는 버둥떼 전략을 쓰는 것이 합리적일 수 있다.

〈창녀가 존재하는 이유: 부모 투자 이론〉에 등장했던 로버트 트리버스는 「Parent−offspring conflict 부모 자식 갈등」에서 부모와 자식 사이의 이해관계도 충돌할 수 있기에 갈등이 일어날 수 있다는 점을 지적했다. 그 전까지 진화학자들은 어머니와 자식 사이에 이해관계가 충돌할 수 있다는 생각을 하지 못했다고 한다. 그런 생각을 했더라도 트리버스처럼 충돌 양상을 체계적으로 정리해서 발표하지는 못했다.

실제로 형제끼리 싸울 때에는 서로에게 볏단을 주려 하는 옛날이야기 〈의좋은 형제〉에 나오는 형제처럼 서로에게 더 많이 주려고 하지 않는다. 어릴 때 먹을 것을 두고 싸우든 커서 유산 때문에 싸우든 보통은 서로가 더 많이 차지하려 한다. 그러면 어머니가 개입해서 똑같이 나누라고 할 때가 많다.

얼핏 보면 자식은 이기적이고 어머니는 도덕적인 것 같아 보인다. 하지만 어머니의 입장에서는 두 자식을 똑같이 사랑하는 것이 자신의 번식에 도움이 된다. 자식들 사이의 평등이 어머니의 이해관계에 부합하는 것이다. 물론 두 자식의 나이나 우월한 정도 등이 똑같다는 전제가 깨지면 문제가 더 복잡해진다.

다시 공갈젖꼭지 이야기로 돌아와 보자. 이유기가 늦어질수록 어머니가 현재의 아기에게 더 많이 투자하는 셈이다. 그 대가로 어머니가 앞으로 낳을 자식의 수가 줄어들 수 있다. 젖을 먹이면 배란이 억제되어 임신을 할 수 없기 때문이다. 미래에 태어날 동생들에게 투자될 수 있었던 자원 중 일부를 현재의 아기가 가져가는 셈이다. 결국 어머니의 입장에서 본 최적 자식 수보다 자식을 적게 낳게 될 수 있다. 그러면 어머니에게는 손해다. 그리고 이득은 젖을 먹겠다고 버둥떼를 쓴 자식에게 돌아간다. 일종의 영합 게임인 것이다.

좀 더 크면 먹을 것 가지고 형제끼리 싸운다. 어머니의 입장에서 볼 때, 다른 조건이 같다면 형제에게 빵을 똑같이 나누어 주는 것이 이득이다. 반면 형의 입장에서 볼 때에는 동생의 빵을 어느 정도 빼앗아 먹는 것이 이득이다. 동생의 입장에서 볼 때도 형의 빵을 어느 정도 빼앗아 먹는 것이 이득이다. 하지만 보통은 형이 힘이 세기 때문에 동생이 형의 빵을 빼앗아 먹기는 힘들다. 결국 형이 동생의 빵을 빼앗아 먹고 동생은 어머니에게 이른다.

여기에서 "어느 정도"라는 말에 주목할 필요가 있다. 형이 동생의 빵을 모두 빼앗아 먹어서 동생이 굶어죽을 지경이라면 형의 몸속에 있는 유전자에게도 오히려 손해다. 완전형제의 경우 형과 동생의 관련도는 0.5다. 따라서 동생이 빵을 빼앗겨서 입는 손해가 형이 빵을 빼앗아서 얻는 이득의 2배가 넘으면 형의 유전자에게도 손해다. 무슨 말인지 전혀 감이 안 잡힌다면 〈피는 물보다 진하다: 친족선택 이론 첫걸음마〉에 나오는 해밀턴의 규칙을 다시 잘 살펴보아야 할 것이다.

이르는 것이 동생에게 도움이 되는 이유는 무엇인가? 다른 조건들이 같다면 형제가 똑같이 나누어 먹는 것이 어머니에게 유리하다. 따라서 형이 동생의 것을 빼앗아 먹었다면 동생에게도 손해지만 어머니에게도 손해다. 이럴 때 어머니가 형을 혼내는 것이 어머니에게 이득이다. 따라서 어머니에게 이르는 동생의 전략이 통할 수 있으리라 기대할 만하다. 자식들 사이의 평등을 위해 애쓰는 어머니의 노력도 이기적 유전자의 이해관계로 환원하는 진화심리학이 페미니스트에게는 못된 과학으로 보일 것이다.

세상의 대다수 어머니들은 공자가 말하는 군자가 아니다.

때로는 자식들 사이의 평등을 위해 싸우지만 때로는 우월한 자식을 편애하기도 한다. 어머니는 왜 이런 식으로 오락가락할까? 오락가락 하는 패턴을 살펴보자. 이와 관련된 체계적 연구를 본 기억은 없지만 어머니는 자신의 이해관계에 대체로 부합하는 방식으로 오락가락하는 것 같다. 우월한 자식에 대한 편애처럼 편애가 어머니의 이해관계에 도움이 될 때는 편애하는 경향을 보인다. 자식들 사이의 평등이 어머니의 이해관계에 도움이 될 때는 평등을 위해 애쓴다.

현대사회에서 부모와 자식 사이의 갈등 패턴을 살펴보자. 한편으로 형제끼리 티격태격하기 때문에 부모가 혼낸다. 이때 자신이 더 챙기려고 싸우는 경우가 많다. 이것은 여기에서 제시한 진화론적 분석으로 어느 정도 설명할 수 있을 것 같다.

다른 한편으로 하라는 공부는 안 하고 놀려고 하기 때문에 부모가 자식을 혼내기도 한다. 이것은 부모와 자식의 유전적 이해관계가 서로 충돌하기 때문은 아닌 듯하다. 과거 사냥채집사회와 현대 산업사회의 차이 때문에 발생하는 갈등으로 보인다.

과거에 번식을 위해 남자에게 필요했던 것은 사냥, 싸움, 짝짓기와 관련된 능력이었다. 남자 아이들의 놀이 패턴을 보면 사냥, 싸움, 전쟁과 관련된 경우가 많다. 그런 능력을 학습하기 위해 남자가 그런 놀이를 재미있어 하도록 진화한 듯하다. 하지만 지금의 한국 사회에서 출세하려면 그런 것들보다는 미적분과 영어를 잘 해야 한다. 원시시대에 미적분을 잘 하던 남자가 미적분 덕분에 더 잘 번식했을 리가 없다. 따라서 남자가 미적분을 즐기도록 진화했으리라 기대하기는 힘들다.

〈내리사랑과 치사랑: 비용/이득 분석의 중요성〉에 "어머니에게 자신의 건강이 아주 나쁘다는 사실을 자발적으로 알려줌으로써 어머니에 의한 "청부 살인"을 유도하는 길도 있다"라는 문장이 등장했었다. 부모-자식 갈등에 대해 소개했으니까 그 문장에 대해 좀 더 깊이 살펴보자.

만약 태아의 건강이 극도로 안 좋다면 어머니의 입장또는 어머니의 몸속에 있는 유전자의 입장에서 볼 때도 태아의 입장또는 태아의 몸속에 있는 유전자의 입장에서 볼 때도 태아가 죽는 것이 낫다. 어차피 당장 죽지 않아도 태아가 어른이 되어서 제대로 번식할 가능성이 희박하다. 따라서 태아가 당장 죽어서 어머니가 빨리 동생을 임신하도록 만드는 것이 태아의 몸속에 있는 유전자가 잘 복제되는 길이다. "태아의 건강이 어느 정도 안 좋아야 태아가 당장 죽는 것이 태아의 입장에서도 유리한가?"에 대한 답변을 얻기 위해서는 태아와 미래에 태어날 태아의 동생의 관련도를 비롯하여 여러 요인들을 고려한 골치 아픈 계산을 해야 할 것이다.

태아의 건강이 아주 좋다면 어머니의 입장에서도 태아의 입장에서도 태아가 살아남는 것이 유리하다. 건강하게 잘 자라는 태아를 어머니가 죽여 버린다면 바보 같은 짓이다. 극단적인 기근처럼 예외적인 상황이 아닌데도 건강한 태아까지 몽땅 죽여 버리면 어머니는 제대로 번식할 수 없다. 이럴 때도 태아와 어머니의 이해관계가 일치한다.

태아의 건강이 안 좋긴 한데 극단적으로 나쁘지 않을 때는 양쪽의 이해관계가 갈린다. 어머니의 입장에서는 태아를 죽이고 미래에 태어날 태아의 동생에게 하루라도 빨리 투자하는 것이 낫다. 반면 태아의 입장에서는 자신이 살아남는 편이 낫다. 이럴 경우 태아가 자신의 건강 상태에 대한 정보를 어머니에게 왜곡해서 전달하는 것이 합리적이다. 따라서 어머니와 자식 사이에서 자식의 건강 상태를 두고 정보 전쟁을 벌일 것이라고 기대할 만하다.

반면 태아의 건강 상태가 지극히 나쁠 때처럼 양쪽의 이해관계가 일치하는 경우에는 태아가 자신의 건강 상태를 정직하게 어머니에게 알리는 것이 합리적이다. 이런 맥락에서 위에서 언급한 "청부 살인"을 이해할 수 있을 것이다.

참고문헌

「8. 세대 간의 전쟁」, 『이기적 유전자(The selfish gene)』, 리처드 도킨스 지음, 홍영남 & 이
  상임 옮김, 을유문화사, 2010(개정판)

「8. 친족 문제」, 『진화심리학: 마음과 행동을 탐구하는 새로운 과학(Evolutionary
  psychology: the new science of the mind)』, 데이비드 버스 지음, 이충호 옮김, 최재천
  감수, 웅진지식하우스, 2012

「21. Parental investment and parent-offspring conflict」, Catherine Salmon, 『The
  handbook of evolutionary psychology: 1. foundations』, David M. Buss 편집, Wiley,
  2016(2판)

「Parent-offspring conflict」, Robert L. Trivers, 『American Zoologist』, 1974(『Natural
  selection and social theory: selected papers of Robert Trivers』에도 실려 있다)

「Parent-offspring conflict in primates」, Dario Maestripieri, 『International Journal of
  Primatology』, 2002

「Parent-offspring weaning conflicts among the Bofi farmers and foragers of Central
  Africa」, Hillary N. Fouts, Barry S. Hewlett & Michael E. Lamb, 『Current
  Anthropology』, 2005

애 딸린 여자: 가족애의 이면

국회의원 나경원이 "1등 신붓감은 예쁜 여자 선생님, 2등은 못생긴 여자 선생님, 3등은 이혼한 여자 선생님, 4등은 애 딸린 여자 선생님"이라는 말을 해서 논란이 된 적 있다. 나경원이 이 말을 어떤 맥락에서 어떤 의도로 했는지 여기에서 따질 생각은 없다. 어쨌든 결혼 시장에서 애 딸린 여자는 인기가 별로 없다. 왜 그럴까?

〈창녀가 존재하는 이유: 부모 투자 이론〉에는 "자신을 사랑하지 않는 남자들하고 섹스를 해서 임신했다면 남편의 도움 없이 자식을 혼자 키울 가능성이 상대적으로 높다"라는 구절이 있으며, 〈여자의 바람기: 좋은 유전자〉에는 "현존 원시사회들을 보면 일부다처제다. 유부남이 아닌 성인 남자는 꽤 있지만 유부녀가 아닌 성인 여자는 거의 없다고 한다"라는 구절이 있다. 예민한 독자라면 두 구절이 서로 충돌한다는 점을 알아차렸을 것이다.

원시시대에 미혼 여성이 자신을 사랑하지 않는 남자들하고 섹스를 해서 임신했다고 하자. 만약 원시시대에 유부녀가 아닌 성인 여자가 거의 없었다면 그 미혼 여성이 곧 결혼하여 남편과 함께 그 자식을 키울 가능성이 매우 높을 것이다. 그렇다면 남편의 도움 없이 자식을 키울 가능성 때문에 여자가 되도록 자신을 사랑하는 남자하고 섹스를 하도록 진화했다는 가설의 설득력이 떨어진다.

〈창녀가 존재하는 이유: 부모 투자 이론〉에서 이야기한 것과는 달리 원시시대에 미혼 여성이 사랑 없는 섹스를 해도 거의 손해를 보지 않았던 걸까? 여기에 애 딸린 여자는 인기가 없다는 나경원의 말을 들이밀 수 있다. 원시시대에도 남자들이 애 딸린 여자를 별로 좋아하지 않았다면 여자는 사랑 없는 섹스 때문에 손해를 봤을 것이다. 그런데 손해를 보는 이유는 결혼을 할 수 없었기 때문이라기보다는 더 열등한 남자와 결혼하게 되었기 때문일 것이다.

미혼 여성이 사랑 없는 섹스로 임신했다고 하자. 사랑이 없기 때문에 아이의 유전적 아버지와 결혼할 가능성이 작다. 그런데 애 딸린 여자는 결혼 시장에서 별로 인기가 없다. 결국 그 여자는 애가 없을 때 결혼할 수 있었던 남자에 비해 더 열등한 남자와 결혼하기 쉽다. 열등한 남자와 결혼하면 온갖 방면에서 손해를 본다. 열등한 남편의 유전자를 얻어서 임신하면 자식이 상대적으로 열등할 것이다. 열등한 남편은 아내를 보호하는 능력도 자식을 돌보는 능력도 떨어질 것이다.

남자의 입장에서 생각해 보자. 아내의 자식이 남자 자신의 유전적 자식일 가능성이 높아야 아내와 아내의 자식을 돌봄으로써 번식 이득을 크게 얻을 수 있다. 자신의 유전적 자식을 돌보는 것이 남의 유전적 자식을 돌보는 것에 비해 진화론적으로 볼 때 훨씬 더 보람 있는 일이다. 따라서 다른 조건들이 같다면 남자가 애 딸린 여자보다는 애 없는 여자를 신부감으로 선호하도록 진화했으리라 기대할 만하다.

남자가 그렇게 진화했다면 결혼 시장에서 애 딸린 여자의 인기가 떨어질 수밖에 없다. 애가 어릴수록 자립할 수 있을 때까지 돌보아야 할 기간이 길다. 그럴수록 여자의 인기가 많이 떨어지리라 기대할 만하다. 애가 많을수록 남자가 떠안아야 하는 부담이 커지기 때문에 여자의 인기가 많이 떨어질 것이다.

미혼 여성이 사랑 없는 섹스로 자식을 낳으면 다른 면에서도 손해를 보게 된다. 그 자식의 유전적 아버지가 아닌 남자와 결혼하면 남편이 자식 돌보기를 소홀히 하는 경향이 있을 것이다. 남편의 입장에서 볼 때 의붓자식은 유전적으로 남남이다. 따라서 남자가 친자식보다 의붓자식을 훨씬 덜 사랑하도록 진화했으리라 기대할 만하다. 만약 미혼 여성이 되도록 사랑하는 남자하고 섹스를 했다면 아이의 유전적 아버지와 결혼할 가능성이 상대적으로 높을 것이다. 그러면 아이는 아내의 남편으로부터 상대적으로 더 큰 사랑을 받을 것이다.

애 딸린 암사자의 사정은 훨씬 더 험악하다. 통상적으로 사자 무리pride는 어른 수사자 한두 마리, 어른 암사자 여러 마리 그리고 어른 암사자들의 자식들로 이루어진다. 지역에 따라 어른 수사자의 숫자가 더 많을 수도 있다. 떠돌이 어른 수컷들이 어떤 무리의 어른 수컷들과 결투를 벌여서 몰아내는 경우가 있다. 이럴 때 무리를 접수한 수사자는 "아기" 사자들을 죽여 버리고 "어린이" 사자들을 쫓아낸다. 암사자들과 가까운 친족일 때처럼 특수한 상황이 아니라면 그렇게 행동하도록 수사자가 진화한 듯하다. 쫓겨나는 어린이 사자들의 어머니가 무리를 떠나 아직 어린 자식들과 떠돌이 생활을 하는 경우도 있다.

암사자들이 기껏 임신해서 낳아놓은 아기들을 수사자가 죽여 놓으면 종의 번성에 지장이 생긴다. 하지만 자연선택의 기준은 종의 번성이 아니라 개체의 번식 또는 유전자 복제다. 새로 무리를 차지한 수사자의 입장에서 볼 때 이전에 무리를 차지했던 수사자의 자식들은 통상적으로 자신과 유전적으로 남남이다. 따라서 그런 아기 사자들이 죽는다는 점 자체가 새로 온 수사자에게 딱히 손해는 아니다.

만약 별 문제 없이 죽일 수 있다면 수사자는 이득을 얻을 수 있다. 앞으로 암사자가 그 자식들에게 투자할 일이 없으니 수사자의 입장에서는 자원 절약이다. 포유류 암컷이 자식에게 젖을 먹이면 배란이 억제된다. 젖먹이들이 모두 죽으면 얼마 지나지 않아 임신할 수 있는 상태가 되니 수사자의 입장에서는 시간 절약이다. 따라서 수사자가 다른 수사자의 유전적 자식들을 죽이도록 진화했다고 해도 이상할 것이 별로 없다.

하지만 이것은 문제의 한 측면일 뿐이다. 그 아기 사자들은 암사자와 기존 수사자의 유전적 자식이다. 아기가 죽으면 그들이 손해를 보게 된다. 그런데 기존 수사자는 이미 쫓겨난 상태이기 때문에 힘을 쓸 수 없다. 암사자들은 어떨까? 암사자가 부상의 위험을 무릅쓰고 자기 자식을 죽이려는 수사자에 맞서 싸우는 사례들이 관찰되었다. 당장은 구할 때도 있지만 장기적으로는 거의 성공하지 못하는 듯하다. 크레이그 패커Craig Packer & 앤 푸시Anne E. Pusey의 연구에 따르면 무리의 수컷들이 바뀔 때마다 거의 예외 없이 아기 사자들이 죽는다. 수사자에게 죽임을 당하는 것이 관찰되거나 조만간 사라진다.

사자 무리에서는 주로 암컷들이 사냥을 한다. 암사자가 애를 업고 사냥을 하러 갈 수는 없는 노릇이다. 수사자가 암사자보다 덩치도 크고 힘도 세다. 죽이려는 쪽에서는 한 번만 성공하면 된다. 반면 지키려는 쪽에서는 자식이 자랄 때까지 하루도 빠짐없이 보호에 성공해야 한다. 죽이려는 수사자에 비해 지키려는 암사자에게 매우 불리한 싸움인 것 같다.

이런 면에서는 인간 남자가 수사자와는 매우 다르게 진화한 듯하다. 통상적으로 남자들은 전남편의 소생인 의붓자식을 죽이지 않는다. 인간 남자든 수사자든 별 문제 없이 의붓자식을 죽일 수 있다면 번식 이득을 본다. 인간 여자든 암사자든 그 자식을 살려낼 수 있다면 번식 이득을 본다. 이런 면에서 암컷과 수컷의 이해관계가 정면으로 충돌한다. 사자 사회에서는 이 싸움에서 수컷이 완승을 거두는 반면 인간사회에서는 여자에게 유리한 방향으로 결판이 날 때가 많다. 왜 이런 차이가 나타나는지도 따져 보면 좋겠지만 여기에서는 더 깊이 들어가지 않겠다.

남자는 의붓자식을 어떻게 대하도록 진화했을까? 한 쪽 극단으로 "무조건 죽이기"를 상정할 수 있는데 수사자가 그런 극단에 매우 가깝게 행동한다. 다른 쪽 극단으로 "친자식처럼 사랑하기"를 상정할 수 있는데 수컷이 그런 식으로 행동하는 종이 있다는 이야기를 들어본 적 없다. 친자식과 의붓자식을 구분할 수 있음에도 불구하고 의붓자식을 친자식처럼 사랑하는 것은 번식의 관점에서 볼 때 너무나 바보 같다.

얼핏 생각해 보면 인간이 의붓자식을 전혀 사랑하지 않도록 진화했을 것 같다. 또는 동네 아이들만큼만 사랑하도록 진화했을 것 같다. 왜냐하면 유전적으로는 남남이기 때문이다. 하지만 진화에서 친족선택의 논리만 작동하는 것은 아니다. 결혼생활에서 배우자의 사랑과 신뢰를 얻는 것이 매우 중요하다. 서로 믿고 사랑하지 않는 부부는 이혼으로 이어지기 쉽다. 이혼하지 않더라도 결혼생활이 삐걱거릴 가능성이 높다.

배우자가 너무나 열등하거나 인간성이 지극히 더럽다면 이혼하는 편이 나을 수도 있겠지만 통상적으로 원만한 결혼생활이 번식에 도움이 될 것이다. 의붓자식을 사랑해 주면 배우자의 사랑과 신뢰를 얻는 데 도움이 된다. 따라서 인간이 의붓자식을 동네 아이들그 아이의 어머니와 이전에 섹스를 한 경우에는 예외일 수 있을 것이다. 보다는 훨씬 더 사랑하도록 진화했을 가능성도 있다.

마틴 데일리 & 마고 윌슨이 이 방면의 연구로 유명하다. 그들은 남자든 여자든 의붓자식을 친자식보다 훨씬 덜 사랑하도록 진화했을 것이라고 추정했다. 친족선택 이론에서 출발한다면 이것은 거의 불가피한 결론이다. 그들은 이 가설을 실증적으로 입증하려 했다. 만약 인간이 친자식보다 의붓자식을 덜 사랑하도록 진화했다면 의붓자식을 친자식보다 더 많이 학대하리라 예측할 수 있다. 그들의 연구에 따르면 의붓자식은 친자식에 비해 수십, 수백 배나 더 많이 부모에게 학대당하거나 살해당한다.

데일리 & 윌슨이 이전에 아무도 생각하지 못했던 기발한 가설을 제시한 것은 아니다. 대중은 예로부터 원래 의붓부모계부, 계모가 친부모보다 자식을 훨씬 덜 사랑한다고 생각해 왔던 것 같다. 옛날이야기 속에서 의붓어머니는 콩쥐, 신데렐라, 백설공주를 구박하거나 죽이려 한다. 의붓아버지에 대한 비슷한 옛날이야기들도 전세계적으로 발견된다. 어쨌든 진화론적 사고방식 덕분에 그들은 대중의 그런 상식을 남들보다 더 진지하게 받아들였으며 다른 학자들이 그때까지 하지 않은 연구를 할 수 있었다. 20세기에 많은 학자들이 "남자는 원래 이런 거야", "여자는 원래 저런 거야", "인간은 원래 그런 거야"와 같은 대중의 상식을 무시했다.

<근친상간 타부: 유해 열성 유전자>에서 살펴보겠지만 근친끼리 섹스를 해서 자식을 낳으면 기형아 등 문제가 생길 가능성이 상대적으로 높다. 근친끼리는 유전자를 상대적으로

많이 공유하기 때문이다. 그래서 인간이 근친상간을 회피하도록 진화한 듯하다.

아버지의 입장에서 보자. 친딸은 유전적 딸일 가능성이 매우 높다. 따라서 아버지가 친딸과 섹스를 해서 아이를 낳으면 문제가 생길 가능성이 상대적으로 높다. 그 아이에게 문제가 생기면 친딸의 번식에 지장이 생긴다. 그리고 친딸의 번식에 문제가 생기면 아버지의 몸속에 있는 유전자에게도 손해가 될 가능성이 높다.

의붓딸이라면 어떨까? 아버지와 의붓딸은 유전적으로 남남이다. 둘이 섹스를 하면 사회적으로는 근친상간으로 여겨질 수도 있지만 유전적으로 보면 근친상간이 아니다. 따라서 기형아와 같은 문제가 생길 가능성이 유전적 근친상간의 경우처럼 높지 않다. 설사 의붓딸의 번식에 문제가 생겨도 아버지의 입장에서 보면 유전적으로 남남인 사람에게 벌어지는 일이다. 따라서 친딸에게 문제가 생길 때만큼 아버지의 몸속에 있는 유전자에게 직접적 타격을 입히지는 않는다. 따라서 남자가 친딸보다 의붓딸과 더 쉽게 섹스 많은 경우 강간이다. 를 하리라 기대할 만하다. 실제로도 그런 연구 결과가 나왔다.

입양된 자식의 경우에는 어떨까? 양자녀나 의붓자식이나 유전적으로 남남이기는 마찬가지다. 그렇다면 양자녀도 의붓자식만큼이나 많이 학대당할까? 적어도 선진 산업국에서는 그렇지 않은 것 같다. 미국에서 친부모에 의한 학대보다 양부모에 의한 학대가 더 적게 일어난다고 추정하는 학자도 있다『Adapting minds』379쪽. 뭔가 이상하다. 페미니스트가 이런 데이터를 들이밀면서 친족선택의 논리를 인간의 자식 사랑에는 적용할 수 없다고 이야기할지도 모르겠다.

하지만 진화심리학자들이 빠져나갈 구멍이 없는 것은 아니다. 미국 같은 선진 산업국에서는 입양 심사를 상당히 철저히 한다. 중죄를 저지른 전과가 있거나, 정신병적 문제가 있거나, 너무 가난하면 입양을 하기가 매우 어렵거나 불가능하다. 이 요인 때문에 입양아에 대한 학대가 적은지도 모른다. 국가의 그런 통제에서 벗어나 아이를 물건처럼 사고파는 덜 선진적인 나라에 대한 데이터는 매우 다를 것 같다.

이번에는 자식의 입장에서 생각해 보자. 의붓부모는 유전적으로 남남이다. 친족선택 이론을 적용해보자면 자식이 친부모보다 의붓부모를 훨씬 덜 사랑하리라 예측할 만하다. 하지만 여기에 정보의 불확실성이 개입될 수 있다. 부모는 누가 친자식이고 누가 의붓자식인지 확실히 하는 반면 자식은 누가 친부모이고 누가 의붓부모인지 모를 수 있는 것이다.

누가 의붓부모인지 모른다면 친부모보다 덜 사랑할 수가 없다. 의붓형제step sibling의 경우에도 마찬가지다. 의붓형제라는 점을 모른다면 친형제보다 덜 사랑할 수가 없다. 만약 냄새 등을 통해 의붓부모나 의붓형제를 친부모나 친형제와 어느 정도 구분해 낼 수 있다면 그들을 친부모나 친형제보다 덜 사랑함으로써 번식 이득을 얻을 수 있을 것이다.

참고문헌

「7. 양육 문제」, 『진화심리학: 마음과 행동을 탐구하는 새로운 과학(Evolutionary psychology: the new science of the mind)』, 데이비드 버스 지음, 이충호 옮김, 최재천 감수, 웅진지식하우스, 2012

『살인: 살인에 대한 최초의 진화심리학적 접근(Homicide)』, 마틴 데일리 & 마고 윌슨 지음, 김명주 옮김, 어마마마, 2015

『신데렐라의 진실: 낳은 정과 기른 정은 다른가?(The truth about Cinderella: a Darwinian view of parental love)』, 마틴 데일리 & 마고 윌슨 지음, 주일우 옮김, 이음, 2011

「"1등 신붓감 예쁜 여자선생님, 2등은 못생긴…" 나경원 '여교사 비하' 논란 확산」, 이호준 기자, 『경향신문』, 2008년 11월 17일

『Adapting minds: evolutionary psychology and the persistent quest for human nature』, David J. Buller, The MIT Press, 2006

「Adaptations of female lions to infanticide by incoming males」, Craig Packer & Anne E. Pusey, 『The American Naturalist』, 1983

「The architecture of human kin detection」, Debra Lieberman, John Tooby & Leda Cosmides, 『Nature』, 2007

「20. Is the "Cinderella effect" controversial?: a case study of evolution-minded research and critiques thereof」, Martin Daly & Margo Wilson, 『Foundations of evolutionary psychology』, Charles Crawford & Dennis Krebs 편집, LEA, 2007

「The evolution of infanticide by males in mammalian societies」, Dieter Lukas & Elise Huchard, 『Science』, 2014

5

핸디캡 원리
외

사이코패스가 아주 드문 이유
: 양심의 진화와 상호적 이타성

사이코패시psychopathy, 정신병질, 소시오패시sociopathy, 사회병질, 반사회성 인성 장애ASPD, antisocial personality disorder는 비슷한 걸 가리키지만 미묘한 차이가 있다. 사실 사이코패시도 학자마다 조금씩 다르게 정의한다. 일차적 사이코패시primary psychopathy와 이차적 사이코패시secondary psychopathy를 구분하는 학자도 있다.

여기에서는 그냥 사이코패시라는 용어를 쓰겠다. 사이코패시는 질병또는 심리적 특성을 가리키며 사이코패스psychopath, 정신병질자는 그런 질병이 있는 사람을 가리킨다. 여기에서 사이코패스의 정의를 둘러싼 골치 아픈 이야기까지 소개하지는 않겠다. 그냥 "양심, 죄책감, 동정심 등이 아예 없거나 엄청나게 부족한 사람"으로 대충 정의하겠다.

잠깐 번역 이야기를 해 보겠다. "ASPD"를 "반사회성 인격 장애"나 "반사회성 성격 장애"로 번역하는 사람들이 많다. 국어사전에 따르면 "인격"에는 "사람으로서의 품격"이라는 뜻이 있다. 여기에서 "personality"는 그런 의미가 아니다. "인격"에 "개인의 지적知的, 정적情的, 의지적 특징을 포괄하는 정신적 특성"이라는 뜻도 있다. 하지만 이것은 일상적으로 쓰는 의미와는 꽤나 차이가 있다.

"성격"은 "개인이 가지고 있는 고유의 성질이나 품성"을 뜻하며 "인성"은 "각 개인이 가지는 사고와 태도 및 행동 특성"을 뜻한다. 두 단어를 동의어로 볼 수도 있는 것이다. 하지만 나는 심리학에 대한 글이라면 "character"를 "성격"으로 "personality"를 "인성"으로 구분해서 번역하고 싶다. 그래서 "반사회성 인성 장애"라는 별로 인기 없는 번역을 선택했다.

사이코패스는 아주 부도덕하게 사는 경향이 있다. 사이코패스가 전체 인구에서 차지하는 비율에 대한 추정치는 0.2%에서 2%에 이르기까지 다양하다. 그 정도면 극소수라고 볼 수 있을 것이다. 나머지 사람들은 성인군자까지는 아니더라도 꽤나 도덕적으로 산다. "왜 사이코패스가 존재할까?"라는 의문을 품기 전에 왜 대다수 사람들은 사이코패스가 아닌지 생각해 보자. 왜 평범한 사람들에게 양심과 죄책감이 있는 걸까?

사이코패스는 자신의 이익을 챙기기 위해 남을 짓밟는 사람이다. 자연선택에서는 번식을 더 잘하는 쪽이 유리하다. 사이코패스처럼 다른 사람의 번식 이득을 아무 거리낌 없이 짓밟으면서 자신의 번식 이득을 챙기는 사람이 유리하지 않을까? 얼핏 생각해 보면 사이코패스가 양심적인 사람보다 더 잘 번식할 것 같은데 왜 사이코패스는 극소수에 불과한가? 왜 양심이 작동하는가?

다윈은 『인간의 유래』에서 집단선택을 끌어들여 도덕성의 진화를 설명하려 했다. 한 부족만 살펴볼 때, 도덕적인 사람이 높은 도덕성 덕분에 번식의 측면에서 얻을 수 있는 것은 거의 또는 전혀 없다. 하지만 도덕적인 사람들로 이루어진 부족이 비도덕적인 사람들로 이루어진 부족을 이길 수 있기 때문에 인간이 도덕적으로 살도록 진화했다는 것이다. 진화심리학계에서는 이런 설명이 여전히 꽤나 인기 있다.

하지만 내가 좋아하는 코스미디스 & 투비를 비롯한 많은 진화심리학자들이 집단선택을 끌어들여 인간의 이타성, 도덕성, 양심, 죄책감, 동정심 등을 설명하려는 시도에 반대하고 있다. 나도 이런 면에서는 다윈이 틀렸다고 생각한다.

동물이 집단을 위해 행동하도록 진화할 수 있다는 집단선택 이론은 20세기 중반까지 진화생물학계에서 인기가 많았다. 예컨대 자식을 너무 많이 낳으면 집단이 먹고 살 자원이 부족해지기 때문에 자식을 조금만 낳아서 키우도록 진화했다는 식이다. 〈창녀가 존재하는 이유: 부모 투자 이론〉에서 소개했던 조지 윌리엄스의 『적응과 자연선택』이 1966년에 출간되면서 그런 순진한 형태의 집단선택 이론이 큰 타격을 받았다.

하지만 데이비드 윌슨David Sloan Wilson을 비롯한 여러 진화학자들이 수학적 모형에 바탕을 둔 이론을 제시하면서 집단선택이 부활했다. 엘리엇 소버Elliott Sober & 데이비드 윌슨은 『타인에게로』에서 신집단선택new group selection 또는 다수준선택multi-level selection을 수식에 대해 별로 언급하지 않으면서 정리했다. 초보자도 도전해 볼 만하다.

　온라인 잡지 『Edge 첨단』에 스티븐 핑커 Steven Pinker 의 「The false allure of group selection 집단선택의 미혹」과 이 글에 대한 여러 저명한 진화학자들의 반응이 실려 있다. 상대적으로 쉽고 짧은 글이기 때문에 영어의 장벽만 넘으면 초보자도 도전해 볼 만하다. 집단선택에 대한 여러 학자들의 입장을 비교해 볼 수 있다.

　『이기적 유전자』에서 비판한 것만 보고 집단선택 이론이 틀렸다고 생각하기에는 집단선택을 둘러싼 논쟁이 너무나 복잡미묘하다. 우선 개체 individual, 개인와 집단 group 의 의미가 애매할 때가 있다는 점부터 지적해야겠다. 사람 한 명은 개체인가, 집단인가? 통상적으로 개체로 생각된다. 하지만 진화생물학적으로 볼 때 집단으로 본다고 해서 이상할 것은 없다.

　사람은 수많은 세포들로 이루어져 있으며 각 세포에는 유전체 genotype 가 들어 있다. 세포 분열을 할 때 돌연변이가 일어날 수 있기 때문에 각 세포에 있는 유전자들끼리 완벽하게 똑같지 않을 수 있다. 많은 경우 그런 차이를 무시해도 별 상관이 없다. 하지만 암세포처럼 그런 차이가 무시할 수 없는 결과로 이어지기도 한다. 암 연구에서는 세포 하나를 개체로 보고 인간 한 명을 집단으로 보는 시각이 도움이 될 수 있을 것이다.

　집단선택은 여러 가지 의미로 쓰이고 있다. 『이기적 유전자』만 읽고 집단선택이 틀렸다고 생각하는 사람이라면 집단

선택의 수학적 모형이 친족선택의 수학적 모형과 수학적으로
동등하다 mathematically equivalent 는 말을 들으면 당황할 것이
다. 수학적으로 동등하기 때문에 친족선택이 옳은 만큼 집단
선택이 옳은 것이다. 적어도 집단선택 이론들 중 하나의 버전
은 친족선택 이론만큼이나 옳다.

집단선택 논쟁을 이해하기 위해서는 집단선택이 어떻게 정
의되는지, 어떤 수학적 모형에 바탕을 두고 있는지 먼저 따져
야 한다. 초보자에게는 저 세상 이야기로만 들릴 수 있다. 맛
보기용 책에서 깊이 다룰 수 있는 내용이 아니다.

다시 도덕성의 진화에 대한 다윈의 이야기로 돌아가 보자.
다윈은 착하게 사는 사람이 부족 내에서는 이득을 보기 힘들
다고 생각했다. 얼핏 생각해 보면 다윈의 생각이 옳은 것 같
다. 어떤 부족에 착하고 이타적이고 동정심 많고 양심적인 사
람 G와 이기적이고 비양심적인 S가 살고 있다고 하자 G: good,
S: selfish . G는 친족이 아니더라도 다른 사람이 어려움에 처했
을 때 도움을 준다. 반면 S는 그럴 때 모른 척 한다. 이런 면
에서 G는 S보다 손해를 본다. 따라서 G가 S보다 번식을 못할
것 같다.

하지만 이것은 문제의 한 단면일 뿐이다. 〈여자의 승부심:
핸디캡 원리〉에 등장했던 긴 꼬리를 달고 있는 수컷 공작은
긴 꼬리 때문에 생존의 측면에서 손해를 본다. 하지만 짝짓기
에서 얻는 이득이 그런 손해보다 크다면 전체적으로 긴 꼬리
덕분에 이득을 보는 셈이다. 마찬가지로 착하게 살아서 보는

이득이 손해보다 크다면 G가 오히려 S보다 더 잘 번식할 수 있다.

착한 자본가는 좋은 재료로 정성스럽게 상품을 만들고 못된 자본가는 나쁜 재료로 대충 만들어서 상품 시장에 내놓는다고 하자. 좋은 재료를 쓰기 때문에 착한 자본가는 돈을 더 많이 들인다. 또한 정성스럽게 만들기 때문에 노동자에게 들어가는 돈도 더 많다. 이런 면만 생각하면 착한 자본가가 손해를 볼 것 같다. 하지만 소비자가 충분히 똑똑하다면 착한 자본가가 내 놓는 상품을 못된 자본가의 상품보다 더 비싼 값에 살 것이다. 못된 자본가가 내 놓는 상품은 시장에서 아예 매장될 수도 있다.

이것이 애덤 스미스Adam Smith가 이야기한 보이지 않는 손 invisible hand이다. 자본가의 인간성이 더럽다 하더라도 상품 시장에서 성공하기 위해서는 품질 좋은 상품을 만들어야 한다. 속임수를 쓰는 길이 없는 것은 아니다. 하지만 인간이 다른 인간을 무한정 속일 수는 없다.

결혼 시장과 우정 시장에서도 비슷한 논리가 통한다. 품질을 세세히 살피고 같은 값이라면 품질 좋은 상품을 사는 소비자는 아무 상품이나 사는 소비자에 비해 이득을 본다. 마찬가지로 사냥채집사회에서 아무 남자하고나 결혼하려는 여자에 비해 되도록 인간성 좋은 남자와 결혼하려는 여자가 평균적으로 볼 때 번식을 더 잘 할 것이다. 착한 남자는 처자식을 더 열심히 돌보는 경향이 있기 때문이다. 아무 인간하고나 친구가 되는 사람에 비해 되도록 인간성 좋은 사람하고 사귀는 사람이 더 잘 번식할 것이다.

이런 면에서 사이코패스는 품질 나쁜 상품과 비슷하다. 소비자가 무작정 아무 상품이나 사는 세상에서는 품질 나쁜 상품을 만들어 파는 것이 좋은 전략일 수 있다. 하지만 소비자들이 그렇게 만만하지는 않다. 결혼 시장이나 우정 시장에서 "소비자"가 인간성을 살피지 않고 상대를 고르는 세상에서는 사이코패스가 이득을 챙기기 쉽다. 남을 돕는데 필요한 비용은 들이지 않으면서 남의 도움을 받아서 얻는 이득은 챙길 수 있기 때문이다. 또한 남을 속여서 이득을 챙길 수도 있다. 하지만 "소비자"가 상대의 인간성을 꼼꼼히 살핀다면, 그리고 결혼 시장과 우정 시장에서 버림받는 것이 번식에 치명적이라면 장기적으로는 사이코패스가 오히려 손해를 더 많이 볼 수도 있다.

이번에도 로버트 트리버스다. 트리버스는 「The evolution of reciprocal altruism 상호적 이타성의 진화」에서 친족이 아니더라도 남을 돕도록 진화할 수 있다고 주장했다. 우정이 진화할 수 있다고 본 것이다.

상부상조로 서로 이득을 얻을 수 있는 경우가 많다. 내가 물에 빠졌는데 친구가 물가에 있는 밧줄을 던져서 나를 구할 수 있다고 하자. 이때 친구가 투자하는 것은 사소한 반면 나는 목숨을 건질 수 있다. 이번에는 친구가 물에 빠졌는데 내가 물가에 있는 밧줄을 던져서 친구를 구할 수 있다고 하자.

이번에도 마찬가지로 내가 투자하는 것은 사소한 반면 친구는 목숨을 건질 수 있다.

좀 더 현실성 있는 이야기를 하겠다. 내가 사냥에 실패해서 굶게 생겼는데 친구는 사냥에 성공했다. 이때 친구가 나에게 고기를 나누어 준다면 나는 굶주리지 않을 수 있다. 친구가 잡은 동물이 충분히 크다면 나에게 고기를 나누어 준다고 해도 친구에게는 별 손해가 아니다. 냉장고가 없었던 원시시대에 배가 어느 정도 찬 다음부터는 고기의 가치가 많이 떨어진다. 경제학을 배운 사람이라면 한계효용체감 법칙 law of diminishing marginal utility을 떠올릴 것이다. 배부른 친구는 별로 손해 보지 않고 고기를 나누어 주지만 배가 몹시 고픈 나에게는 큰 도움이 된다.

제럴드 윌킨슨Gerald S. Wilkinson이 연구한 흡혈박쥐는 다른 동물의 피를 빨아 먹고 사는데 피를 못 먹으면 얼마 못 가서 굶어 죽는다. 만약 다른 박쥐에게 자신이 빨아 먹은 피를 나누어 준다면 큰 도움이 될 것이다. 실제로 흡혈박쥐는 피를 나누어 주는데 대부분은 친족 사이다. 하지만 친족이 아닌 경우에도 피를 나누어 주는데 인간이 친구라고 부르는 관계와 비슷하다.

상호적 이타성reciprocal altruism이라는 용어는 이타적 행동이 상호적으로 나타난다는 말인데 상부상조와 비슷하다. 상부상조로 서로 이득을 볼 수 있지만 한 쪽이 무임승차하면 문제가 생긴다. 무임승차 하는 쪽은 남에게 도움은 받아서 이득은 챙기는 반면 남을 도와주지 않기 때문에 비용은 들이지 않는다. 그러면 무임승차로 인해 손해 보는 쪽이 생긴다. 상부상조로 서로 이득을 챙길 수 있지만 무임승차의 유혹이 있어서 상부상조 관계가 무너질 수 있는 것이다.

그 유명한 피의자의 딜레마prisoner's dilemma에 대해 대충 살펴보자. 두 사람 A, B가 같이 은행을 털었다. 그리고 경찰에 잡혀서 서로 다른 감방에 갇혔다. 검사는 두 사람을 따로 만나서 형량 거래를 한다. 만약 A는 자백을 하는데 B는 자백하지 않으면 B는 10년 형을 받고 A는 석방된다. 둘 다 자백하면 둘 다 5년 형을 받는다. 둘 다 자백하지 않으면 둘 다 1년 형을 받는다. 여기에서 자백고자질은 배신이기적 행동에 해당하고 자백하지 않는 것은 협력이타적 행동에 해당한다.

상대가 자백했다고 가정해 보자. 내가 침묵하면 10년 형을 받는 반면 자백하면 5년 형을 받는다. 자백하는 것이 나에게 이득이다. 상대가 침묵했다고 가정해 보자. 내가 침묵하면 1년 형을 받는 반면 자백하면 석방된다. 이번에도 자백하는 것이 나에게 이득이다. 형량 최소화라는 목적을 추구하는 합리적인 사람이라면 자백할 것이라고 예상할 수 있다.

둘 다 자백하면, 즉 둘 다 이기적으로 행동하면 둘 다 5년 형을 받는다. 반면 둘 다 침묵하면, 즉 둘 다 이타적으로 행동하면 둘 다 1년 형만 받는 것으로 끝난다. 전체집단의 입장에서 보면, 즉 두 사람을 모두 고려하면 두 사람이 협력하는 것이 더 좋은 결과로 이어진다. 하지만 한 사람의 입장에서 보면 배신하는 것이 항상 좋은 결과로 이어진다. 그래서 딜레마다.

잠시 번역 이야기를 해 보겠다. "reciprocal altruism"에서 "reciprocal"을 "호혜적"으로 번역하기도 한다. 서로에게 이타성을 발휘한다는 말이니 어울리는 말이다. 하지만 내가 "상호적"이라고 번역한 데에는 이유가 있다. 진화심리학자들이 "reciprocal punishment"라는 용어를 쓰기도 하는데 "호혜적 처벌"이라고 번역하기는 곤란하다. "reciprocal"을 일관성 있게 번역하려면 "상호적"이 "호혜적"보다 낫다.

"altruism"을 "이타주의"라고 번역하는 사람도 있는데 문제가 있다. 동물의 이타 행동에도 적용되는 말에 "주의"는 어울리지 않는다. 또한 "이타 행동"이라는 번역도 약간은 문제가 있다. 행동의 측면에 초점을 맞출 수도 있지만 심리기제의 측면에 초점을 맞출 수도 있기 때문이다.

"prisoner's dilemma"는 보통 "죄수의 딜레마"로 번역된다. 하지만 위에서 살펴보았듯이 피의자와 검사가 형량 거래를 하는 이야기다. "죄수"라고 하면 재판에서 판결을 받은 기결수가 떠오른다. 여기에서는 미결수_{법적 판결이 나지 않은 상태로 구금되어 있는 피의자 또는 형사 피고인} 이야기다. "prisoner"의 갇혀 있다는 의미를 굳이 살리고 싶다면 "미결수의 딜레마"라고 번역할 수도 있을 것이다. "구금된 용의자의 딜레마"처럼 번거롭지만 더 정확하게 번역하는 길도 있다.

나와 친구가 서로 어려울 때 도우면서 살면 친구를 사귀지 않을 때보다 서로 이득을 볼 수 있다. 하지만 한쪽은 친구가 어려울 때 돕고 다른 쪽은 친구에게 도움을 주지 않는다면 이기적인 쪽이 이득을 본다. 이렇게 되면 도움을 주던 쪽도 앞으로 더 이상 돕지 않는 것이 합리적이다. 이런 식이라면 우정이 성립할 수 없다. 무임승차 때문에 우정이 진화하기는 불가능한 걸까?

트리버스는 무임승차하지 않는 동물하고만 우정을 나누려하도록 만드는 심리기제가 이 문제를 해결할 수 있다고 이야기한다. 위에서 소개한 피의자의 딜레마에서는 한 번의 결정으로 끝이다. 하지만 인간과 같은 사회성 동물의 경우에는 여러 번에 걸쳐 상호작용을 하게 된다. 상호작용을 하면서 누가 이타적이고 누가 이기적인지, 누가 양심적이고 누가 비양심적인지 알 수 있다. 이런 정보를 바탕으로 되도록 이타적이고 양심적인 사람하고 우정을 나눈다면 배신이나 무임승차로 인한 타격을 덜 받을 수 있다. 결국 아주 이기적이고 비양심적인 사람은 왕따 당하게 되어 상부상조의 이득을 챙길 수 없기 때문에 손해를 본다.

친족에게 이타적으로 행동하도록 진화하는 경향이 있는 이유는 친족과 내가 유전자를 공유할 확률이 높기 때문이다. 친족을 돕는 것이 곧 내 몸 속에 있는 유전자의 복제를 돕는 것이다. 친족이 나를 배신한다고 해서 친족의 몸속에 있는 유전자가 바뀌는 것은 아니다. 따라서 친족에 대한 사랑은 무조건적인 측면이 있으리라 기대할 만하다. 실제로 자식이 부모를 배신한다고 해도 부모는 계속 자식을 사랑하는 경향이 있다.

아줌마 이름이 뭐래드라. 김영순?

자식 새끼가 실수로 떨어뜨린 이걸, 그 아줌마가 죽기 전에 먹은 거거든. 왜 그랬다고 생각하냐?

부모가 그런 거거든. 자식 새끼가 자기를 제낀 씹새든, 자기를 찌른 개새든, 숨겨주고 싶은 거거든.

영화 〈공공의 적〉에서 형사 강철중설경구의 대사다. 조규환이 성재이 부모를 죽이면서 손톱이 잘렸는데 조규환의 어머니는 자신을 죽인 자식이 경찰에 잡힐까봐 손톱을 먹었다. 자식에 대한 부모의 무조건적 사랑을 잘 표현한 장면이다. 이것이 우정과 친족애의 차이다. 친구가 엄청난 배신을 하면 보통은 절교한다. 우정은 조건적 사랑인 것이다. 친구가 인간성이 더럽다는 것이 드러났음에도 절교하지 않는 사람은 미래에 손해를 볼 가능성이 높다. 따라서 인간은 친구가 자신에게 이기적으로 행동할 때 배신감을 느끼도록 진화했으리라 기대할 만하다. 인간이 무임승차의 피해자가 되지 않도록 진화했다는 이야기다.

이기적이거나 비양심적인 사람이 손해를 보는 이유 중 하나는 처벌이나 보복을 당하기 때문이다. 처벌이나 보복을 하는 이유는 무엇인가? 이것도 집단선택을 끌어들여 설명하는 진화심리학자들이 있다. 그런 사람을 처벌해야 집단이 더 잘 번성하기 때문에 처벌 본능이 진화했다는 것이다. 하지만 집단선택이 작용하지 않더라도 처벌 심리나 보복 심리가 진화할 수 있을 것 같다.

보복이나 처벌을 위해서는 비용이 필요하다. 시간과 에너지를 들여야 한다. 보복 또는 처벌을 당하는 사람이 반격할 가능성도 있다. 어떤 사람이 내 딸을 죽였다고 하자. 영화에서 흔히 나오는 대사가 있다. 복수를 한다고 해서 딸이 살아 돌아오지는 않는다. 과거에 일어난 일은 돌이킬 수 없다. 이런 점만 생각하면 복수는 낭비로 보인다. 하지만 인간에게는 강렬한 복수심이 있다. 복수를 하면 통쾌하다. 그 이유는 무엇일까?

어떤 일을 당하더라도 가만히 참고 있는 사람은 만만해 보인다. 반면 당한 만큼 복수하는 사람을 함부로 대하기는 힘들다. 복수를 한다고 딸이 살아 돌아오지는 않는다. 하지만 복수를 하지 않아서 남들에게 만만한 사람으로 찍힌다면 이번에는 아들이 살해당할지 모른다. 악행을 한 사람에게 복수를 함으로써 자신이 결코 만만한 봉이 아님을 사람들에게 광고할 수 있다.

상품 시장에서 평판은 매우 중요하다. 이것이 많은 회사에서 결함 있는 제품을 자발적으로 리콜해 주는 이유일 것이다. 잘못을 저지르고도 뻔뻔스럽게 행동한다면 도덕성과 관련된 평판이 추락할 것이다. 반면 자신의 잘못을 인정하고 피해자에게 보상해 주고 피해자의 처벌을 어느 정도는 묵묵히 감수한다면 평판 추락을 최소화할 수 있다. 이런 이유 때문에 죄책감이 진화했는지도 모른다.

참고문헌

「1. 사람은 왜 존재하는가?」, 『이기적 유전자(The selfish gene)』, 리처드 도킨스 지음, 홍영남 & 이상임 옮김, 을유문화사, 2010(개정판)

「10. 내 등을 긁어 줘, 나는 네 등 위에 올라탈 테니」, 『이기적 유전자(The selfish gene)』, 리처드 도킨스 지음, 홍영남 & 이상임 옮김, 을유문화사, 2010(개정판)

「9. 협력적 동맹」, 『진화심리학: 마음과 행동을 탐구하는 새로운 과학(Evolutionary psychology: the new science of the mind)』, 데이비드 버스 지음, 이충호 옮김, 최재천 감수, 웅진지식하우스, 2012

「25. Adaptations for reasoning about social exchange」, Leda Cosmides & John Tooby, 『The handbook of evolutionary psychology: 2. integrations』, David M. Buss 편집, Wiley, 2016(2판)

「31. Morality」, Robert Kurzban & Peter DeScioli, 『The handbook of evolutionary psychology: 2. integrations』, David M. Buss 편집, Wiley, 2016(2판)

「33. Reputation」, Pat Barclay, 『The handbook of evolutionary psychology: 2. integrations』, David M. Buss 편집, Wiley, 2016(2판)

「36. False allure of group selection」, Steven Pinker, 『The handbook of evolutionary psychology: 2. integrations』, David M. Buss 편집, Wiley, 2016(2판)

『적응과 자연선택: 현대의 진화적 사고에 대한 비평(Adaptation and natural selection: a critique of some current evolutionary thought)』, 조지 C. 윌리엄스 지음, 전중환 옮김, 나남, 2013

『타인에게로: 이타 행동의 진화와 심리학(Unto others: the evolution and psychology of unselfish behavior)』, 엘리엇 소버 & 데이비드 슬로안 윌슨 지음, 설선혜 & 김민우 옮김, 서울대학교출판문화원, 2013

「5. 원시시대와 문명 시대에 일어난 지적 능력과 도덕 능력의 발달」, 『인간의 유래 1(The descent of man, and selection in relation to sex)』, 찰스 다윈 지음, 김관선 옮김, 한길사, 2006

「The evolution of reciprocal altruism」, Robert L. Trivers, 『Quarterly Review of Biology』, 1971(『Natural selection and social theory: selected papers of Robert Trivers』에도 실려 있다)

「The false allure of group selection」, Steven Pinker, 『Edge』, 2012, https://www.edge.org/conversation/the-false-allure-of-group-selection

「Food sharing in vampire bats」, Gerald S. Wilkinson, 『Scientific American』, 1990

「15. How selfish by Nature?」, Dennis Krebs, 『Foundations of evolutionary psychology』, Charles Crawford & Dennis Krebs 편집, LEA, 2007

「Prisoner's dilemma(Wikipedia)」, https://en.wikipedia.org/wiki/Prisoner%27s_dilemma

「Sixteen common misconceptions about the evolution of cooperation in humans」, Stuart A. West, Claire El Mouden & Andy Gardner, 『Evolution and Human Behavior』, 2011

여자의 슴부심: 핸디캡 원리

유방 확대 수술을 받는 여자가 유방 축소 수술을 받는 여자보다 많다. 왜 그럴까? 가슴 큰 여자가 남자에게 인기 있기 때문일 것이다. 왜 남자는 가슴 큰 여자를 좋아할까?

말테 안데르손 Malte Andersson 은 긴꼬리천인조 long-tailed widowbird, *Euplectes progne* 수컷의 꼬리를 인위적으로 길게 만들었다. 꼬리 확대 수술을 한 셈이다. 그러자 암컷들 사이에서 그 수컷의 인기가 올라갔다. 유방 확대 수술을 한 여자의 인기가 남자들 사이에서 올라가는 것과 비슷한 현상이다. 다만 암수는 반대다. 왜 일부 조류의 암컷은 꼬리가 긴 수컷을 선호할까?

다윈은 『인간의 유래』에서 수컷 공작의 꼬리 엄밀히 말하면 "upper tail covert feathers"가 그렇게 길고 화려해지는 방향으로 진화한 이유를 다루었다. 얼핏 생각해 보면 이것은 말이 안 된다. 길고 화려한 꼬리는 생존에 방해된다. 꼬리가 길고 화려할수록 포식자의 눈에 쉽게 띄며 도망가기도 힘들다. 그리고 길고 화려한 꼬리를 만들어내고 유지하려면 에너지가 많이 필요한데 그 에너지를 다른 곳에 쓰면 생존에 도움이 된다.

다윈은 길고 화려한 꼬리가 생존에는 방해되지만 짝짓기에 도움이 되기 때문에 진화했다고 보았다. 암컷이 꼬리가 길고 화려한 수컷을 좋아한다면 그런 수컷이 짝짓기 시장에서 암컷에게 더 많이 선택될 것이다. 이런 짝짓기 이득이 생존에서 보는 손해를 상쇄하고도 남는다면 길고 화려한 꼬리가 진화할 수 있다. 이런 설명을 현재 진화생물학계에서 널리 받아들이고 있다.

하지만 이런 설명은 또 다른 의문으로 이어진다. 왜 암컷 공작은 긴 꼬리를 선호하는 걸까? 이것도 뭔가 이상해 보인다. 화려한 수컷과 짝짓기를 해서 아들을 낳으면 그 아들도 대체로 화려할 것이다. 그렇게 태어난 아들은 화려함 때문에 포식자에게 잡힐 확률이 높아질 것 같다. 그런데도 왜 암컷은 화려한 수컷을 선택하는 걸까?

그렇게 태어난 아들이 그 화려함 덕분에 짝짓기 시장에서 인기를 끌 것이기 때문에 암컷이 화려한 수컷을 선호한다는 설명이 있다. 무슨 이유에서인가 암컷들이 수컷의 화려한 꼬리를 선호하는 세상이 되면 수컷의 화려함 자체가 짝짓기 이득을 줄 수 있다는 것이다. 이것을 폭주선택runaway selection, 줄달음 선택이라고 한다. 〈왜 남자가 감옥에 많이 갈까?: 부모 투자 이론의 재등장〉에서 소개한 로널드 피셔가 『The genetical theory of natural selection』에서 이 아이디어를 제시했다.

핸디캡 원리handicap principle는 공작의 꼬리에 대한 설명으로 폭주선택과 경쟁관계또는 보완관계를 유지해왔다. 아모츠 자하비Amotz Zahavi는 「Mate selection짝 선택」에서 핸디캡 원리를 제시했다. 여기에서는 폭주선택보다는 핸디캡 원리에 대해 살펴보겠다. 진화심리학계에서 핸디캡 원리가 더 인기 있는 것 같다.

만약 화려한 수컷이 더 우월하다면 화려한 수컷과 짝짓기하는 것이 암컷에게 도움이 될 수 있다. 핸디캡 원리에 따르면 화려한 꼬리는 우월성을 과시하는 신호signal로 진화했다. 생존에 부담이 되는 화려한 꼬리처럼 쉽게 위조하기 힘든 형질이 정직한 신호로 통할 수 있다는 것이다.

폭주선택에서도 화려한 수컷이 어떤 면에서는 우월하다. 화려한 수컷이 암컷들에게 인기가 있는 세상에서는 화려한 수컷이 "짝짓기 시장에서 암컷을 끌어들이는 능력"의 면에서 우월한 것이다. 여기에서 잠시 멈추어서 "우월성이란 무엇인가?"라는 질문을 던져볼 필요가 있다. 진화생물학자들의 관심사는 번식이다. 따라서 번식을 더 잘 할 수 있는 능력이 우월성의 기준이다. 그렇다면 "짝짓기 시장에서 암컷을 끌어들이는 능력"도 우월성이라고 볼 수 있다. 우월성이 무엇인지 명시적으로 정의하기는 만만치 않다. 어쨌든 폭주선택에서의 우월성과 핸디캡 원리에서의 우월성에는 뭔가 차이가 있다.

핸디캡 원리 이야기를 계속해 보자. S와 I가 달리기를 한다고 하자S: superior, I: inferior. S가 훨씬 더 뒤쪽에서 출발했는데 비슷하게 결승점을 통과했다면 S가 달리기를 더 잘 하는 것이다. S가 다섯 점을 깔아주고 I와 바둑을 두었는데 승률이 비슷하다면 S가 바둑을 더 잘 두는 것이다. S가 차포 떼고 I와 장기를 두었는데 승률이 비슷하다면 S가 장기를 더 잘 두는 것이다. 수공작의 꼬리와 더 근접한 예를 들자면, S는 10kg짜리 가방을 메고 달리고 I는 그냥 달렸는데 기록이 비슷하다면 S가 달리기를 더 잘 하는 것이다.

자신의 부를 광고하기 위해 티셔츠에 "나는 부자다"라고 쓰고 다닌다고 하자. 이것은 잘 통하지 않는다. 왜냐하면 그런 신호는 위조하기 쉽기 때문이다. 가난한 남자도 그런 티셔츠를 입고 다닐 수 있다. 반면 몇 억 원짜리 스포츠카를 타고 부를 과시하는 행태는 가난한 남자가 흉내 내기 힘들다.

뱁새가 황새를 따라가면 가랑이가 찢어진다는 말이 있다. 큰 부자가 아니더라도 아파트 전세금을 빼서 스포츠카를 살 수 있을지도 모른다. 부자도 아닌 남자가 그런 식으로 살면 당분간 여자를 잘 꼬실 수 있을지는 모른다. 하지만 곧 파산한다. 그리고 파산한 남자는 여자를 꼬시기 힘들다. 물론 파산하면 다른 온갖 문제들에도 직면하게 된다. 그래서 남자들은 보통 그런 식으로 무리하지 않는다. 만약 대다수 남자들이 어느 정도 분수에 맞게 산다면 람보르기니 같은 사치품은 부유함을 과시하기 위한 정직한 신호로 통할 수 있다.

큰 가슴이 수유에 도움이 된다고 생각하는 이들도 있었으나 생리학 연구에 따르면 별 도움이 되지 않는다고 한다. 평소에 가슴이 작던 여자도 아기를 낳으면 가슴이 커지면서 별 문제 없이 젖을 먹일 수 있다고 한다. 암컷 침팬지는 인간 여자에 비하면 평소에 유방 크기가 훨씬 작다. 하지만 별 문제 없이 젖을 먹이면서 자식을 키운다. 임신하지도 않은 상태에서도 여자가 유방을 크게 유지하는 것은 수유를 위한 것이 아닌 듯 하다.

가슴이 아주 큰 여자들은 큰 가슴 때문에 불편하다고 한다. 허리 통증을 호소하는 사람도 많다. 여자의 큰 가슴은 수공작의 긴 꼬리처럼 거추장스럽다. 이렇게 생존에 부담이 되기 때문에 큰 가슴이 정직한 신호로 통할 수 있는지도 모른다. 가슴이 클수록 대체로 여성 호르몬이 많다. 여성 호르몬이 많을수록 면역에 지장에 생긴다. 이것도 큰 가슴이 정직한 신호로 통할 수 있는 이유다. 온전한 설명을 위해서는 왜 가슴이 클수록 여성 호르몬이 많은지, 왜 여성 호르몬이 많으면 면역계에 지장을 주는지도 따져야 하겠지만 그냥 넘어가자.

핸디캡 원리에는 여러 버전이 있다. 우선 촌스러운 버전부터 소개하겠다. 이 버전에 따르면 긴 꼬리를 자랑하는 수컷은 암컷들에게 "긴 꼬리를 달면 에너지도 많이 들어가고 포식자에게 잡히기도 쉽다. 그럼에도 나는 살아남았다. 그러니까 나는 우월하다"라고 말하는 셈이다. 긴 꼬리라는 핸디캡에도 불구하고 살아남았다면 우월하다는 뜻이기 때문에 암컷이 그런 수컷을 선호하도록 진화할 수 있다.

여기에서 폭주선택에서의 우월성과 핸디캡 원리에서의 우월성에 어떤 차이가 있는지 드러난다. "긴 꼬리를 달면서도 생존 확률이 높은 것"이 핸디캡 원리에서의 우월성의 한 측면이다. 이것은 폭주선택에서의 우월성에는 없는 것이다. 핸디캡 원리에서의 우월성은 능력 또는 우월성에 대한 우리의 직관과 부합한다. 폭주선택에서의 우월성은 암컷들의 선호에 달렸다. 반면 "긴 꼬리를 달면서도 생존 확률이 높은 것"과 같은 우월성은 암컷들의 선호와는 독립적이며 뭔가 객관성이 있어 보이는 우월성이다.

핸디캡 원리 이야기를 계속해 보자. 촌스러운 버전에는 심각한 문제점이 있다. 수컷 공작 S와 I가 있다. 60㎝나 되는 긴 꼬리더 정확히 말하자면 꼬리가 점점 길어져서 어른이 될때 60㎝에 이르는 것이다.를 달고 다닐 때 우월한 S의 생존 확률알에서 깨어난 새끼가 어른이 될 때까지 생존할 확률은 90%인 반면 열등한 I의 생존 확률은 10%라고 하자. 암컷 앞에 꼬리가 60㎝나 되는 수컷이 있다. 그 수컷은 우월한 S인가 열등한 I인가? 이것을 암컷이 가릴 수 있을까?

열등한 I가 운이 좋아서 10%라는 작은 확률에도 불구하고 살아남았는지, 우월한 S가 90%라는 넉넉한 확률 덕분에 살아남았는지 긴 꼬리만 보고서는 알기 힘들다. 남자가 자기 통장에 있는 10억 원을 보여준다고 하자. 남자의 능력이 대단해서 10억 원을 벌었는지, 내세울 것이 쥐뿔도 없는데 운이 좋아서 로또에 당첨되었는지 통장만 보고서는 알 수 없다.

나는 자하비의 논문 「Mate selection」이 이런 촌스러운 버전으로 해석될 여지가 많다고 생각한다. 자하비가 이런 촌스러운 버전을 염두에 두지 않았을지도 모른다. 사실 자하비가 이 논문에서 염두에 둔 것이 무엇인지 명백하지 않다. 왜냐하면 수학적 모형을 제시하지 않았기 때문이다. 자하비가 제시한 핸디캡 원리는 촌스러움 때문이든 애매함 때문이든 진화생물학자들 사이에서 인기가 별로 없었다.

도킨스도 『이기적 유전자』 1판에서 핸디캡 원리를 상당히 비판적으로 소개했다. 하지만 2판에 덧붙인 주에서 핸디캡 원리의 부흥을 알린다. 그 부흥의 주역 중 한 명은 도킨스의 제자이기도 한 앨런 그레이픈Alan Grafen 이다. 내가 보기에는 도킨스보다 더 중요한 진화생물학자다. 늘 옳은 말만 해서 주변 사람들을 짜증나게 하는 못된 버릇이 있다고 이야기하는 것으로 보아 도킨스도 그레이픈을 대단히 높이 평가하는 것 같다.

그레이픈은 자하비가 핸디캡 논문을 발표한 지 15년쯤 후에 「Biological signals as handicaps생물학적 신호로 통하는 핸디캡」라는 논문을 발표한다. 수식이 난무하는 이 논문에서 그레이픈이 핸디캡 원리에 대한 설득력 있는 수학적 모형을 제시했다는 평을 받고 있다. 그냥 말로 할 때는 애매한 것을 명확히 하는 데 수식이 큰 도움이 될 때가 있다.

이제 그레이픈이 제시한 세련된 버전의 한 단면을 살펴보자. 이번에도 수컷 공작 S와 I가 있다. 50㎝밖에 안 되는 상대적으로 짧은 꼬리를 달고 다닐 때 우월한 S의 생존 확률은 90%인 반면 열등한 I의 생존 확률은 70%라고 하자. 60㎝나 되는 상대적으로 긴 꼬리를 달고 다닐 때 S의 생존 확률은

80%인 반면 I의 생존 확률은 30%라고 하자. 꼬리 길이가 같을 때 I의 생존 확률은 S에 비해 떨어진다. 이것은 S의 우월성을 반영한다. 하지만 여기에서 더 주목해야 할 것은 꼬리의 길이가 10㎝ 길어질 때 S에 비해 I의 생존 확률이 더 많이 떨어진다는 점이다.

긴 꼬리가 우월성을 과시하는 신호라면 열등한 I가 60㎝나 되는 긴 꼬리를 기르는 것은 허세, 과장 광고, 거짓 신호다. 하지만 암컷의 입장에서는 60㎝인 꼬리를 달고 살아남았다는 점만 보고서는 그 수컷이 우월한지 열등한지 알 수가 없다. 이런 면에서 과장 광고는 통한다. 암컷이 꼬리가 긴 수컷을 선호한다고 가정해 보자. 그래서 꼬리가 60㎝인 수컷은 평균적으로 자식을 3마리 보는 반면 꼬리가 50㎝인 수컷은 자식을 2마리 본다고 하자. 계산의 편의상, 수컷은 어른이 되자마자 짝짓기 철season을 보내고 곧 죽는다고 가정했다.

S의 입장에서 생각해 보자. 꼬리가 60㎝라면 자식을 80%×3=2.4마리 보게 된다. 꼬리가 50㎝라면 자식을 90%×2=1.8마리 보게 된다. 따라서 꼬리가 60㎝인 것이 유리하다. I의 입장에서 보자. 꼬리가 60㎝라면 자식을 30%×3=0.9마리 보게 된다. 꼬리가 50㎝라면 자식을 70%×2=1.4마리 보게 된다. 따라서 꼬리가 50㎝인 것이 유리하다.

설사 과장 광고가 암컷에게 통한다 하더라도 I는 과장 광고를 하다가 오히려 손해를 보게 된다. 긴 꼬리 덕분에 얻는 짝짓기 성공을 상쇄하고도 남을 만큼 생존 확률이 많이 떨어지기 때문이다. 따라서 분수에 맞게 사는 것이 더 유리하다. 결국 허세를 부리지 않는 방향으로 진화할 것이다. 이것은 평범한 남자가 전세금을 빼서 람보르기니는 몰고 다니지는 않는 것과 비슷하다. 그러면 꼬리 길이가 정직한 신호로 통할 수 있다.

여기에서 제시한 간단한 산수만 보고 「Biological signals as handicaps」의 핵심을 제대로 이해할 수 있다고 생각하면 안 된다. 이 논문에 나오는 수학적 모형의 한 단면을 내가 이해한 만큼 제시하려 애썼을 뿐이다. 그리고 핸디캡 원리에 대한 수학적 모형이 하나밖에 없다고 생각해서도 안 된다. 폭주선택과 핸디캡 원리에 대한 수학적 모형은 꽤나 많다.

꼬리 확대 수술(?)을 한 안데르손은 『Sexual selection 성 선택』의 2장 「Genetic models of Fisherian self-reinforcing sexual selection 피셔의 자기강화 성 선택의 유전적 모형들」과 3장 「Genetic models of indicator mechanisms 지표 기제의 유전적 모형들」에서 폭주선택과 핸디캡 원리에 대한 여러 수학적 모형들을 소개한다. 물론 수학적 모형을 다룬 내용은 초보자에게 너무 어렵다.

수학에 자신 있는 사람은 앨런 그레이픈을 비롯한 여러 수리 진화생물학자mathematical evolutionary biologist들이 쓴 논문을 직접 찾아보면 된다. 수학에 별로 자신이 없는데 친족선택, 핸디캡 원리, 상호적 이타성, 집단선택 등에 대한 수학적 모형을 접해 보고 싶다면 리처드 맥엘리쓰Richard McElreath & 로

버트 보이드Robert Boyd가 쓴 『Mathematical models of social evolution 사회적 진화의 수학적 모형』에서 시작하면 될 것 같다.

이것이 수학적 모형을 다룬 책 중에는 제일 쉬운 편인 것 같다. "a guide for the perplexed 당황한 이들을 위한 안내서"라는 부제만 봐도 참 친절한 책이라는 걸 알 수 있다. 하지만 미분 방정식 differential equation, 회귀 계수 regression coefficient, 편미분 partial differentiation 같은 것들이 가끔 튀어나오는 것을 견디기 힘든 사람에게는 이 책도 당황스럽기는 마찬가지일 것이다. 주제에 비해 친절하다는 뜻이지 책 자체가 쉽다는 뜻은 아니다. 초보자라면 그냥 그런 골치 아픈 수리 진화생물학이라는 세계가 있다는 점만 알아두고 그냥 넘어가는 것이 상책이다.

핸디캡 원리를 설명하면서 페미니스트의 눈에 아주 거슬릴 만한 "우월"이라는 단어를 여러 번 썼다. "우월한 남자와 열등한 여자", "우월한 백인과 열등한 흑인", "우월한 상층 계급과 열등한 하층 계급"과 같은 것들을 떠오르게 할 만한 "우월"이라는 단어를 사용함으로써 지배 이데올로기를 은근히 강화한다고 핀잔을 주는 페미니스트도 있을 것 같다.

핸디캡 원리에 대해 설명할 때 "우월성"보다는 "건강"을 언급하는 학자들도 있다. 여기에서는 수컷 공작의 화려한 꼬리가 "우월성을 과시하는 신호"라고 이야기했는데 그런 학자들은 "건강을 과시하는 신호"라고 이야기한다. "건강"이라는 단어를 쓰면 "우월"에 대해 떠들 때보다는 덜 못된 과학으로 보일 것 같다. 게다가 위에서 살펴보았듯이 "우월성"이라는 개념을 정의하기가 까다롭다는 문제도 있다. "건강" 개념은 "우월성" 개념보다는 정의하기도 이해하기도 쉬워 보인다.

내가 더 명확하며 덜 이데올로기적인 "건강" 개념을 내버려 두고 "우월성" 개념을 쓴 것은 페미니스트를 열 받게 하려는 목표에 너무 집착했기 때문은 아닐까? 아니면 내가 남성 우월주의에 사로잡혀서 무의식적으로 그런 단어에 집착하는 것은 아닐까?

나만 핸디캡 원리에 대해 이야기할 때 "우월"을 "건강"보다 사랑하는 것은 아니다. 스티븐 갠지스태드Steven W. Gangestad & 글렌 셰이드Glenn J. Scheyd는 「The evolution of human physical attractiveness 인간의 육체적 매력의 진화」에서 왜 "건강health, viability"보다 "우월superior condition, high quality"이라는 용어를 선호하는지 밝힌다. 그 이유는 우월한 동물에게 질병이 더 많을 수도 있기 때문이다.

우월한 동물도 정말로 운이 나쁘면 벼락을 맞아서 죽을 수도 있다. 마찬가지로 운 나쁜 우월한 동물은 병에 걸리고 운 좋은 열등한 동물은 병에 안 걸릴 수도 있다. 하지만 갠지스태드 & 셰이드는 그런 운에 대해 이야기하는 것이 아니다. 어떤 종에서는 평균적으로 우월한 동물이 질병에 더 잘 걸릴 수도 있다는 말이다. 이게 말이 되나?

조잡한 산수를 한 번 더 해 보자. 이번에도 수컷 공작 S와 I 가 있다. 논의의 편의상 생존 확률에는 건강 상태만 영향을 끼친다고 하자. 물론 건강할수록 생존 확률이 높아진다. 50㎝밖에 안 되는 상대적으로 짧은 꼬리를 달고 다닐 때 S의 생존 확률은 70%인 반면 I의 생존 확률은 60%라고 하자. 60㎝나 되는 상대적으로 긴 꼬리를 달고 다닐 때 S의 생존 확률은 50%인 반면 I의 생존 확률은 20%라고 하자. 암컷이 꼬리가 긴 수컷을 선호한다고 가정해 보자. 그래서 꼬리가 60㎝인 수컷은 평균적으로 자식을 5마리 보는 반면 꼬리가 50㎝인 수컷은 자식을 2마리 본다.

S의 입장에서 생각해 보자. 꼬리가 60㎝라면 자식을 50%×5=2.5마리 보게 된다. 꼬리가 50㎝라면 자식을 70%×2=1.4마리 보게 된다. 따라서 꼬리가 60㎝인 것이 유리하다. I의 입장에서 보자. 꼬리가 60㎝라면 자식을 20%×5=1.0마리 보게 된다. 꼬리가 50㎝라면 자식을 60%×2=1.2마리 보게 된다. 따라서 꼬리가 50㎝인 것이 유리하다.

이런 이유 때문에 실제로 S의 꼬리는 60㎝이며 I의 꼬리는 50㎝라고 하자. S의 생존율은 50%인 반면 I의 생존율은 60%다. I가 더 건강한 것이다. 평균적으로 S는 I보다 건강이 나쁘기 때문에 생존율이 떨어진다. 하지만 평균적으로 S가 자식을 더 많이 남긴다. S는 자식을 2.5마리 보는 반면 I는 1.5마리밖에 못 본다. 이럴 때 S가 더 우월하지만 건강은 더 나쁘다고 이야기할 수 있을 것이다.

꼬리 길이가 같다면 60㎝일 때도 50㎝일 때도 S의 생존률이 I보다 높다. 이런 면에서 S가 I보다 우월하다고 이야기할 수 있다. 하지만 S의 입장에서 볼 때 건강을 많이 해치더라도 더 긴 꼬리를 달고 다니는 것이 번식에 유리하다. 그래서 S는 I보다 건강이 나빠짐에도 불구하고 60㎝나 되는 긴 꼬리를 "선택"한 것이다.

만약 핸디캡 원리를 설명할 때 "건강을 과시하는 신호"라고 이야기한다면 이런 사례를 다룰 때 스텝이 꼬이게 된다. 그래서 "우월성"이라는 용어를 쓰는 것이다. 나는 이런 사례가 존재할 수 없음을 확실히 보여준 논문을 구경하지 못했다. 제대로 된 과학자라면 페미니스트를 열 받게 할지도 모른다고 걱정할 시간에 과학적 설명의 스텝이 꼬이는 것을 걱정해야 한다.

핸디캡 원리를 끌어들인 설명에 따르면 남자가 가슴 큰 여자를 좋아하는 이유는 그런 여자가 우월하기 때문이다. 실제로 가슴 큰 여자는 우월할까? 「Large breasts and narrow waists indicate high reproductive potential in women 큰 가슴과 잘록한 허리는 여자의 높은 번식 잠재력을 가리킨다」라는 논문이 있다. 무슨 내용인지 제목이 잘 말해주고 있다. 이 논문 하나만 보고 핸디캡 원리를 끌어들인 설명이 옳다고 단정해서는 안 된다. 이론적으로 실증적으로 따져야 할 문제들이 아주 많다. 물론 이 책에서 그렇게 깊이 파고들 리가 없다.

참고문헌

「9. 암수의 전쟁」, 『이기적 유전자(The selfish gene)』, 리처드 도킨스 지음, 홍영남 & 이상임 옮김, 을유문화사, 2010(개정판)

「5. 남자의 장기적 짝짓기 전략」, 『진화심리학: 마음과 행동을 탐구하는 새로운 과학 (Evolutionary psychology: the new science of the mind)』, 데이비드 버스 지음, 이충호 옮김, 최재천 감수, 웅진지식하우스, 2012

「12. Physical attractiveness: an adaptationist perspective」, Lawrence S. Sugiyama, 『The handbook of evolutionary psychology: 1. foundations』, David M. Buss 편집, Wiley, 2016(2판)

「1. 성선택의 원리」, 『인간의 유래 2(The descent of man, and selection in relation to sex)』, 찰스 다윈 지음, 김관선 옮김, 한길사, 2006

「5. Animal communication」, 『Mathematical models of social evolution: a guide for the perplexed』, Richard McElreath & Robert Boyd, The University Of Chicago Press, 2007

「Biological signals as handicaps」, Alan Grafen, 『Journal of theoretical Biology』, 1990

「The evolution of human physical attractiveness」, Steven W. Gangestad & Glenn J. Scheyd, 『Annual Review of Anthropology』, 2005

「Female choice selects for extreme tail length in a widowbird」, Malte Andersson, 『Nature』, 1982

「2. Genetic models of Fisherian self-reinforcing sexual selection」, 『Sexual selection』, Malte Andersson, Princeton University Press, 1994

「3. Genetic models of indicator mechanisms」, 『Sexual selection』, Malte Andersson, Princeton University Press, 1994

「Large breasts and narrow waists indicate high reproductive potential in women」, Grażyna Jasieńska, Anna Ziomkiewicz, Peter T. Ellison, Susan F. Lipson & Inger Thune, 『Proceedings of the Royal Society B』, 2004

「Mate selection: a selection for a handicap」, Amotz Zahavi, 『Journal of Theoretical Biology』, 1975

「12. Physical attractiveness: signals of phenotypic quality and beyond」, Glenn J. Scheyd, Christine E. Garver-Apgar & Steven W. Gangestad, 『Foundations of evolutionary psychology』, Charles Crawford & Dennis Krebs 편집, LEA, 2007

「VI. Sexual reproduction and sexual selection」, 『The genetical theory of natural selection』, Ronald A. Fisher, Oxford University Press, 1999(complete variorum edition)

「8. Sexual selection」, 『Mathematical models of social evolution: a guide for the perplexed』, Richard McElreath & Robert Boyd, The University Of Chicago Press, 2007

근친상간 타부 : 유해 열성 유전자

프로이트는 아기 때부터 강렬한 성욕이 있다고 생각했다. 사춘기 근처에도 못 간 남자아이가 어머니에게 강렬한 성욕을 품는다. 이 때문에 남자아이는 어머니를 두고 아버지와 경쟁하게 된다. 어머니의 사랑을 차지하기 위한 경쟁 정도가 아니라 섹스를 둘러싼 경쟁을 말한다. 오이디푸스는 친아버지를 죽이고 친어머니와 섹스를 해서 자식까지 낳았다. 그런 경쟁이 프로이트가 제시한 오이디푸스 콤플렉스의 핵심이다. 이후에 여러 유파의 정신분석가들이 오이디푸스 콤플렉스 개념을 프로이트와는 상당히 다르게 썼기 때문에 문제가 복잡해졌다.

진화심리학적 관점에서 생각해 보자. 젖만 먹는 갓난아기에게 이빨이 필요 없듯이 아주 어린 아이에게도 성욕이 필요없다. 필요도 없는 것에 자원을 투자하는 것은 낭비다. 따라서 이빨이든 성욕이든 뭔가 특별한 이유가 없다면 필요할 때 생길 것이라고 기대할 만하다.

갓난아기에게 강렬한 성욕이 있다면 이중으로 낭비다. 한편으로 성욕을 위한 뇌회로를 만들고 유지하는 데 비용이 들어가기 때문이다. 다른 한편으로 성욕 때문에 번식에 하등 도움이 안 되는 뻘짓을 갓난아기 때 하기 때문이다. 아기가 그럴 시간과 에너지를 다른 곳에 투자한다면 번식을 더 잘 할 것이다. 아기에게도 강력한 성욕이 있다고 가정하는 프로이트의 이론은 진화론적으로 볼 때 아주 이상하다.

아기 때부터 음경과 자궁이 있듯이 성욕을 위한 뇌회로가 아기 때부터 존재할지는 모르겠다. 하지만 남자 아기에게 정액을 사정하는 능력이 있거나 여자 아기에게 임신하는 능력까지 있는 것은 아니다. 마찬가지로 아기에게 성욕을 위한 뇌회로가 있다 하더라도 제대로 작동하지 않고 잠재된 상태로서 존재할 것이라고 기대할 만하다.

프로이트의 오이디푸스 콤플렉스 이론에서는 근친에 대한 강력한 성적 욕망을 가정하고 있다. 이것은 상식과 정면으로 충돌한다. 10대인 딸이 외간 남자와 집에 단 둘이 있으면 부모는 걱정한다. 혹시 섹스를 할지도 모르기 때문이다. 하지만 딸이 친오빠와 집에 단 둘이 있다고 해서 섹스 걱정을 하는 부모는 사실상 없다. 왜냐하면 원래 친남매끼리는 성적 욕망을 품지 않는다고 믿기 때문이다. 마찬가지로 딸이 친아버지와 단 둘이 있을 때 섹스를 할까 봐 어머니가 걱정하지도 않고, 아들이 친어머니와 단 둘이 있을 때 섹스를 할까 봐 아버지가 걱정하지도 않는다.

에드바르드 알렉산데르 베스테르마르크 Edvard Alexander Westermarck, 웨스터마크는 19세기에 근친상간 회피에 대한 진화가설을 발표했다. 그에 따르면 근친상간으로 태어난 자식에게는 문제가 생길 가능성이 높기 때문에 종의 번성에 해롭다. 그래서 근친상간을 회피하도록 인간이 진화했다. 남매는 보통 어렸을 때 같은 집에서 산다. 베스테르마르크는 인간이 어렸을 때 같이 살면 서로에게 성적 욕망을 품지 않도록 진화했을 것이라고 추정했다.

많은 진화심리학자들이 그의 가설이 기본적으로 옳다고 믿고 있다. 그는 이런 공로 때문에 최초의 다윈주의적 사회학자라고 불리기도 한다. 다만 근친상간 회피기제가 진화한 이유가 "종의 번성을 위하여"라고 생각하는 21세기 진화심리학자는 없다고 봐도 된다. 자연선택의 기준은 종의 번성이 아니라 개체의 번식 또는 유전자 복제다.

왜 근친상간으로 태어나는 자식에게는 문제가 생길 가능성이 높을까? 적어도 두 가지 이유가 제시되었는데 여기에서는 하나만 살펴보겠다.

유해 열성 유전자deleterious recessive gene는 열성 유전자다. 우성 유전자는 해당 유전자자리에 그 유전자 하나만 있어도 효과가 나타나지만 열성 유전자는 그 유전자자리에 그 유전자가 한 쌍이 있어야 효과를 발휘할 수 있다. 더 정확한 논의를 위해서는 완전 우성complete dominance, 불완전 우성incomplete dominance, 공우성co-dominance이 무엇인지 따져야겠지만 그냥 넘어가자.

유해 열성 유전자는 유해한 유전자다. 사산이나 선천성 기형으로 이어질 수 있으며 다른 방면에서 해를 끼칠 수 있다.

유해 열성 유전자는 유해한 효과를 발휘하기 때문에 자연선택의 버림을 받는 경향이 있다. 따라서 극소수만 존재할 것이다. 이런 희귀한 유전자가 어머니와 아버지 양쪽에게 있어야자식이 그 유전자를 두 개 물려받아서 유해한 효과가 나타나는데 통상적으로 그럴 확률은 매우 낮다.

무작위로 어떤 사람을 뽑았을 때 특정한 유전자자리에 유해 열성 유전자 d가 있을 확률이 1%라고 하자d: deleterious. 이렇게 드문 유전자 d가 해당 유전자자리에 2개 있을 확률은 매우 낮으므로 무시해도 좋을 것이다. 그렇다면 d를 가지고 있는 어머니가 d를 자식에게 물려줄 확률이 50%이라고 봐도 될 것이다. 아버지의 경우도 마찬가지다. 근친결혼이 아닌 경우에 어머니와 아버지로부터 d를 모두 물려받아서 d의 효과가 나타날 확률은 약 $0.01 \times 0.5 \times 0.01 \times 0.5 = 0.000025$이다. 0.0025%에 불과한 것이다.

이번에는 완전형제인 남매가 결혼을 해서 낳는 자식을 살펴보자. 자식의 어머니에게 d가 있을 확률은 위와 마찬가지로 1%다. 따라서 어머니가 자식에게 d를 물려줄 확률은 약 0.01×0.5다. 어머니에게 d가 있다고 가정할 때 아버지어머니의 오빠에게 d가 있을 확률도 1%일까? 아니다. 〈피는 물보다 진하다: 친족선택 이론 첫걸음마〉에서 살펴보았듯이 완전형제의 경우 매우 희귀한 유전자라 하더라도 한 사람이 가지고 있는 어떤 유전자를 다른 사람이 가지고 있을 확률이 무려 50%나 된다. 여기에서는 어머니에게 d가 있다고 가정했으므로 아버지가 자식에게 d를 물려줄 확률은 약 0.5×0.5이다. 결국 그렇게 해서 태어난 자식이 어머니와 아버지로부터 d를 모두 물려받을 확률은 약 $0.01 \times 0.5 \times 0.5 \times 0.5 = 0.00125$다. 0.125% 인 것이다.

0.125%는 0.0025%보다 무려 50배나 높은 확률이다. 무작위로 뽑은 사람이 어떤 유해 열성 유전자 d를 가지고 있을 확률이 1%가 아니라 0.1%라면 어떨까? 근친결혼이 아닌 경우에는 자식이 d를 2개 물려받을 확률이 약 $0.001 \times 0.5 \times 0.001 \times 0.5 = 0.00000025$이다. 완전형제인 남매가 결혼을 해서 자식을 낳는 경우에는 그 확률이 약 $0.001 \times 0.5 \times 0.5 \times 0.5 = 0.000125$ 나 된다. 500배나 되는 차이다. 유해 열성 유전자와 관련된 이런 문제와 여기에서는 다루지 않은 요인 때문에 인간을 포함한 온갖 동물들이 근친상간을 회피하도록 진화했다고 보는 것이 진화심리학계의 의견이다.

0.125%가 0.0025%보다 훨씬 크지만 여전히 매우 낮은 확률이다. 만약 무작위로 뽑은 사람이 어떤 유해 열성 유전자 d를 가지고 있을 확률이 1%가 아니라 0.1%라면 0.0125%밖에 안 된다. 이런 낮은 확률 때문에 근친상간 회피가 진화하기는 힘들다고 생각할 수도 있을 것이다. 하지만 이것은 유해 열성 유전자 하나에 대한 계산이다. 인류에 존재하는 유해 열성 유전자는 하나가 아니다. 수많은 유해 열성 유전자가 존재하기 때문에 남매끼리 결혼해서 아이를 낳으면 그보다 훨씬 높은 확률로 문제가 생긴다. 남매, 어머니와 아들, 아버지와 딸처

럼 아주 가까운 친족끼리 섹스를 해서 아이를 낳은 사례들에 대한 연구에 따르면 0.125%보다 훨씬 높은 비율로 문제가 생긴다.

무작위로 뽑은 사람이 어떤 유해 열성 유전자 d를 가지고 있을 확률을 1% 또는 0.1%라고 가정한 것은 순전히 계산의 편의를 위해서다. 실제로 유해 열성 유전자들이 어느 정도 존재하는지 알고 싶다면 유해 열성 유전자의 추정치에 대한 연구를 보아야 한다.

어떤 유해 열성 유전자는 치명적이어서 그 유전자를 한 쌍 가지고 있는 사람이 사실상 100% 요절하도록 만들 것이며, 어떤 유해 열성 유전자는 약간 못생기게 하거나 약간 머리가 나쁘게 해서 짝짓기 시장에서 인기가 약간 떨어지도록 만들 것이다. 치명적인 악영향을 끼치는 유전자가 작은 악영향을 끼치는 유전자보다 훨씬 드물 것이다. 왜냐하면 번식에 큰 악영향을 끼칠수록 자연선택의 "미움"을 더 많이 받기 때문이다.

치명적인 유해 열성 유전자도 여러 종류가 있을 수 있다. 수정된 지 며칠도 안 되어 100% 죽도록 만드는 것이 있을지도 모르고, 임신 5개월 안에 100% 죽도록 만드는 것이 있을지도 모르고, 사춘기를 넘기지 못하고 100% 죽도록 만드는 것이 있을지도 모른다. 어떤 의미에서는 수정된 지 며칠도 안 되어 죽도록 만드는 것이 이 중에서 가장 치명적이다. 하지만 부모의 입장에서 최악은 사춘기까지 건강하게 살다가 갑자기

병에 걸려서 죽는 것이다. 왜냐하면 10년이 넘는 세월 동안 들인 그 모든 노력이 낭비되기 때문이다. 차라리 자궁에 착상도 못한 상태에서 죽는 것이 부모의 입장에서는 낫다.

진화심리학계에서 근친상간 회피에 대해 다룰 때 단골로 등장하는 것이 이스라엘의 키부츠kibbutz와 대만의 민며느리 풍습shim-pua marriage, minor marriage이다. 남자아이와 여자아이가 아주 어렸을 때 한 집에서 부대끼면서 살면 서로를 무의식 수준에서 남매로 생각하게 되어 성욕을 품지 않게 된다는 베스테르마르크의 가설을 입증하는 사례라는 것이다.

키부츠에서는 한 마을의 동갑내기 아이들정확히 동갑은 아닐 수도 있다을 한 집에서 함께 키웠다. 부부 2769쌍을 대상으로 조사해 보았더니 그렇게 한 집에서 자란 남녀가 부부가 된 경우가 14쌍에 불과했다. 그렇게 같이 자란 남녀가 연애나 결혼을 하는 것에 대한 부정적 시선이 없었는데도 말이다. 여러 진화심리학자들의 해석에 따르면 키부츠의 남녀 아이들이 아주 어렸을 때 한 집에서 자라면 무의식 수준에서 서로를 남매로 생각하게 된다. 인간이 남매를 섹스나 연애의 대상으로 느끼지 않도록 진화했기 때문에 그렇게 한 집에서 자란 남녀가 결혼하는 비율이 매우 낮은 것이다.

대만에는 어른이 되면 결혼을 시키기로 정해놓고 남자아이와 여자아이를 어렸을 때부터 한 집에서 키우는 민며느리 풍습이 있었다. 그런 식으로 결혼한 부부에 대해 연구해 보니 바람도 많이 피우고, 이혼률도 높고, 자식 수도 적었다. 이 사례도 키부츠와 비슷하게 해석되었다. 실제로는 남매가 아니지만 어렸을 때부터 한 집에서 살다보니 무의식 수준에서는 남매로 생각하게 되어 서로를 짝짓기 상대로 느끼지 않게 되었다는 것이다.

나는 진화심리학에 매우 적대적인 학자들의 비판을 대체로 개무시한다. 너무나 한심한 수준이기 때문이다. 그들의 글을 읽더라도 뭔가 배우기 위해서라기보다는 얼마나 한심한지 까발리기 위해서다. 하지만 예외가 없는 것이 아니다. 여기에서 그런 예외를 하나 소개하겠다.

2015년에 에란 쇼어Eran Shor는 「The Westermarck hypothesis and the Israeli kibbutzim 베스테르마르크 가설과 이스라엘의 키부츠」이라는 논문을 발표했다. 근친상간에 대한 진화심리학 가설에 회의적인 여러 학자들이 지난 수십 년 동안 축적한 비판들을 정리했다. 쇼어는 이 논문에서 대만의 민며느리 풍습도 다루지만 여기에서는 키부츠 사례에 초점을 맞추겠다.

쇼어는 키부츠 사례에 대한 진화심리학자들의 연구에 심각한 결함이 있다고 주장한다. 한 집에서 자란 또래 집단same peer group에 속하는 남녀가 연애를 하는 것에 대한 부정적 시선이 없었다는 주장은 단 하나의 에피소드에 의존했다고 한다. 그것도 누군가 농담조로 던진 이야기에 불과하다. 반면 그에 대한 부정적 시선이 있었다는 근거는 아주 많다고 쇼어는 주장한다.

부부 2769쌍 중 14쌍에 불과하다는 수치를 얼핏 보면 아주 낮은 확률이라는 느낌이 든다. 하지만 그런 식의 인상에 의존하면 오판하기 쉽다. 쇼어가 인용한 논문에 따르면 그렇게 낮은 확률은 통계학적으로 볼 때 이상할 것이 없다.

기저율base rate 을 둘러싼 골치 아픈 통계학적 분석을 맛보기용 책에서 제대로 다룰 수는 없다. 대신 쉬운 예를 살펴보자. 대한민국에서 초등학교 1학년 때 같은 반이었던 남녀가 결혼하는 비율이 얼마나 될까? 매우 낮을 것이다. 그렇다고 초등학교 1학년 때 같은 반이었던 남녀가 서로를 남매로 생각하기 때문에 짝짓기 대상으로 보지 않게 된다는 결론을 내려야만 하는 것은 아니다. 통상적으로 부부 중 남자의 나이가 많기 때문에 같은 학년끼리 결혼하는 일은 상대적으로 드물다는 점 등 온갖 다른 요인들 때문에 그렇게 낮을 수도 있는 것이다.

쇼어가 키부츠 출신 60명을 대상으로 심층 면담을 해 본 바에 따르면 절반 이상의 피험자가 한 집에서 자란 사람에게 끌린felt attraction, 매혹된 적이 있다고 한다. 또한 진화심리학자의 연구에 따르면 키부츠의 한 집에서 자란 사람과 섹스를 하는 것에 대한 거부감은 친남매 사이의 섹스에 대한 거부감보다 훨씬 작았다. 서로를 무의식 수준에서 남매로 생각한다면 이런 결과가 나오기 힘들다.

내가 관련된 문헌을 상세히 파헤친 것은 아니기 때문에 조심스럽게 말하는 것이 상책일 것이다. 어쨌든 쇼어가 진화심리학계에 한 방 제대로 먹였다는 것이 이 논문에 대한 나의 잠정적 감상이다.

진화심리학계의 키부츠 연구들에 대한 쇼어의 비판이 모두 옳다고 해도 "근친상간을 회피하기 위한 심리기제가 인간에게 진화했다"는 가설이 치명타를 입는다고 생각하지는 않는다. 나는 이 가설이 인간의 근친상간 회피 경향을 설명하는 가장 유력한 가설이라고 생각한다. 키부츠 사례에 대한 진화심리학 연구가 완전히 무너지더라도 "우리가 어떤 과정을 거쳐 무의식 수준에서 서로를 남매로 생각하게 되는가?"라는 질문에 대한 베스테르마르크의 설명이 무너지는 것일 뿐이라고 본다.

근친상간을 회피하도록 인간이 진화했다는 가설을 근친상간에 대한 다른 가설들보다 선호할 만한 이유가 있다.

첫째, 위에서 살펴보았듯이, 근친상간으로 자식을 낳으면 유해 열성 유전자 때문에 자식에게 문제가 생길 수 있다는 점은 이론적으로 명백하다. 근친상간 회피에 대한 다른 가설이 이렇게 설득력 있는 이유를 제시하는 것을 본 기억이 없다.

둘째, 근친상간으로 태어난 자식들에 기형 등 문제가 생길 확률이 높다는 것을 보여준 실증적 연구가 여럿 있다.

셋째, 인간 말고 다른 동물들도 근친상간을 회피하는 경향을 보인다. 예컨대, 포유류에서 어머니와 아들이 섹스를 하는 일은 지극히 드물다.

만약 인간을 제외한 다른 동물들은 유해 열성 유전자를 비롯한 요인들 때문에 근친상간을 회피하도록 진화했는데 예외적으로 인간에게는 그런 선천적 근친상간 회피기제가 없다면 뭔가 이상하다. 우리 조상이 진화하는 도중 어느 시점에서 근친상간 회피기제가 퇴화했다는 말인데 번식에 쓸모가 있는 기제가 왜 퇴화했을까?

근친상간 회피기제가 퇴화했음에도 불구하고 뭔가 다른 이유 때문에 모든 인간 문화권에서 근친상간을 회피하게 되었다면 희한한 우연의 일치다. 이 장면에서 〈가부장제가 남자를 늑대로 만드는 걸까?: 선천론과 후천론〉에 등장했던 "아니면 가부장제 신god of patriarchy이 가부장제 문화를 설계할 때 포유류의 일반적인 패턴을 보고 컨닝을 한 걸까?"라는 문장을 떠올려도 될 것이다.

넷째, 인간사회에서 부모가 자식에게 "근친상간 하지 말아라", "누나를 애무하면 안 된다", "오빠랑 섹스 하면 안 된다", "아빠랑 섹스 하면 가만 두지 않겠다", "엄마는 너의 연애 상대도 섹스 상대도 아니다", "여동생에게 성욕을 느끼지 말아라"라는 식으로 이야기하는 일은 사실상 없어 보인다. 아이들은 사춘기 이전에 근친상간과 관련된 이야기를 전혀 또는 거의 듣지 못하고 자라는 것 같다. 이는 인간이 근친에 대해 성욕을 느끼지 못하도록, 근친상간을 역겨워하도록 사회화된다는 이론이 받아들여지기 매우 곤란한 점 중 하나다. 부모가 자신도 모르게 무의식적 텔레파시로 자식을 사회화하기라도 한단 말인가?

다섯째, 아이들을 조금이라도 관찰해 본 사람들은 금방 알겠지만 부모의 말을 지지리도 안 듣는다. 자신의 욕망과 충돌한다면 말이다. 동생 좀 그만 괴롭히라고 해도, TV 좀 그만 보라고 해도, 불량식품 좀 작작 먹으라고 해도 자기 하고 싶은 대로 하려고 기를 쓴다. 인간이 원래 근친에게도 성적 욕망을 품도록 생겨 먹었다고 가정해 보자. 근친상간 금기 문화는 도대체 무슨 묘수를 써서 기적적으로 아이들의 느낌과 행동을 그렇게도 확실하게 바꿀 수 있었을까?

여섯째, 근친상간 금기 문화 때문이라는 설명을 지지하는 사람은 왜 모든 문화권에 그런 금기가 자리 잡았는지 설명해야 하는데 나는 설득력 있는 설명을 본 기억이 없다. 인간이 근친상간을 회피하도록 진화했다는 설명은 인류 보편성과 궁합이 잘 맞는다.

프로이트는 『정신분석 강의』의 「13. 꿈의 태곳적 특성과 유아성」과 「21. 리비도의 발달과 성적 조직들」에서 근친상간이 종족에 해를 끼치기 때문에 근친상간을 하지 않도록 "자연"이 손을 써 놓았다는 가설을 소개한다. 베스테르마르크의 가설을 알고 있었던 것이다. 하지만 그는 베스테르마르크의 진화 가설을 거부한다.

프로이트는 근친에 대한 강렬한 성욕이 없다면 근친상간에 대한 강렬한 타부Tabu, taboo, 금기가 존재할 이유도 없다고 주장했다. 아무도 도둑질을 하지 않는다면 도둑질을 금지하는 규범이나 법이 존재할 이유가 없으며 아무도 강간을 하지 않는다면 강간을 금지할 필요가 없다. 근친에 대한 성욕이 없다면 근친상간 타부가 왜 존재한단 말인가? 근친상간 타부의 존재는 근친에 대한 강렬한 성욕이 존재함을 암시한다고 프로이트는 주장했다.

만약 진화 가설이 "인간은 근친에게는 성욕을 전혀 품지 않도록 진화했기 때문에 정신병과 같은 예외를 제외하면 근친과 자발적으로 섹스를 하려 할 때가 전혀 없다"와 같은 식이라면 프로이트의 반론에 진화심리학자가 답변하기가 꽤나 곤란할 것 같다. 하지만 21세기 일류 진화심리학자들이 그런 식의 가설을 지지하는 것은 아니다.

우선 "근친상간"에서 "근친"의 기준이 애매하다는 점부터 지적해야겠다. 어디까지가 근친인가? 관련도가 몇 이상이어야 근친인가? 여기에 절대적인 기준은 존재할 수 없다. 유해 열성 유전자는 어머니와 아버지 사이의 관련도가 높을수록 자식에게 더 많은 해를 끼친다. 위에서는 관련도가 0.5인 완전형제의 사례에 대해 살펴보았는데 관련도가 0.25인 절반형제 사이인 남매가 자식을 낳는 경우에는 문제가 생길 가능성이 그보다 작다. 사촌인 경우에는 그보다도 작다.

근친 개념이 애매하다면 "근친에게는 성욕을 전혀 품지 않도록 진화했다"는 말도 애매할 수밖에 없다. 과학자라면 이렇게 심하게 애매한 가설을 좋아해서는 안 된다. "관련도가 높을수록 성욕을 덜 품도록 진화했다"가 훨씬 나은 가설이다. 이 가설에 따르면 근친에게도 성욕을 품을 수 있다.

진화학자들은 인간이 전지전능하다고 생각하지 않는다. 누가 근친인지에 대해 오판할 가능성이 있다. 이런 이유 때문에도 "근친에게는 절대로 성욕을 품지 않도록 진화했다"는 성립할 수 없다. 이런 시나리오를 생각해 볼 수 있다. 형제가 서로 다른 부족에 살게 되어 오랫동안 만나지 못한다. 그 동안에 형이 낳은 딸이 커서 어른이 된다. 그 딸은 어른이 된 이후에 삼촌을 처음으로 만난다. 형의 딸의 입장에서 생각해 보자. 그 전까지 삼촌을 본 적이 없기 때문에 무의식 수준에서는 삼촌이라고 생각하지 않을 수 있다.

근친상간 회피기제가 무의식적 친족 인지에 바탕을 두고 작동한다고 하자. 그렇다면 설사 인간이 삼촌-조카 간에는 서로에게 성욕을 전혀 느끼지 않도록 진화했다 하더라도 딸이 삼촌에게 강렬한 성욕을 느낄 수 있을 것이다. 형은 무의식적 수준에서도 딸을 딸이라고 생각하고, 동생을 동생이라고 생각할 것이다. 이때 형이 근친상간에 대한 역겨움 때문에 두 사람이 섹스를 하지 못하게 만들 수 있다면 근친상간으로 인해 딸의 번식이 지장 받는 것을 막을 수 있다.

근친상간과 관련하여 남자의 이해관계와 여자의 이해관계가 상당히 다를 수 있다. 〈창녀가 존재하는 이유: 부모 투자 이론〉에 등장했던 기회비용을 따져보자. 남매가 섹스를 해서 임신을 하게 되었다고 하자. 여자가 근친상간으로 임신하면 근친상간이 아닌 섹스를 해서 임신할 기회를 날리게 된다. 이런 면에서 여자는 큰 손해를 보게 된다.

남자의 입장은 다르다. 오늘 누나와 섹스를 해서 누나가 임

신한다 하더라도 내일 근친이 아닌 여자와 섹스를 해서 임신
시킬 수 있다. 이런 면에서 남자는 근친상간으로 인한 손해를
여자보다 덜 본다. 더 엄밀한 손익 계산을 위해서는 친족선택
의 논리도 적용해야 하기 때문에 문제가 복잡해진다. 자세한
것은 「16. Human sexuality and inbreeding avoidance 16. 인간의
성과 동계교배 회피」를 참조하라.

  관련도가 작을수록 근친상간으로 인한 손해가 작아진다.
그리고 근친상간으로 남자보다 여자가 더 손해를 본다. 따라
서 근친상간이 여자에게는 손해지만 남자에게는 이득인 경우
가 있을 것이다. 특히 매우 열등해서 통상적인 섹스로 자손을
남기기 아주 힘든 남자의 경우에는 근친상간이나 강간이라도
하는 것이 때로는 합리적일 수 있을 것이다.

  여자가 근친에 대해 성욕을 덜 품도록 진화하기는 했지만
근친상간에 대한 역겨움을 진화시키지는 않았다고 가정해 보
자. 그렇다면 근친인 남자가 끈질기게 부탁하면 여자가 섹스
에 응해줄 가능성이 꽤나 높을 것이다. 여자가 근친상간에 대
한 역겨움까지 진화시켰다면 근친상간으로 남자는 이득을 보
고 여자는 손해를 보는 상황에서 여자가 섹스를 거부할 가능
성이 상대적으로 높을 것이다.

참고문헌

「16. Human sexuality and inbreeding avoidance」, Debra Lieberman & Jan Antfolk, 『The handbook of evolutionary psychology: 1. foundations』, David M. Buss 편집, Wiley, 2016(2판)

『오이디푸스 왕 / 콜로노스의 오이디푸스』, 소포클레스 지음, 천병희 옮김, 양운덕 해설, 도서출판 숲, 2017

『정신분석 강의: 프로이트 전집 1(Vorlesungen zur Einführung in die Psychoanalyse)』, 지그문트 프로이트 지음, 임홍빈 & 홍혜경 옮김, 열린책들, 2003

「4. 족외혼제」, 『인류혼인사』, E. A. 웨스터마크(Edvard Alexander Westermarck) 지음, 정동호 & 신영호 옮김, 세창출판사, 2013(『The history of human marriage(5판)』의 발췌 번역)

「Disgust elicited by third-party incest: the roles of biological relatedness, co-residence, and family relationship」, Jan Antfolk, Mira Karlsson, Anna Bäckström & Pekka Santtila, 『Evolution and Human Behavior』, 2012

「Does morality have a biological basis? An empirical test of the factors governing moral sentiments relating to incest」, Debra Lieberman, John Tooby & Leda Cosmides, 『Proceedings of the Royal Society B: Biological Sciences』, 2003

「Rethinking the Taiwanese minor marriage data: evidence the mind uses multiple kinship cues to regulate inbreeding avoidance」, Debra Lieberman, 『Evolution and Human Behavior』, 2009

「The Westermarck hypothesis and the Israeli kibbutzim: reconciling contrasting evidence」, Eran Shor, 『Archives of Sexual Behavior』, 2015

소망적 사고는 없다: 자기기만의 진화

자기기만self-deception, 인지 왜곡cognitive distortion, 인지 편향cognitive bias은 비슷한 것을 가리키지만 엄밀하게 정의하려면 골치 아파진다. 기만이 일어날 때 속이는 자와 속는 자가 있다. 일반적으로 속이는 자와 속는 자는 서로 다른 동물 또는 인간이다. 자기기만을 글자 그대로 해석하면 한 사람의 마음속에 속이는 자와 속는 자가 있다는 이야기가 된다. 이 책에서는 엄밀한 정의를 포기하고 자기기만과 인지 왜곡을 동의어처럼 쓰겠다. 그래도 아무런 문제가 없기 때문이 아니라 맛보기용 책이기 때문이다. 깊이 파고들려면 개념 정의와 씨름해야 한다.

정신병자가 아니더라도 인간이 온갖 자기기만에 빠질 수 있다는 점을 심리학자들이 수도 없이 많은 연구를 통해 보여주었다. "자신이 평균보다 운전을 더 잘 하나?", "자신이 평균보다 지능이 더 높은가?", "자신이 평균보다 더 도덕적인가?"와 같은 질문에 절반이 훨씬 넘는 사람들이 그렇다고 답한다. 만약 대다수가 냉정하게 자기 자신을 평가한다면 그런 결과가 나올 수 없다. 사람들은 일이 잘 풀릴 때는 자신이 개입한 덕분이라고 믿는 경향이 있으며, 일이 잘 풀리지 않을 때는 남의 잘못이나 외부 요인을 탓하는 경향이 있다. 사람들은 세상일에 대한 자신의 통제력을 과장해서 믿는 경향이 있다.

왜 인간은 자기기만에 빠지는 걸까? 여기에서는 두 종류의 설명에 초점을 맞추겠다. 한편에는 쾌락 원리와 소망적 사고wishful thinking가 있고, 다른 한편에는 "남을 속이기 위해 자기기만에 빠지도록 진화했다"는 가설이 있다.

〈여자에게 강간이 괴로운 경험인 이유: 강간 방어 기제의 진화〉에서 프로이트의 쾌락 원리에 대해 언급했다. 쾌락 원리를 자기기만에도 적용할 수 있다. 자기가 잘났다고 믿으면 기분이 좋아진다. 그래서 자신이 별로 우월하지 않다는 현실을 무시하고 우월하다고 믿게 된다. 소망적 사고는 쾌락 원리와 일맥상통한다. 자기가 믿고 싶은 것을 믿는 경향이 있다는 이야기다. 사람들은 자기가 우월했으면 하는 소망을 품는다. 그래서 실제보다 더 우월하다고 생각한다. 프로이트를 싫어하는 심리학자들도 소망적 사고를 끌어들여 자기기만을 설명하는 경우가 많다.

이번에도 이 책의 단골손님 트리버스가 등장한다. 트리버스는 1976년에 『이기적 유전자』의 「초판 권두사Foreword to the first edition」에서 자기기만의 진화에 대한 가설을 제시했다. 남을 속이는 데 도움이 되기 때문에 자기기만이 진화했다는 것이다. 윌리엄 폰 히펠William von Hippel & 로버트 트리버스는 2011년에 발표한 논문 「The evolution and psychology of self-deception 자기기만의 진화와 심리」에서 트리버스가 수십 년 전에 제시한 아이디어를 발전시켰다. 이 논문에 대한 저명한 심리학자들의 비판도 같이 실려 있기 때문에 자기기만에 대한 여러 입장을 감상해 볼 수 있는 기회다. 논문치고는 꽤나 읽기 편하다. 물론 자기기만이 매우 어려운 주제이기 때문에 이 논문에 나오는 문장들의 함의까지 제대로 파악하는 것은 전문가에게도 어렵다.

로버트 커즈번Robert Kurzban 역시 『왜 모든 사람은 (나만 빼고) 위선자인가』에서 트리버스의 아이디어에 바탕을 두고 자기기만을 해명하려 한다. 나는 적어도 한 가지 측면에서는 커즈번의 버전을 폰 히펠 & 트리버스의 버전보다 좋아한다. 커즈번은 쾌락 원리 또는 소망적 사고를 쓰레기통에 처박으려 하는 반면 폰 히펠 & 트리버스의 논문에는 소망적 사고의 그림자가 어느 정도 남아 있다. 나는 트리버스의 아이디어에 바탕을 둔 이론이 쾌락 원리나 소망적 사고를 끌어들인 이론을 몰아내야 한다고 생각한다.

한국어판에서는 『왜 모든 사람은 (나만 빼고) 위선자인가』의 부제를 "거짓말 심리학"으로 달았지만 원래는 "evolution and the modular mind 진화와 모듈화된 마음"이다. 커즈번은 모듈에 대해 「Modularity in cognition 인지의 모듈성」이라는 논문을 썼다. 내가 읽은 진화심리학 논문 중에 열 손가락 안에 꼽을 만하다고 생각한다. 이 논문을 읽고 감명을 받았기 때문에 『왜 모든 사람은 (나만 빼고) 위선자인가』도 읽게 되었다. 그리 쉽지 않다는 문제가 있긴 하지만 모듈에 대해 파고들고 싶은 사람이라면 꼭 읽어야 하는 논문이라고 생각한다. 대량 모듈성massive modularity 테제는 진화심리학을 둘러싼 핵심 쟁점들 중 하나다.

진화론적으로 볼 때 쾌락 원리나 소망적 사고를 끌어들인 설명은 뭔가 이상하다. 쾌락이나 소망에 부합하는 방향으로 덮어 놓고 자기기만에 빠지면 제대로 번식하기 힘들다. 몇 가지 사례를 들어 보겠다.

첫째, 어린 자식이 안 보인다. 여기저기 찾아보아도 없다. 자식이 어딘가 무사히 있을지도 모르지만 위험에 처해 있을지도 모른다. 이럴 때 소망적 사고에 빠지면 자식이 무사하다고 믿고 안심할 것이다. 반면 자식이 위험에 처해 있을지도 모른다는 불안감에 휩싸이면 자식을 찾아 헤맬 것이다. 자식이 실종되었을 때 안심하는 부모와 불안감에 휩싸이는 부모 중에 누가 더 잘 번식할 것 같은가?

둘째, 평범한 남자의 근처에 사자가 있다. 만약 맨손으로 사자를 쉽게 때려잡을 수 있을 정도로 자신이 강한 남자라고 믿으면 기분이 좋을 것이다. 그런 사람은 공포 때문에 떨 필요가 없다. 반면 자신의 전투력을 냉정히 평가하는 남자는 공포라는 기분 나쁜 감정에 사로잡힐 것이다. 사자를 느긋하게 기다렸다가 한 판 붙으려는 남자와 냅다 도망치거나 숨으려는 남자 중에 누가 번식을 더 잘할 것 같은가?

셋째, 아내가 바람을 피우는 것 같지만 확실한 증거는 없다. 이럴 때 아내는 절대 바람을 피우지 않는다고 믿으면 안심이 될 것이다. 반면 바람을 피우고 있을 가능성이 높다고 생각하는 남편은 질투라는 불쾌감을 느낄 것이다. 질투에 빠진 남편은 외도에 대한 증거를 찾으려 애쓰거나 아내를 감시하고 통제하려 할 것이다. 안심한 남편은 특별한 조치를 취하지 않을 것이다. 어떤 남편이 번식을 더 잘할 것 같은가?

진화심리학자들은 불쾌감이 괜히 생기는 것이 아니라고 생각한다. 동물은 번식에 문제가 생길 만한 상황에 부닥쳤을 때 불쾌감을 느끼도록 진화한 듯하다. 그리고 불쾌감은 문제 해결에 도움이 되는 방향으로 작동하는 경향이 있다. 뜨거운 불에 손을 넣고 가만히 있으면 손이 망가진다. 그럴 때 동물은 통증이라는 불쾌감을 느낀다. 통증을 느끼면 손을 불에서 빼내게 된다. 아내가 바람을 피우면 남편의 번식에 지장이 생긴다. 그럴 때 남자는 질투라는 불쾌감을 느낀다. 질투에 빠진 남자는 아내를 감시하고 통제하려 한다. 간통 상대로 의심되는 남자에게 경고하기도 한다. 불쾌감을 일으키는 여러 심리 기제의 작동을 방해하는 방향으로 자기기만에 빠지면 제대로 번식하기 힘들다.

세상에는 통증을 느끼지 못하는 사람이 있다고 한다. 통증이라는 불쾌한 느낌이 없이 사니까 좋을 것 같다고 생각할 수도 있지만 그런 사람은 몸이 망가지기 쉽다. 자연선택은 쾌감 경쟁 또는 행복 경쟁이 아니다. 즉 누가 더 쾌감이나 행복을 많이 느끼고 불쾌감이나 불행을 덜 느끼느냐에 따라 성공과

실패가 갈리는 것이 아니다. 더 불행하더라도 번식을 더 잘하는 쪽이 이긴다.

소망적 사고를 진화론과 결합하려는 시도도 있다. 불쾌감, 스트레스, 불행이 건강 악화로 이어지며 쾌감, 스트레스 없음, 행복이 건강에 좋다는 점이 여러 연구로 입증되었다. 소망적 사고는 쾌감, 스트레스 없음, 행복으로 이어지는 경향이 있다. 따라서 건강에 도움이 된다. 물론 더 건강할수록 더 잘 번식할 수 있다. 이런 점 때문에 인간이 소망적 사고 경향을 보이도록 진화했다는 것이다. 폰 히펠 & 트리버스는 이런 설명을 어느 정도 받아들인다.

스트레스란 무엇인가? 우리는 불안, 공포, 질투, 분노와 같은 부정적 감정에 휩싸일 때 스트레스 상태가 된다. 그리고 스트레스는 면역계에 지장을 준다. 왜 그럴까? 그럴 듯한 진화 가설이 있다. 불안, 공포, 질투, 분노는 비상 상황임을 가리킨다. 앞에 맹수가 있을 때 우리는 공포에 빠지는데 생존이 크게 위협받는 상황이다. 아내가 딴 남자와 잤다는 점이 확실하거나 그런 혐의가 짙을 때 남편은 질투에 빠지는데 번식이 크게 위협받는 상황이다. 분노는 공격성으로 이어질 때가 많다. 내가 남을 공격하면 남이 반격할 수도 있다. 이것 역시 비상 상황이다.

비상 상황일 때는 감각이 예민해질 필요가 있다. 맹수가 가까이 있을 때 청각, 시각, 후각이 평소보다 예민해지면 도움이 된다. 그러기 위해서는 감각 기관에 생리적 자원을 더 많이 투자해야 한다. 맹수가 가까이 있다면 도망치거나 맞서 싸워야 하기 때문에 몸을 그에 맞게 준비해야 한다. 물론 거기에도 생리적 자원이 들어간다. 인간이 쓸 수 있는 생리적 자원에는 한계가 있다. 따라서 비상시에는 소화나 면역과 같은 곳에 투자할 자원을 줄이는 것이 합리적일 수 있다. 그래서 인간이 스트레스 상태에 빠지면 소화불량이나 면역 약화로 이어질 수 있다는 것이다.

이 가설이 옳다고 가정해 보자. 그렇다면 면역력 약화는 비상시에 제대로 대처하기 위해 치르는 비용이다. 만약 소망적 사고 때문에 비상 상황임에도 불구하고 맘을 편하게 먹는다면 면역력은 약화되지 않을 것이다. 하지만 비상 상황에 대처하지 못해서 더 큰 문제가 생길 수 있다. 사자가 바로 근처에 있어서 잡아먹힐지도 모르는데 면역력이 약화되지 않는 것이 중요한가? 아내가 바람을 피우면 엄청난 번식 손실로 이어질 수 있는데 면역력이 약화되지 않는 것이 중요한가?

〈사이코패스가 아주 드문 이유: 양심의 진화와 상호적 이타성〉에서 보이지 않는 손에 대해 이야기했다. 상품 시장에서 품질 좋은 제품을 만들어내면 성공하기 쉽다. 양심적으로 사는 것이 결혼 시장이나 우정 시장에서 인기를 끌어 올리는 데 도움이 된다. 하지만 속임수로 인기를 올리는 길도 있다. 상품 시장에서 자본가들이 더 값싸고 품질 좋은 제품을 만들어내는 데에만 신경 쓰는 것은 아니다. 광고에도 심혈을 기울인다.

자사 제품의 장단점을 정확하고 상세하게 전달하기 위해 광고를 하는 경우는 눈을 씻고도 찾기 힘들다. 자사 제품의 단점은 숨기고 장점은 부각하며 때로는 과장한다. 마찬가지로 짝짓기 시장과 우정 시장에서도 과장 광고가 도움이 될 수 있다. 실제보다 자신을 더 우월한 사람 또는 더 착한 사람으로 포장함으로써 인기를 올릴 수 있다. 이때 과장 광고를 자신도 믿는다면 과장 광고가 더 설득력 있을 것이다.

여자가 싸움 잘 하는 남자를 좋아한다고 하자. 실제보다 자신이 싸움을 더 잘 한다고 남자가 믿으면 과장 광고에 도움이 될 것이다. 하지만 자신의 싸움 능력을 냉정하게 평가하지 못하면 갈등이 몸싸움으로 번지려 할 때 적절하게 대처하지 못할 수 있다. 자신보다 싸움을 잘 하는 남자와 실제로 싸우는 것은 좋은 전략이 아니다. 그럴 때는 눈물을 머금고 물러서는 것이 낫다. 맥락과 무관하게 실제보다 자신이 우월하다고 믿는 남자는 무모한 싸움을 벌이기 쉽다.

여자들 앞에서 허세를 부릴 때는 자신이 실제보다 우월하다고 믿는 것이 유리하지만 실제로 행동을 결정해야 하는 맥락에서는 자신의 능력을 냉정이 판단하는 것이 유리하다. 따라서 남자가 "광고의 맥락"에서는 실제보다 자신의 싸움 능력이 대단하다고 믿는 방향으로 자기기만에 빠지지만 "행동의 맥락"에서는 자신의 싸움 능력을 냉정하게 판단하도록 진화했으리라 기대할 만하다. 만약 남자가 앞뒤 안 가리고 소망적 사고에 빠지도록 진화했다면 광고의 맥락에서도 행동의 맥락에서도 실제보다 자신이 대단하다고 믿을 것이다. 그러면 과장 광고로 이득을 얻겠지만 무모한 도전을 하는 경향 때문에 손해를 볼 것이다.

과장 광고가 너무 심하면 안 하느니만 못하다. 왜냐하면 너무 심한 과장 광고는 들통 나기 쉽기 때문이다. 따라서 인간이 자신의 능력과 인간성에 대해 어느 정도만 자기기만에 빠지도록 진화했으리라 기대할 만하다. 자신을 잘 아는 사람에게는 과장 광고가 잘 통하지 않는다. 따라서 자신을 잘 아는 사람과 있을수록 이런 면에서 자기기만에 덜 빠지도록 인간이 진화했으리라 기대할 만하다.

그냥 기분이 좋아지기 때문에 소망적 사고에 빠진다고 가정해 보자. 실제보다 자신이 우월하다고 생각하는 정도가 더 클수록 기분이 더 좋아진다. 자신이 세상에서 가장 우월하다고 믿으면 기분이 째질 것이다.

〈안 돼요 돼요 돼요: 내숭의 진화와 오류 관리 이론〉에서 여자의 내숭에 대해 이야기했다. 결혼 시장에서 바람기 많은 여자가 인기 없다면 자신이 실제보다 바람기가 없다고 믿는 방향으로 자기기만에 빠지는 것이 여자에게 도움이 된다. 또한 실제보다 경쟁자의 바람기가 더 많다고 믿는 방향으로 자기기만에 빠지면 경쟁자를 더 설득력 있게 비방할 수 있을 것이다. 이런 식으로 자기기만은 다른 사람을 속이는 데 도움이 될 수 있다.

무생물을 속일 수는 없는 노릇이다. 높은 곳에서 뛰어내려도 멀쩡할 만큼 자신의 몸이 튼튼하다고 남자가 여자들 앞에서 허풍을 떠는 것이 남자의 번식에 도움이 될 수 있다. 하지만 아무도 보지 않는데도 그렇게 믿으면서 실제로 높은 곳에서 뛰어내리면 번식에 지장이 생길 가능성만 높아진다. 높은 절벽에서 뛰어내려도 멀쩡할 만큼 자신의 몸이 튼튼하다고 절벽을 속이려는 것은 바보짓이다. 따라서 그런 식으로는 자기기만에 빠지지 않도록 인간이 진화했으리라 기대할 만하다. 이런 경우에도 소망적 사고에 빠지는 사람은 우월감을 느끼기 위해 그렇게 믿고 행동하다가 다리가 부러질 수도 있을 것이다.

자연선택은 행복 경쟁이 아니라 번식 경쟁이다. 마찬가지로 자연선택은 진실 경쟁이 아니라 번식 경쟁이다. 하지만 진실이 번식에 도움이 될 때가 많다. 동굴 속으로 곰이 세 마리 들어간 이후에 두 마리가 나왔다고 하자. 그렇다면 적어도 한 마리는 동굴 속에 있는 것이다. 이때 진실을 제대로 파악하고 조심하는 사람이 동굴 속에 곰이 한 마리도 없다고 믿으면서 안심하고 동굴 속으로 들어가는 사람보다 번식을 더 잘할 수 있다.

자신의 능력을 냉정하게 파악하는 것이 번식에 도움이 될 때가 많다. 자신을 과소평가하면 너무 소심해져서 기회를 놓치게 된다. 반면 자신을 과대평가하면 너무 무모해져서 큰 화를 당하게 된다. 광고의 맥락에서는 자신을 과대평가하는 것이 도움이 될 수 있지만 어떻게 행동할지를 결정해야 할 때는 진실이 도움이 된다. 앞뒤 안 가리고 소망적 사고에 빠져서 무모하게 행동하면 번식 경쟁에서 망하기 쉽다. 나는 인간이 그렇게 바보 같이 생각하고 행동하도록 진화했다고 믿지 않는다.

〈사이코패스가 아주 드문 이유: 양심의 진화와 상호적 이타성〉에서 살펴보았듯이, 협력관계에서 무임승차로 부당 이득을 챙기는 사람이 있다면 손해 보는 사람도 있다. 따라서 인간이 무임승차하려는 사람에게 화를 내거나 상습적으로 그러는 사람과는 아예 상종을 안 하도록 진화했으리라 기대할 만하다. 그런데 속임수를 통해 무임승차한다는 사실을 숨기는 길이 있다. 따라서 속임수를 통해 부당 이득을 챙기려는 경향이 진화할 수 있다. 그러면 그런 속임수를 적발하는 능력이 진화할 수 있다. 속이는 능력과 속임수를 간파하는 능력이 점점 더 정교해지는 방향으로 진화적 군비 경쟁이 일어날 수 있는 것이다.

거짓말이 무임승차에 어떤 식으로 도움이 될 수 있는지 두 가지 사례만 살펴보자. L이 친구 F를 돕기로 약속했다L: liar, F: friend. 약속 시간이 되었는데도 L이 나타나지 않았다. F를 돕기 싫었기 때문이다. 만약 L이 F를 돕지 않고 F의 도움만 받는다면 무임승차다. 이때 L이 "이모가 갑자기 병원에 입원하셔서 밤새 간병을 했다"고 거짓말을 해서 통한다면 무임승차를 계속할 수 있다.

아내가 외간 남자와 섹스를 했다. 이것을 남편에게 숨긴다면 무임승차에 도움이 된다. 남편이 외박한 아내에게 어디에 있었냐고 물었다고 하자. 이때 "이모가 갑자기 병원에 입원하셔서 밤새 간병을 했다"고 거짓말을 해서 통한다면 남편이 분노하지 않게 만들 수 있다.

바람피운 것을 숨기는 것이 무임승차와 무슨 상관이 있나? 〈결혼, 매춘 그리고 보슬아치: 자궁과 자원의 교환〉에서 이야기한 것처럼 결혼이 암묵적 계약이라고 가정해 보자. 아내는 자궁을 남편에게 독점적으로 제공하고 남편은 아내와 아내의 자식을 돌보는 식으로 "물물교환"이 일어난다는 것이다. 만약 아내가 때로는 자궁을 외간 남자에게 제공하는데도 남편이 아내와 아내의 자식을 돌본다면 아내가 무임승차하는 셈이다.

"이것이 진실이다"와 "이렇게 거짓말을 해야겠다"가 의식 속에 동시에 존재하면 여러 가지 문제가 발생한다. 진실과 거짓말이 얽히지 않도록 머리를 짜 내야 한다. 거짓말을 들킬지도 모른다는 걱정 때문에 불안해지면 목소리, 몸짓, 망설임 등 때문에 들키기 쉽다. 따라서 거짓말임에도 불구하고 스스로 그것이 진실이라고 믿게 되면 남에게 들킬 가능성을 줄일 수 있다. 이런 식으로 자기기만은 타인을 기만하는 데 도움이 될 수 있다. 위에서 든 두 가지 사례처럼 너무 뻔한 경우에는 자기기만이 일어나기 힘들겠지만 세상에는 그보다 훨씬 애매한 상황이 있다. 이럴 때 자기기만에 빠지면 남을 속이는 데 도움이 될 것이다.

이번에는 입증 편향confirmation bias에 대해 살펴보자. 보통 "확증 편향"으로 번역한다. 수학에서는 "proof"라는 용어를 쓰고 과학에서는 "confirmation"이라는 용어를 쓴다. "proof"는 기본적인 추론 절차를 거치는 것이기 때문에 절대적으로 확실하다. 루이스 캐럴Lewis Carroll의 「What the Tortoise said to Achilles 거북이가 아킬레우스에게 한 말」에 등장하는 거북이처럼 기본적인 추론 절차도 믿지 못하겠다면 "proof"도 확실하지 않다고 생각하겠지만 말이다. "confirmation"은 가설에 부합하는 증거를 통해 가설을 뒷받침하는 것을 말한다. "proof"보다는 약하다.

국어사전을 보면 "증명"이나 "입증"이나 거기서 거기다. 하지만 나를 포함한 많은 번역가들이 "proof"를 "증명"으로 "confirmation"을 "입증"으로 구분해서 번역한다. "입증"보다 더 적합한 단어가 있다면 그것으로 "confirmation"을 번역할 용의가 있지만 아직 못 찾았다. 어쨌든 "확증"은 "확실한 입증" 또는 "확실한 증명"이라는 뜻이기 때문에 "confirmation"을 "확증"으로 번역하는 것은 부적절하다고 생각한다.

입증 편향은 어떤 믿음이나 가설을 뒷받침하는 쪽으로 증거를 왜곡해서 인지하는 것을 말한다. 자신의 믿음이 옳다는 것을 남들에게 설득할 수 있다면 자신에게 유리할 것이다. 그러면 결국 번식에 도움이 될 것이다. 이럴 때 입증 편향이 도움이 된다. 지위가 높은 사람의 믿음이 옳다는 방향으로 입증 편향에 빠지면 아부에 도움이 될 것이다. 그러면 지위 높은 사람으로부터 떡고물을 받아먹을 수 있다. 다수의 믿음이 옳다는 방향으로 입증 편향에 빠지면 왕따 당할 가능성이 줄어들 것이다. 그러면 우정 시장이나 짝짓기 시장에서 더 성공할 수 있다. 경쟁자 또는 적의 믿음이 틀렸다는 방향으로 인지 편향에 빠지면 자신의 번식에 도움이 될 것이다. 이럴 때는 입증 편향이 아니라 반증 편향에 빠지는 것이 낫다.

자신의 믿음과 지위가 높은 사람의 믿음이 충돌할 때를 생각해 보자. 자신의 믿음이 옳다는 것을 사람들이 받아들이면 자신의 번식에 도움이 된다. 따라서 자신의 믿음에 대한 입증 편향에 빠질 것이라고 기대할 수 있다. 하지만 지위가 높은 사람의 믿음이 옳다고 믿을 때 떡고물이 떨어진다. 따라서 지위가 높은 사람의 믿음에 대한 입증 편향에 빠질 것이라고 기대할 수 있다. 그런데 두 믿음은 서로 충돌한다. 중력과 부력처럼 서로 다른 방향을 가리키는 것이다. 이럴 때는 자신의 믿음에 대한 입증 편향 경향이 작아질 수 있을 것이다. 때로는 오히려 자신의 믿음과 반대되는 방향으로 인지 편향이 일어날 수도 있을 것이다. 자신의 믿음과 다수파의 믿음이 충돌할 때도 비슷한 논리가 작동할 수 있다.

소망적 사고를 끌어들인 설명은 온갖 자기기만 중에 소망에 부합하는 방향으로 일어나는 것들만 모아 놓고 "소망에 부합하기 때문에 자기기만이 일어난다"라고 설명한다. 참 속 편한 해결책이다. 이런 식이라면 소망과 반대되는 방향으로 자기기만이 일어나는 것들만 모아 놓고 "반소망적 사고"라고 이름

붙이고 "소망을 망치기 때문에 자기기만이 일어난다"라고 설명해도 되겠다. 프로이트가 출동한다면 죽음 욕동Todestrieb, death drive, death instinct, 죽음 본능이 작용하여 소망을 망치는 방향으로 자기기만이 일어나도록 만든다고 둘러댈지도 모르겠다.

참고문헌

「13. 통합 진화심리학을 향해」, 『진화심리학: 마음과 행동을 탐구하는 새로운 과학(Evolutionary psychology: the new science of the mind)』, 데이비드 버스 지음, 이충호 옮김, 최재천 감수, 웅진지식하우스, 2012

「41. The evolution of cognitive bias」, Martie G. Haselton, Daniel Nettle & Damian R. Murray, 『The handbook of evolutionary psychology: 2. integrations』, David M. Buss 편집, Wiley, 2016(2판)

『우리는 왜 자신을 속이도록 진화했을까?: 진화생물학의 눈으로 본 속임수와 자기기만의 메커니즘(The folly of fools: the logic of deceit and self-deception in human life)』, 로버트 트리버스 지음, 이한음 옮김, 살림, 2013

「6. 심리학적 전선」, 『왜 모든 사람은 (나만 빼고) 위선자인가: 거짓말 심리학(Why everyone (else) is a hypocrite: evolution and the modular mind)』, 로버트 커즈번 지음, 한은경 옮김, 을유문화사, 2012

「7. 자기기만」, 『왜 모든 사람은 (나만 빼고) 위선자인가: 거짓말 심리학(Why everyone (else) is a hypocrite: evolution and the modular mind)』, 로버트 커즈번 지음, 한은경 옮김, 을유문화사, 2012

「초판 권두사」, 로버트 L. 트리버스, 『이기적 유전자(The selfish gene)』, 리처드 도킨스 지음, 홍영남 & 이상임 옮김, 을유문화사, 2010(개정판)

「The evolution and psychology of self-deception」, William von Hippel & Robert Trivers, 『Behavioral and Brain Sciences』, 2011

「Modularity in cognition: framing the debate」, H. Clark Barrett & Robert Kurzban, 『Psychological Review』, 2006

「What the Tortoise said to Achilles」, Lewis Carroll, 『Mind』, 1895

만능열쇠 가부장제: 경계해야할 손쉬운 해결책

지금까지 남녀의 정신적 차이에 대한 진화심리학 가설들을 살펴보았다. 이에 대해 페미니스트는 대충 이런 식으로 설명한다. 왜 남자가 섹스에 더 적극적인가? 가부장제가 남자를 그렇게 사회화했기 때문이다. 왜 여자는 겁이 많은가? 가부장제가 여자를 그렇게 사회화했기 때문이다. 왜 남자는 짝짓기 상대의 젊음에 그렇게 집착하나? 가부장제가 남자를 그렇게 사회화했기 때문이다. 왜 남자는 가슴 큰 여자를 선호하나? 가부장제가 남자를 그렇게 사회화했기 때문이다. 왜 여자는 걸레, 남자는 영웅호색일까? 가부장제가 남녀에 대한 이중잣대를 받아들이도록 사람들을 사회화했기 때문이다. 왜 남자가 여자를 강간하나? 가부장제가 강간이 큰 악행이 아니라고 생각하도록 남자를 사회화했기 때문이다.

이런 식의 설명은 신을 끌어들인 설명과 비슷하다. 왜 하늘은 파란가? 신이 하늘을 파랗게 창조했기 때문이다. 왜 흑인의 피부는 검은가? 신이 흑인의 피부를 검게 창조했기 때문이다. 왜 인간의 손가락은 열 개인가? 신이 인간의 손가락을 열 개로 창조했기 때문이다. 왜 남자가 여자보다 힘이 센가? 신이 남자가 여자보다 힘이 세도록 창조했기 때문이다. 왜 남자는 가슴 큰 여자를 선호하나? 신이 가슴 큰 여자를 선호하도록 남자를 창조했기 때문이다. 왜 헬륨을 채운 풍선은 위로 올라가고 쇠구슬은 아래로 떨어지나? 신이 헬륨 풍선과 쇠구슬을 그렇게 창조했기 때문이다.

세상 참 편하게 사는 진화심리학자가 있다고 하자. 그 진화심리학자는 이런 식으로 답한다. 왜 남자가 섹스에 더 적극적인가? 남자가 섹스에 적극적이도록 진화했기 때문이다. 왜 여자는 겁이 많은가? 여자가 겁이 많도록 진화했기 때문이다. 왜 남자는 짝짓기 상대의 젊음에 그렇게 집착하나? 남자가 상대의 젊음에 집착하도록 진화했기 때문이다. 왜 남자는 가슴 큰 여자를 선호하나? 남자가 가슴 큰 여자를 좋아하도록 진화했기 때문이다. 왜 여자는 걸레, 남자는 영웅호색인가? 사람들이 그런 이중잣대를 받아들이도록 진화했기 때문이다. 왜 남자가 여자를 강간하나? 남자가 여자를 강간하도록 진화했기 때문이다.

너무 쉽지 않나? 가부장제를 끌어들인 설명에서는 "가부장제가 … 사회화했기 때문이다"라는 말만 덧붙여서 주문처럼 외우면 끝이다. 신을 끌어들인 설명에서는 "신이 … 창조했기 때문이다"만 덧붙이면 끝이다. 진화론을 끌어들인 설명에서는 "… 진화했기 때문이다"만 덧붙이면 끝이다. 세상 일이 이렇게 너무 쉽게 술술 풀리면 의심을 해 보아야 한다. 정말로 일이 잘 풀리는 것인가? 아니면 일이 잘 풀리고 있다고 착각하는 것일 뿐인가?

가부장제가 섹스에 적극적이도록 남자를 사회화했기 때문이라는 설명에 대해 살펴보자. 이런 의문을 품어야 한다. 왜 가부장제가 남자를 하필이면 섹스에 적극이도록 사회화하나? 왜 가부장제는 남자를 섹스에 소극적이도록 사회화하지 않나? 신이 남자가 여자보다 힘이 세도록 창조했기 때문이라는 설명의 경우에도 마찬가지다. 왜 신은 여자가 남자보다 힘이 세도록 창조하지 않았나?

나는 이런 의문에 대해 가부장제 이론가나 신학자가 제대로 답하는 꼴을 본 기억이 없다. 그래서 그들이 설명이랍시고 제시하는 것을 설명으로 인정하지 않는다. 그건 사이비 설명일 뿐이다. 그냥 "가부장제"나 "신"이라는 딱지를 하나 붙여 놓았을 뿐이다. 마찬가지로 속 편한 진화심리학자가 그냥 "진화했다"라는 딱지만 붙인다면 그것도 훌륭한 설명으로 인정받기 힘들다.

〈창녀가 존재하는 이유: 부모 투자 이론〉에서 소개했듯이 진화심리학에서는 왜 하필이면 남자가 섹스에 적극적이도록 진화했는지, 왜 하필이면 남자가 더 사납도록 진화했는지 이유를 제시한다. 진화심리학자들은 트리버스가 제시한 부모 투자 이론에서 출발한다. 인간의 경우 남자가 여자보다 자식에게 덜 투자한다. 인간뿐 아니다. 압도적 다수의 포유류 종에서 수컷이 암컷보다 자식에게 덜 투자한다. 그리고 그런 종에서는 일반적으로 수컷이 암컷보다 섹스에 더 적극적이며 더 사납다. 암컷이 자식에게 투자하는 양에 비해 수컷이 자식에게 투자하는 양이 작을수록 수컷이 암컷보다 사나운 정도가 대체로 더 크다.

자식에 대한 암수의 투자가 통상적인 패턴과 반대인 종이 있다. 그런 종에서는 수컷이 암컷보다 자식에게 더 투자한다. 그리고 그런 종에서는 대체로 암컷이 수컷보다 섹스에 더 적극적이며 더 사납다. 이것은 트리버스의 부모 투자 이론이 얼마나 강력한지 보여준다.

"수컷이 암컷보다 자식에게 덜 투자한다"와 "수컷이 섹스에 더 적극적이다" 사이에는 논리적 연결이 있다. 자식에 대한 유전자 지분이 같다면 덜 투자하는 쪽이 섹스를 통해 더 많은 유전적 이득을 얻는다.

인간의 경우 남자가 단기간에 여자 수백 명과 섹스를 하면 수많은 여자를 임신시킬 수 있다. 반면 여자가 단기간에 아무리 많은 남자와 섹스를 해도 자기 혼자 임신할 수 있을 뿐이다. 그 이유는 자식을 위해 여자가 투자하는 자궁이 남자가 투자하는 정액에 비해 무지막지하게 비싼 자원이기 때문이다. 즉 여자가 남자보다 자식에게 더 많이 투자하기 때문이다.

논리적 연결에 바탕을 둔 가설을 세운 후 그것을 실증적으로 보여주는 것이 과학이다. 가부장제든 신이든 진화든 딱지만 달랑 붙여놓고 논리적 연결을 제시할 생각도 하지 않는다면 사이비과학이라는 비판을 받아 마땅하다.

가부장제를 끌어들인 설명에는 다른 문제도 있다. 지금까지 제대로 연구된 모든 문화권에서 남자가 여자보다 섹스에 적극적이라는 것이 드러난 것 같다. 나는 이와 관련하여 예외가 있다는 것을 제대로 보여준 연구를 본 기억이 없다. 이런 인류 보편성은 왜 나타나는 걸까? 가부장제 때문이라는 설명이 적용되기 위해서는 왜 모든 문화권에서 가부장제가 자리 잡았는지 설명해야 한다. 그냥 우연히 모든 문화권에서 그랬다고 보기에는 너무 이상하다. 우연이 아니라면 가부장제 신이 그렇게 만들었나?

왜 모든 문화권에서 가부장제가 자리 잡았는지에 대해 페미니스트가 제대로 설명하는 것을 본 기억이 없다. 이런 보편성은 인류를 넘어서 다른 종에게도 나타난다. 수컷이 암컷보다 자식에게 덜 투자하는 종에서는 일반적으로 수컷이 섹스에 더 적극적이다. 왜 그런 보편성이 나타난단 말인가?

"되도록 피하세요."
에필로그

전중환 경희대학교 교수는 트위터에서 이렇게 말했다. 이덕
하라는 좆문가 사이비전문가 가 진화심리학에 대해 쥐뿔도 모르
면서 떠들어 대고 있으니 되도록 피하라는 말이었다. 노골적
으로 그렇게 쓰지는 않았지만 대략 그런 뜻이었다. 전중환은
국내 1호 진화심리학 박사다. 서울대학교를 졸업하고 사회생
물학자 최재천 교수로부터 석사 학위를 받았고 겁나게 저명
한 진화심리학자 데이비드 버스 교수로부터 박사 학위를 받았
다. 이정모 서대문자연사박물관 관장도 비슷한 말을 했다.
두 사람만이 아니다. 인터넷에서 많은 논객들이 나를 조롱했
다. 그들의 눈에 비친 이덕하는 좆문 진화심리학자다.

　나는 지금까지 번역서 50여권의 번역을 비판해 인터넷에 올
렸다. 덕분에 인터넷에서는 나름 유명해졌다. 안진환이 번역
한 『스티브 잡스』의 오역을 지적한 글이 히트를 쳐서 신문에
여러 번 실렸으며 MBC 뉴스에 내 이름이 나오기도 했다. 내
가 번역을 비판한 리처드 도킨스의 『이기적 유전자』와 『확장
된 표현형』의 번역 개정판이 나왔다. 번역이 개선된 사례는
몇 권 더 있다. 내 비판 덕분이었을까? 아니면 말고.

　나는 "재야 진화심리학자"다. 박사 학위는커녕 학사 학위도

없다. 학술지에 논문을 발표한 적도 없다. 그래서 "재야"다. 하지만 나는 진화심리학 전문가라고 자부한다. 그래서 "진화심리학자"다. 이덕하는 재야 진화심리학자인가? 아니면 좆문 진화심리학자인가? 학위도 없고 학술지에 발표한 논문도 없는 자의 실력을 어떻게 믿는단 말인가? 좆문가가 쓴 책이라면 설사 재미가 있더라도 진화심리학에 대한 오해만 퍼뜨리는 건 아닐까? 이런 불안감 때문에 잠도 못 이룰 것 같다면 내가 전중환에게 어떻게 복수했는지 감상해 보시라.

나는 전중환이 쓴 『본성이 답이다』를 상세히 비판하는 독서 일기를 썼다. 박사 학위 지도 교수 데이비드 버스의 『욕망의 진화』와 『진화심리학』도 열심히 비판했다. 그 와중에 전중환이 번역한 『욕망의 진화』의 번역과 석사 학위 지도 교수 최재천이 번역을 감수한 『진화심리학』의 번역에도 문제를 제기했다. 최재천의 『대담』, 『당신의 인생을 이모작하라』, 『여성 시대에는 남자도 화장을 한다』, 『생명이 있는 것은 다 아름답다』도 가만 두지 않았다. 최재천이 번역한 『인간은 왜 병에 걸리는가』와 최재천이 번역을 감수한 『붉은 여왕』의 번역에도 문제를 제기했다.

진화심리학 카페

http://cafe.naver.com/evopsy2014

진화심리학 카페(개점 휴업)

http://cafe.daum.net/Psychoanalyse

복수하겠다는 생각만으로 그렇게 엄청난 시간을 들여 비판한 것은 아니다. 유명해져서 돈을 벌겠다는 욕심도 있었다. 한국 진화심리학계의 발전을 위한 순수한 의도도 눈곱만큼은 있지 않았을까?

내 실력이 궁금하다면 세계적인 진화심리학자 데이비드 버스의 책 두 권을 어떻게 비판했는지 살펴보시라. 진화심리학과 관련하여 인터넷에 올린 것들 중에 내가 가장 내세울 수 있는 글이다. 그 글에서 좆문가의 밤꽃 향기를 맛보았다면 이 책을 무시하시라. 이 책이 세상을 타락시킬까 봐 걱정되어 도시락 싸들고 다니며 저주하겠다면 말리고 싶다. 그러다가 이 책 광고만 해준다. 듣보잡 좆문가에게는 무관심이 정답이다. 내가 유명해지면 그때 까도 늦지 않다.

이 말은 꼭 해 주고 싶다. 만약 내가 『본성이 답이다』, 『욕망의 진화』, 『진화심리학』, 『대담』, 『당신의 인생을 이모작하라』, 『여성 시대에는 남자도 화장을 한다』, 『생명이 있는 것은 다 아름답다』처럼 오류나 문제점이 많은 책을 출간했다면, 만약 내가 『욕망의 진화』, 『인간은 왜 병에 걸리는가』, 『붉은 여왕』, 『진화심리학』처럼 오역투성이 번역서를 출간했다면 쪽 팔려서 고개를 못 들고 다닐 것 같다. 적어도 데이비드 버스, 최재천, 전중환보다는 내가 한 수 위라고 생각한다.

좆문가 이덕하가 동방불패를 능가하는 과대망상을 시전하고 있는 것인가? 아니면 정말로 희귀한 실력파 재야 학자가 등장한 것인가? 적어도 여러분의 마음속에서 만만치 않은 호기심이 꿈틀거릴 것이다.

한국에서도 진화심리학이 꽤나 인기를 끌고 있다. 진화심리학을 다룬 책이 많이 출간되었으며 스테디셀러에 등극한 책도 여러 권 된다. 유명 인사들이 진화심리학을 끌어들여 한마디씩 하고 있다. 자유경제원 초대 원장 공병호, 문화평론가 김헌식, 소설가 복거일, 연세대학교 교수 서은국, 〈썰전〉 패널 유시민, 서울대학교 교수 이윤성, 과학칼럼니스트 이인식, 경희대학교 교수 정연교, 카이스트 교수 정재승, 맛 칼럼니스트 황교익이 진화심리학을 어떻게 잘못 소개했는지 비판한 글도 인터넷에 올렸다. 읽어보면 내 실력을 파악하는 데 도움이 될 것이다.

참고문헌

『당신의 인생을 이모작하라: 생물학자가 진단하는 2020년 초고령 사회』, 최재천 지음, 삼
    성경제연구소, 2005

『대담: 인문학과 자연과학이 만나다(대한민국 지성사 최초의 프로젝트, 그 후 10년)』, 도정일
    & 최재천 지음, 휴머니스트, 2015

『본성이 답이다: 진화 심리학자의 한국 사회 보고서』, 전중환 지음, 사이언스북스, 2016

『붉은 여왕: 인간의 성과 진화에 숨겨진 비밀(The red queen: sex and the evolution of
    human nature)』, 매트 리들리 지음, 김윤택 옮김, 최재천 감수, 2006(개정판)

『생명이 있는 것은 다 아름답다: 최재천의 동물과 인간 이야기』, 최재천 지음, 효형출판,
    2003(2판)

『스티브 잡스(Steve Jobs)』, 월터 아이작슨 지음, 안진환 옮김, 민음사, 2011

『여성시대에는 남자도 화장을 한다: 한 사회생물학자가 바라본 여자와 남자』, 최재천 지
    음, 궁리, 2003

『욕망의 진화: 사랑, 연애, 섹스, 결혼. 남녀의 엇갈린 욕망에 담긴 진실(The evolution of
    desire: strategies of human mating)』, 데이비드 버스 지음, 전중환 옮김, 사이언스북
    스, 2007

『이기적 유전자(The selfish gene)』, 리처드 도킨스 지음, 홍영남 & 이상임 옮김, 을유문화
    사, 2010(개정판)

『인간은 왜 병에 걸리는가: 다윈 의학의 새로운 세계(Why we get sick: the new science of
    Darwinian medicine』, 랜덜프 네스 & 조지 윌리엄즈 지음, 최재천 옮김, 사이언스북스,
    1999

『진화심리학: 마음과 행동을 탐구하는 새로운 과학(Evolutionary psychology: the new
    science of the mind)』, 데이비드 버스 지음, 이충호 옮김, 최재천 감수, 웅진지식하우
    스, 2012

『확장된 표현형: 이기적 유전자, 그 다음 이야기(The extended phenotype: the long reach
    of the gene』, 리처드 도킨스 지음, 홍영남, 장대익 & 권오현 옮김, 을유문화사, 2016(개정
    판)